Conoce todo sobre

Social Media

250 Consejos para diseñar tu estrategia en las redes sociales

Conoce todo sobre Social Media

250 Consejos para diseñar tu estrategia en las redes sociales

Víctor Puig Valls

Conoce todo sobre Social Media. 250 Consejos para diseñar tu estrategia en las redes sociales

Editado por:
RA-MA Editorial
Madrid, España

Colección American Book Group - Informática y Computación - Volumen 37.
ISBN No. 978-168-165-743-1
Biblioteca del Congreso de los Estados Unidos de América: Numero de control 2019935059
www.americanbookgroup.com/publishing.php

Maquetación: Antonio García Tomé
Diseño de portada: Antonio García Tomé
Arte: Freepik

A Patricia
A José Mari, te fuiste muy pronto
A mis alumnos de cualquier curso,
que me han premiado con su atención.

ÍNDICE

AGRADECIMIENTOS

Este libro no hubiera sido posible sin la paciencia, comprensión y cariño de Patricia, mi compañera, que estoicamente soporta que me pase horas y horas delante del ordenador y del que me despega cuando sabe que un descanso es lo que en ese momento puede ayudarme a seguir. Gracias cariño.

Gracias también a mi familia más cercana, a mi padre y mi hermano, que han sido pacientes cuando les he robado horas para dedicarlas al trabajo, que han visto como en medio de una reunión familiar mi mente se dispersaba hacia temas laborales y me han dejado hacer.

Gracias a los que a lo largo de mi carrera más reciente han confiado en mí y me han otorgado oportunidades de poner en marcha ideas, estrategias y acciones de las que he aprendido también. Aquí incluyo, por supuesto, a los clientes que confiaron en mí durante mi etapa como consultor independiente, muchos de los cuales se sumaron a la lista de clientes de Zinkdo Digital, nuestra agencia.

Por supuesto, muchas gracias al equipo de Zinkdo por su ayuda en hacer realidad tales proyectos. Merecen una mención especial en este apartado mi socio Pepe Tomé, que se lanzó a la aventura de crear conmigo este híbrido entre agencia y consultora que está funcionando tan bien, y a Lorena Cervera, nuestra empleada más veterana y siempre dispuesta a echar una mano con su positiva actitud. Ambos dedicaron unas horas de su tiempo a revisar el borrador de este libro, os lo agradezco.

Gracias a quienes han confiado en mí para impartir sesiones de formación, casi siempre en torno a las redes sociales o a la gestión de la reputación. Muy especialmente a Óscar Carrión y sus hermanos Noel y José Luis por confiarme la dirección de la edición de Barcelona de CMUA, una de las experiencias formativas que más me han apasionado. En este capítulo he de mencionar también a Cristina

Ribas y a Joan Francesc Cànovas (IDEC), a Mònica Viñas y Carles Singla (Col·legi de Periodistes de Catalunya), a Ismael Nafría (UIC), a Pedro Rojas por nuestra etapa común en INESDI, a Iñaki Lakarra y su equipo en la Mondragón Unibertsitatea, a Jaume Marín (Patronat de Turisme Costa Brava Girona), a Miquel Martret (Tadel), a Iban García (Barcelona Activa) y a Belén Martínez-Falero (Ayuntamiento de Madrid).

Gracias a quienes a lo largo de mi carrera profesional han estado conmigo en los momentos difíciles por hacer el camino más ligero. Aunque sois muchos, he de incluir como mínimo a Eduardo Maiza, Pablo Escarabajal, Sofía Fernández, Raúl López, Víctor Cendra, Pablo Mejías, Emi Salvador, Elena Cabrera, Antonio Velasco, Marta Pinilla, Javier Clarke, Oscar Palmer, Maria Rosa Vila, Óscar Hernández, Ferran Tarradellas, Eva Yáñez, Noelia Rubio, Zaira Gras, Carlos Moyano, Karma Peiró, José Rabadán, Toni Santos, Carlos Javier Mata, Lluís Reales, Jordi Clapera, Albert Muntal, Jordi Marqués, Jordi Úbeda, Alfons Ormad; a Guillermo Vilarroig, Luis Miguel González y al equipo de Overalia.

Muchísimas gracias a los amigos de este increíble mundo de las redes sociales y la comunicación online. A la mayoría los he citado en la bibliografía para que disfrutéis de su buen hacer, pero he de incluir saludos y agradecimientos para geniales personas como Arancha Ruiz, Mayte Vañó, Sertxu Garcia, Gersón Beltran, Clara Soler, Patricia de Andrés, Mando Liussi, María Redondo, Jose Antonio del Moral, Javier Velilla, Pedro Orihuela, Ricardo Tayar, Lucas Aisa, Marc Elena, Francesc Grau, Mercè Bonjorn, Gemma Muñoz, que tanto insistió en que escribiera un libro así, Alex Puig, Fernando Macia, Rafael Gimeno-Bayón y Arcadi Mayor.

Y gracias a quienes han hecho posible desde la editorial Ra-Ma este libro, en especial a Rocío Mogollón y Julio Santoro.

ACERCA DEL AUTOR

Víctor Puig es consultor especializado en comunicación y marketing online, co-fundador y socio director de la agencia Zinkdo Digital. Acumula una experiencia de 20 años en comunicación online y en la generación de negocio en Internet, una carrera forjada en la Revista Web, perteneciente a La Vanguardia, una de las primeras publicaciones sobre Internet editadas en la península; en la primera versión en España del portal Excite y en el modelo de *e-commerce* de libros y música de Bertelsmann Online. Creó y dirigió durante siete años los equipos de online y mobile de MTV en España y Portugal. Colaboró con la veterana agencia de Analítica Web Overalia y, durante dos años, se concentró en la consultoría especializada en Reputación Online y en el uso estratégico de redes sociales, contando entre sus clientes con algunas de las más prestigiosas agencias de comunicación de Barcelona.

Vinculado desde hace años con el mundo universitario, Víctor ha dado clases de *social media marketing* en centros como IDEC, la Universidad de Alicante, donde además dirigió dos ediciones del curso CMUA en Barcelona, la Mondragon Unibertsitatea, la Universidad Diego Portales (Chile), UIC, UAB, La Salle o Inesdi, así como ha sido también formador en sesiones sobre el uso de redes sociales en los medios de comunicación en el Col·legi de Periodistes de Catalunya o en el uso de redes sociales y gestión de la reputación online en el sector turístico en el Patronat de Turisme Costa Brava - Girona. Además, comparte ideas sobre la comunicación en Internet en su blog victorpuig.es y en su perfil de Twitter @victorpuig

1

INTRODUCCIÓN: ¿PARA QUÉ ES ESTE LIBRO?

Tienes en tus manos un manual práctico que quiere ayudarte a definir cuál debería ser la presencia de tu empresa, tu proyecto o tu imagen profesional en las redes sociales. Para hacerlo, no sólo revisaremos las pautas de uso más recomendables en las redes sociales más importantes. También ahondaremos en conceptos tan importantes como la Gestión de la Reputación Online (que nos ayudará a resolver las interacciones que tendremos en las redes sociales), la monitorización de las conversaciones, que nos ayudará a detectar espacios en los que actuar y a medir el impacto de nuestros mensajes, y las métricas más importantes, porque si no medimos lo que hacemos nunca sabremos si lo hacemos bien.

Evidentemente, este manual incluye un apartado sobre estrategia, que quiere aportarte una visión global de la aplicación pragmática de las redes sociales. Insistiremos en no perder el norte de nuestros objetivos, en no dejarnos llevar por la última moda o por las posibilidades de cada red y a no perder de vista que de lo que se trata es de conseguir ventas, no un "me gusta" más en tu muro o en tu foto.

Este libro está dirigido a los profesionales que aún están aprendiendo y para los que se sienten aún inseguros en un entorno tan cambiante como el de las redes sociales. Si buscabas un manual para aprender a usar las redes sociales desde un punto de vista personal, para tus hobbiess y tus amigos, seguramente aquí encontrarás pautas útiles, pero este libro no es para ti. Este libro es para ti si con él quieres relanzar o hacer crecer tu perfil profesional, si tienes preguntas acerca de cómo aprovechar las redes sociales para crecer laboralmente, encontrar empleo o mejorar el que tienes. Trataremos las redes sociales desde el punto de vista profesional, con ánimo divulgativo y práctico.

1.1 UN POCO DE CONTEXTO

El fenómeno de las redes sociales no puede "desinventarse". La discusión sobre si estamos ante una moda o ante un uso anecdótico de una herramienta de expectativas sobredimensionadas es una discusión estéril. Los escépticos podrán defender la lógica postura de que quizás alguna de estas redes desaparezca. No dejan de ser empresas, muchas con modelos de negocio discutibles o aún por consolidar, expuestas a una eventual segunda burbuja especulativa que acabe con ellas. No importa, los ciudadanos las usan, las demandan y las alimentan de contenidos. Si alguna de estas redes desaparece, otras ocuparán su espacio. De hecho, ya se copian unas a otras y compiten por el bien más preciado, tú.

Más del 80% de los usuarios de Internet en todo el mundo usan redes sociales. Y de ellos, más del 60% las usan todos los días. Hay un alto porcentaje de usuarios de Facebook en los Estados Unidos que visitan esta red antes incluso de salir de la cama por la mañana. Los dispositivos móviles que nos permiten tener acceso a Internet (smartphones, tablets, etc.) nos dan acceso a estas redes en cualquier momento y en cualquier lugar. No se trata sólo de un fenómeno de las clases pudientes en los mercados anglosajones: estamos ante un consumo global. España es el séptimo mercado del mundo donde más se utilizan. Las últimas cifras publicadas, que cambian de forma creciente a un ritmo vertiginoso, aseguran que nuestro mercado es el tercero del mundo en uso de Twitter. Según el *VI Estudio anual de las Redes Sociales* con fecha de enero de 2015 y editado por la Internet Adversiting Bureau (IAB Spain), en España la penetración de las redes sociales alcanzó en 2014 al 82% de los internautas activos. Las redes más usadas aquí son Facebook (96% de los usuarios que usan redes sociales), Youtube (66%) y Twitter (56%). A más distancia, un 31% usa Linkedin. Instagram crece de un 8% en 2012 a un 18% en 2013 y sigue escalando posiciones hasta alcanzar un 26% en 2014[1].

La ubicuidad de las cámaras de fotos y de vídeo, en un contexto en el que casi todos los teléfonos móviles disponen de cámara incorporada, dispara el uso de las redes sociales que se basan en la publicación de contenido multimedia. Según el mismo informe de la IAB, el uso del móvil para acceder a las redes sociales creció un 25% del 2012 al 2013 y se sitúa en un 75% de los usuarios de redes sociales las usa en el móvil en 2014.

Ya se publican en Youtube más de 1.000 minutos de contenidos nuevos cada minuto que pasa. Al ritmo actual, en Youtube hay cada semana el equivalente a 176.000 películas (contando por tiempo de contenido de vídeo). Si las quisiéramos

1 Fuente: http://www.iabspain.net/redes-sociales/

emitir en TV, una tras otra consecutivamente, llenaríamos un canal de 24 horas durante 60 años ininterrumpidos. Sólo con el contenido que se publica en Youtube en una semana. Para cuando leas estas cifras estarán seguramente desfasadas y los números serán mayores.

Los sociólogos y los politólogos podrán estudiar durante años cuál ha sido el impacto real de las redes sociales en procesos tan importantes como el movimiento de los indignados del 15-M, las revueltas sociales de los países del Magreb o la transparencia diplomática forzada por las revelaciones de Wikileaks. Sería tan inocente pensar que las redes sociales han "provocado" estos movimientos como ignorar que su uso podría interpretarse como un proceso enzimático, una herramienta capaz de poner en contacto a gente muy diversa pero con ideas en común, difícilmente censurable o controlable por los Estados y anónima si se prefiere así.

1.2 ¿DEBERÍA ESTAR TU EMPRESA EN LAS REDES SOCIALES?

Considerando que el uso creciente de las redes sociales lleva a prácticamente cualquier público objetivo a utilizarlas, es normal que un número creciente de empresas quiera sacar partido de estas redes para estar en contacto con sus potenciales clientes, ya que seguro que están en una u otra red social, cuando no en más de una.

Si bien es lógico que este interés sea mayor en aquellas empresas que se dirigen al consumidor final, hay una serie de redes específicamente pensadas y utilizadas para los contactos entre profesionales, lo que abre muchas posibilidades para utilizarlas en pautas de *business to business* o B2B negocios que venden a otras empresas, no a particulares. Se trata de estar en las redes sociales porque es allí donde quieren estar nuestros potenciales clientes, de la misma manera que tradicionalmente hemos invertido en determinadas franjas horarias de determinados canales de televisión con el ánimo de captar la atención de un tipo concreto de consumidores o del mismo modo en el que una nota de prensa dirigida a medios especializados en empresas y economía tenía como objetivo dar a conocer ciertas novedades a empresas potencialmente clientes.

1.3 PON EL FOCO SIEMPRE EN EL USUARIO QUE LLEGA A TI

Es muy posible que en las redes sociales detectemos conversaciones sobre nosotros, nuestros productos o nuestro mercado en las que podamos aportar nuestra opinión. Idealmente, lo que deberíamos hacer en primer lugar es aportar respuestas a las dudas o preguntas a las que podamos responder. Este es el funcionamiento normal en las redes sociales, donde los participantes aportan aquello que saben a la conversación para enriquecimiento de todos. Quien más información útil comparte, más rápido gana prestigio. Pero es importante insistir en que el mensaje ha de ser predominantemente de aportación de valor, no de publicidad.

Necesitamos ganarnos la confianza de los demás, necesitamos mostrar que nos importa la comunidad y que nuestra participación aporta valor porque aportamos respuestas, *know how* –explicaciones acerca de cómo se hacen las cosas– y datos. Interrumpir la conversación en marcha con publicidad pura y dura es tan molesto como que nos interrumpan una película para mostrarnos un anuncio, con el inconveniente añadido de que en este caso los usuarios no tienen por qué esperar a que acabemos para abandonar la conversación o para dejar de escucharnos.

Si enfocamos nuestra presencia en redes sociales en aportar valor a la conversación pronto descubriremos varias cosas:

- Podemos aportar esas respuestas usando un amplio abanico de formatos. Podemos escribir, podemos usar fotografías, gráficos, vídeos, podemos aportar enlaces a páginas web o a artículos en blogs.

- En muchas ocasiones, podemos apoyar nuestras aportaciones con la voz de terceros que opinan o defienden lo mismo que nosotros, mostrando así que no somos los únicos en pensar de una determinada manera. Por ejemplo, defendiendo el uso de un ingrediente en un producto con un vídeo de un reportaje televisivo que explica de forma neutral las ventajas de ese componente. Señalar, recomendar, promover o divulgar ideas de terceros nos puede ser muy útil.

1.4 VAYAMOS PASO A PASO Y SIN ANSIEDAD

Manejar de forma adecuada las redes sociales nos va a llevar un tiempo: localizar las conversaciones, seguir a esos usuarios, ganarnos la credibilidad para formar parte de sus círculos, producir o localizar contenidos, terminar siendo una fuente de contenido relevante, respetada porque aporta valor, no despreciada por un impertinente impulso puramente comercial. Todo eso no se consigue en unas pocas horas. Vayamos despacio para construir una base sólida. No hay atajos. Hacer planes en redes sociales desde el punto de vista corporativo es hacer planes en el medio y largo plazo, no a corto. Aquí es donde el **componente cualitativo** ha de pesar, en una abrumadora mayoría de las ocasiones, sobre los indicadores cuantitativos. A menudo, aplica lo que el refranero ya sabe: lo que llega fácil, fácil se va. Estamos ante una carrera de fondo y ante un trabajo que premia la constancia y la perseverancia.

Pero no te preocupes: este manual quiere quitarte el miedo, quiere hacerte ver las ventajas, señalarte los peligros a evitar y darte un camino en el que avanzar. Sin miedo, sin prisa pero sin pausa. Pensarás: "Bastante trabajo tengo yo ya para mantener mi negocio y ahora resulta que no me vale con tener una web. Tengo que estar en Twitter y en Facebook, tengo que hacer vídeos en Youtube y fotos en Instagram, y para cuando aprenda eso, llegarán más cosas".

Ante todo, mucha calma. Tener muchas posibilidades por delante no quiere decir que se tengan que hacer todas y menos aún, todas a la vez. No hay que perder de vista las opciones que nos ofrece Internet, pero apliquémoslas con sentido común. La actitud es lo importante. Si ya has empezado a trabajar en las redes sociales y no has conseguido resultados, has de saber que estás en el camino correcto porque has asumido las posibilidades y has tenido la inquietud de ponerse en marcha. Ahora es cuestión de ir sumando y ajustando esfuerzos. Este libro quiere ayudarte a conseguirlo.

2

¿QUÉ ES LA REPUTACIÓN ONLINE Y POR QUÉ TE AFECTA?

Podríamos definir **Reputación Online** como la imagen que alguien podría hacerse de una persona, una empresa o un producto a partir de lo que de él encuentre en Internet, sea utilizando buscadores o sencillamente viendo contenidos de terceros en las redes sociales.

Si, por ejemplo, buscamos una empresa en Internet y encontramos sólo su página web, sus perfiles en redes sociales y comentarios positivos en algunos foros y blogs, podríamos decir que dicha empresa tiene una reputación online positiva, que suele ser el caso más frecuente. También generará una buena Reputación Online ver que amigos en los que confiamos hablan positivamente de sus experiencias de consumo con esa marca.

Si, por el contrario, encontramos la página web de esa empresa, pero vemos que no se entiende ni funciona, vemos perfiles de redes sociales abandonados o con contenidos poco interesantes y además los buscadores nos devuelven resultados de usuarios molestos con la empresa que han publicado quejas en sus redes sociales o en blogs, vemos que evidentemente esa empresa tiene una Reputación Online negativa. Si alguien a quien apreciamos ha publicado su enfado con una marca en las redes sociales, es muy posible que su opinión nos influya y no queramos comprar nada de esa marca.

Llamamos **Gestión de la Reputación Online** a la metodología de trabajo que nos lleva a crear una presencia positiva de una empresa, producto o persona en Internet, cuidando las opiniones favorables para hacerlas más visibles y trabajando las opiniones desfavorables, bien para resolver las incidencias que las crearon y conseguir que los críticos cambien de opinión, o bien para disminuir su visibilidad en los buscadores si no hay soluciones más directas. La adecuada gestión de la Reputación online tiene un impacto directo en los resultados de negocio, sobre todo, en aquellas empresas que centran su modelo en la comercialización online.

Hay tres factores que explican por qué este proceso es tan importante para las empresas que quieren tener una cierta presencia online hoy en día:

1. Prácticamente todo el mundo está online. En mercados de la sociedad occidental como el nuestro cualquiera tiene a su alcance varias conexiones a Internet, normalmente en casa, en el centro de estudios o en el trabajo y en más de un dispositivo, incluido el teléfono móvil. Ya no hay una segmentación muy clara de edades o clases sociales a la hora de conectarse.

2. Los usuarios que hoy están en Internet son cada vez más activos a la hora de publicar contenidos. Hace unos años para publicar algo en Internet era necesario tener ciertos conocimientos técnicos o de programación. La aparición de plataformas para blogs (Wordpress o *Blogger,* por ejemplo) hizo que publicar contenidos fuera más fácil y hoy es ya muy sencillo. En apenas unos minutos, cualquiera puede abrir un perfil en Facebook, Twitter u otras redes y empezar a publicar.

3. Todo es "encontrable". Todo el material y contenido que publican los usuarios es fácilmente localizable por parte de otros usuarios, sobre todo, a través de buscadores como Google, además de los buscadores que ya incorporan estas redes sociales. Cualquier consumidor que quiera indagar sobre cualquier producto o servicio va a encontrar en Google las opiniones de otros consumidores.

Si sumamos las tres cosas, vemos rápidamente que la opinión de cualquier consumidor sobre cualquier producto será encontrada por cualquier otro consumidor interesado en ese producto. En tiempos de crisis económica, los consumidores buscan información antes de tomar muchas decisiones de compra. Son más exigentes, no perdonan los fallos y no van a perder tiempo en comprenderte. Si no les gusta lo que ven de ti online, buscarán otra opción de compra. Por lo tanto, las opiniones que haya sobre ti, sobre tu empresa o tu producto van a afectar a tus posibilidades de conseguir un mejor empleo, de cerrar un acuerdo o de vender más.

Estos tres factores explican por qué hoy las empresas han de estar más pendientes de lo que sobre ellas se diga en Internet. La Gestión de la Reputación Online es el proceso por el que detectamos y analizamos esas opiniones, publicamos contenidos que construyan una imagen de nosotros, potenciamos las opiniones positivas y trabajamos adecuadamente las negativas. Hemos de considerar también que la reputación no es algo que uno tenga porque sí, sino que la otorga el grupo. Ya no eres sólo quien tú dices que eres. También eres lo que todos decimos que eres. La reputación es algo que se construye con las opiniones de todos.

Hay un fenómeno que tiene que ver con la construcción de la reputación que es la **subjetividad compartida**. Nada es 100% verdad ni 100% objetivo, cada ciudadano tenderá a creer que es verdad aquello que coincida con su escala de valores o con sus conocimientos anteriores. Por eso, somos fieles normalmente a un periódico concreto; la subjetividad compartida es un concepto básico del periodismo. El lector de El País creerá que los redactores de El Mundo no ven las cosas de la misma forma que él y el lector de El Mundo podría llegar a pensar que El País es poco más que un panfleto.

Trasladado esto al campo de los ciudadanos, los consumidores creen a otros consumidores porque son como ellos. El 52% de nosotros está dispuesto a creer a un usuario que comenta en Internet sobre una empresa, frente al 26% que creería al director general de esa misma empresa. Las opiniones de los usuarios tienen mucho más peso que las campañas de marketing de las empresas.

2.1 REPUTACIÓN ONLINE Y BUSCADORES

Para empezar a trabajar en la gestión de la reputación deberemos saber qué se dice de mí, de mi marca o de mi producto en Internet. Y la mejor manera de hacerlo es buscarse a uno mismo en Google. A eso lo llamamos **Egosurfing.** En otros mercados de nuestro entorno, el proceso debería tener en cuenta los resultados de varios motores de búsqueda, pero hoy un 97% de los usuarios españoles usa Google. Google no es sólo un buscador, es también un gestor de reputación, ya que para un grupo de palabras clave –por ejemplo, el nombre de nuestra empresa– decide qué páginas web aparecerán antes –¿las de nuestra empresa, las que nos critican o las que nos alaban?–.

Sabemos además que el usuario de buscadores es impaciente. Ante una búsqueda, atenderá apenas a las dos primeras páginas de resultados. Eso supone las 20 primeras referencias en las páginas de resultados de búsqueda. Si lo que busca no aparece en esas 20 primeras referencias, el 80% de los usuarios no profundiza más, sino que intenta una búsqueda diferente con palabras distintas. Nuestro objetivo será colocar nuestros contenidos, tantos como podamos, entre esas 20 referencias que un buscador ofrecerá a quien busque lo que nosotros ofrecemos. Por tanto, si podemos ocupar las tres primeras referencias, muchísimo mejor. Ejemplos hay muchos. Haz la prueba de buscar una marca en Google y observa si en la página de resultados aparecen críticas, alabanzas, contenidos corporativos, etc.

Eres lo que publicas... y lo que los demás publican sobre ti. A la hora de valorar los resultados que aparezcan en Internet, cuando te buscas, puede haber tres grandes escenarios: el escenario feliz donde coincide lo que tú dices que eres con lo que los demás dicen que eres y además es positivo, el escenario en el que no tienes visibilidad porque no apareces en los 20 primeros resultados de Google que son los resultados que ven el 80% de los usuarios, o el tercer escenario en el que no aparece tu opinión y sí aparecen las críticas que hacen los demás sobre ti. Lo que tendremos que trabajar es que nuestra visibilidad aparezca y que tenga opiniones favorables que también sean visibles.

Esta situación afecta también a particulares, no sólo a empresas. Hoy en día, cualquiera que se enfrente a un proceso de selección de trabajo, por ejemplo, ha de asumir que su potencial empleador lo buscará en Google. Si alguien tiene una reunión con una persona que no conoce, un potencial proveedor por ejemplo, le buscará antes para saber quién y cómo es. A esto lo llamamos **Reputación Personal Online**. Y es posible que nunca hayas publicado gran cosa en Internet, pero ¿estás seguro de que nadie ha publicado nada sobre ti?

Cuando los medios de comunicación digitalizaron y publicaron en Internet sus hemerotecas, los problemas de reputación personal se dispararon. Hace ya unos años, quien entonces era la defensora del lector en El País, Milagros Pérez Oliva, explicaba en un artículo que este periódico recibe tres peticiones a la semana de media de ciudadanos pidiendo al periódico que elimine alguna de las noticias en su versión online.

Tengamos en cuenta además que los periódicos suelen considerar noticia las malas noticias. Pérez Oliva explicaba como algo que nos ocurrió en el pasado –por ejemplo, un cirujano que aparece en las noticias acusado de mala praxis– nos puede perseguir siempre, aunque más tarde nos declaren inocentes. Si más tarde ese cirujano es declarado inocente, difícilmente aparecerá la sentencia en el periódico, porque no es noticia. Sin embargo la noticia de que se le acusó permanecerá en la hemeroteca digital. ¿Qué hacer en estos casos? La respuesta de El País a esa petición de retirada de noticias es un no, ya que el rotativo –¡Qué palabra tan anticuada para un medio de comunicación online cuyos contenidos no pasan ya por las rotativas!– alega que esto sería falsear la historia y que los archivos son intocables.

El siguiente paso para eliminar una información negativa sobre nosotros sería intentar que Google no indexara esos resultados. Pero Google nos contestaría que debemos dirigirnos al propietario de la página dónde aparecen los contenidos por lo que nos encontramos en un círculo sin salida.

Así aparece la legislación vinculada al **Derecho al olvido**, donde una persona podría acudir a la justicia para intentar solucionar estos problemas, solicitando que sea un juez el que le pida a Google que deje de indexar esa noticia. Un juez no puede pedir de forma fácil a un medio que retire una noticia, por la protección de la libertad de expresión, pero sí puede pedir a Google que deje de indexarla. El camino legal es un camino arduo y difícil en el que hacen falta abogados especializados, pero esta legislación está avanzando.

No es un problema menor. En mayo de 2014, una sentencia del Tribunal de Justicia de la Unión Europea atribuía a Google la responsabilidad del tratamiento de datos sobre las personas y le instaba a poner en marcha un mecanismo sencillo y entendible para que cualquier ciudadano pueda reclamar que un contenido concreto que le afecte de forma personal deje de aparecer en el buscador. Google ofreció dicho formulario y apenas cuatro días más tarde había recibido más de 41.000 solicitudes.

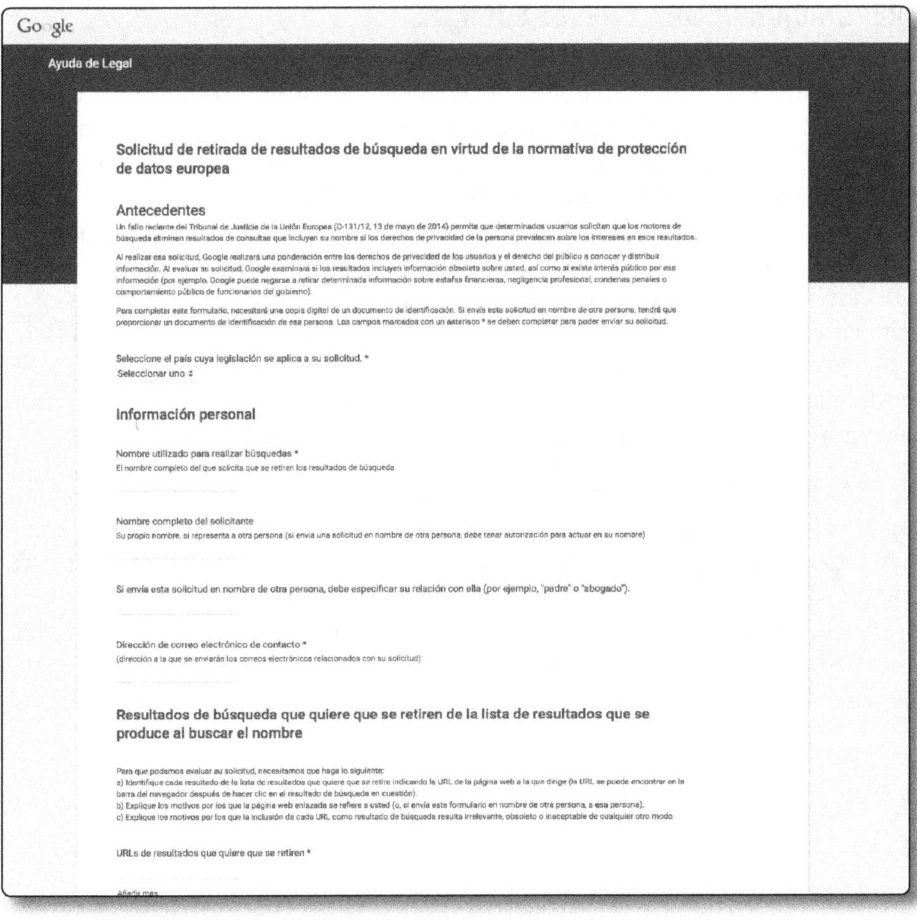

Google

Ayuda de Legal

Solicitud de retirada de resultados de búsqueda en virtud de la normativa de protección de datos europea

Antecedentes

Un fallo reciente del Tribunal de Justicia de la Unión Europea (C-131/12, 13 de mayo de 2014) permite que determinados usuarios soliciten que los motores de búsqueda eliminen resultados de consultas que incluyen su nombre si los derechos de privacidad de la persona prevalecen sobre los intereses en esos resultados.

Al realizar esa solicitud, Google realizará una ponderación entre los derechos de privacidad de los usuarios y el derecho del público a conocer y distribuir información. Al evaluar su solicitud, Google examinará si los resultados incluyen información obsoleta sobre usted, así como si existe interés público por esa información (por ejemplo, Google puede negarse a retirar determinada información sobre estafas financieras, negligencia profesional, condenas penales o comportamiento público de funcionarios del gobierno).

Para completar este formulario, necesitará una copia digital de un documento de identificación. Si envía esta solicitud en nombre de otra persona, tendrá que proporcionar un documento de identificación de esa persona. Los campos marcados con un asterisco * se deben completar para poder enviar su solicitud.

Seleccione el país cuya legislación se aplica a su solicitud. *
Seleccionar uno ⇕

Información personal

Nombre utilizado para realizar búsquedas *
El nombre completo del que solicita que se retiren los resultados de búsqueda

Nombre completo del solicitante
Su propio nombre, si representa a otra persona (si envía una solicitud en nombre de otra persona, debe tener autorización para actuar en su nombre)

Si envía esta solicitud en nombre de otra persona, debe especificar su relación con ella (por ejemplo, "padre" o "abogado").

Dirección de correo electrónico de contacto *
(dirección a la que se enviarán los correos electrónicos relacionados con su solicitud)

Resultados de búsqueda que quiere que se retiren de la lista de resultados que se produce al buscar el nombre

Para que podamos evaluar su solicitud, necesitamos que haga lo siguiente:
a) Identifique cada resultado de la lista de resultados que quiere que se retire indicando la URL de la página web a la que dirige (la URL se puede encontrar en la barra del navegador después de hacer clic en el resultado de búsqueda en cuestión).
b) Explique los motivos por los que la página web enlazada se refiere a usted (o, si envía este formulario en nombre de otra persona, a esa persona).
c) Explique los motivos por los que la inclusión de cada URL como resultado de búsqueda resulta irrelevante, obsoleto o inaceptable de cualquier otro modo.

URLs de resultados que quiere que se retiren *

Añadir más

El debate es más complejo de lo que parece. Google argumenta que se le obliga a ser un buscador menos eficiente y que ello genera un daño a las empresas que se dedican a ofrecer servicios tan útiles como los buscadores. El Tribunal pretende defender el derecho a la intimidad y al honor del ciudadano. Parece evidente que la opción por defecto en Estados Unidos es la libertad de empresa y en Europa se prioriza el amparo al ciudadano. ¿Debería ser una empresa privada como Google la que decida qué indexa y qué no indexa? ¿Sabrá elegir bien entre el derecho al olvido de unos y el derecho a la información de los demás? ¿Podrá efectivamente Google dar respuesta a los miles de peticiones que se están generando en ese formulario para reclamar la desindexación de noticias? Queda mucho por hacer, pero parece evidente que los servicios relacionados con la gestión de la reputación personal online estarán en boga más tiempo.

2.2 REPUTACIÓN ONLINE Y REDES SOCIALES

Nuestra reputación también depende de nuestros propios errores, claro. Meter la pata es muy sencillo porque comunicar en las redes sociales es muy fácil. Muchas veces comunicamos por impulsos que pueden traernos el rechazo de nuestros contactos o seguidores. El ejemplo más claro es el de quien ante una situación que le enfada publica un *tweet* del que en pocos minutos se arrepiente. Famosos jugadores de fútbol o cantantes con miles de seguidores han cometido algún desliz en Twitter con un comentario fuera de tono o han generado un malentendido que les ha costado recibir críticas de miles de usuarios ofendidos. No olvidemos que es muy difícil dar un contexto y una explicación razonada en los 140 caracteres que nos permite un *tweet:* lo más fácil ante una opinión polémica es acabar generando malentendidos y lecturas muy diferentes a la intención que tenía el emisor del mensaje.

No hace falta ser famoso para cometer errores, le puede pasar a cualquiera. Algunos casos sonados que quizás recuerdes son el de una chica que a los pocos días de haber conseguido un trabajo en una agencia publicó una crítica a su jefe en Facebook, sin recordar que al llegar a la oficina invitó a su Facebook a sus nuevos compañeros, incluido el jefe. El despido fue inmediato, pero además se le comunicó a través de Facebook en respuesta a su crítica ¿Qué puede ser más humillante que ser despedido por una tontería así en un espacio que también lee tus amigos y tu familia?

No debemos tener miedo a expresarnos, pero tenemos que asumir que cualquiera puede cometer errores y hemos de cuidar lo que publicamos para evitar problemas, sobre todo, cuando hablamos de un uso profesional de las redes sociales. Consultores, directivos o comerciales, por ejemplo, han de saber que lo que publiquen con su nombre en las redes sociales configura también la imagen que de ellos se formarán sus contactos. Aunque no nos guste, la barrera entre lo personal y lo profesional se diluye. Por eso es tan importante usar perfiles diferentes para usos personales y para usos profesionales en redes como Twitter, por ejemplo.

Recuerda siempre que la percepción de calidad depende de pequeños detalles y que esa percepción de calidad tiene también un impacto en los comentarios que recibiremos. Así, es importante cuidar nuestra presencia online global, incluidas nuestras páginas web, antes de ponernos a gestionar otros canales. Lo mismo ocurre con los perfiles en redes sociales. Si no tenemos correctamente creados estos canales, nosotros mismos estamos erosionando nuestra reputación. Tener un perfil mal construido en una red social, con un volumen de seguidores bajo o tener una página web que no comunica bien o que no funciona adecuadamente podría reforzar la crítica recibida ¿Cómo vas a gestionar mi compra online si no eres capaz de gestionar tu propia web?

A fin de clarificar esta pauta, pongamos un ejemplo sencillo. Si el perfil de una empresa en Twitter no cuenta con su logotipo o una imagen representativa, sino con la imagen del huevo que Twitter da por defecto, estaremos poniendo en entredicho que nos tomemos en serio nuestra presencia en ese entorno. El usuario avezado es más exigente. Que el logo no sea correcto, que no tengamos un volumen apreciable de seguidores o que en nuestro perfil no haya conversación erosiona nuestra credibilidad en esta red.

Un ejemplo offline nos ayudará a entender mejor este punto. Si estamos en un restaurante y encontramos un problema en nuestro plato, seguramente querremos estar segurísimos de que no se trata de una percepción nuestra antes de reclamar la presencia de maître responsable. Si quien aparece es un profesional perfectamente vestido y aseado, con una actitud empática pero asertiva y firme, necesitaremos una autoestima muy alta para mantener nuestra queja y seguramente nos quedaremos conformes si el maître nos atiende perfectamente. Pero si quien aparece viene desaseado, con lamparones en la camisa y caspa en los hombros, antes de que diga nada sabremos que teníamos razón al quejarnos y lo haremos con más vehemencia. Lo mismo ocurre con tu presencia online.

Algunos consejos sobre cómo cuidar nuestra Reputación Online Profesional en las redes sociales:

- Somos los primeros responsables de lo que hay sobre nosotros en las redes sociales. En la mayor parte de los casos, somos nosotros mismos los que por publicar un exabrupto o un comentario fuera de tono nos ponemos en problemas. Seamos los guardianes de nuestra intimidad.

- Cuidado también con publicar bajo ciertos estados de ánimo. La melancolía puede ser tan peligrosa como la euforia en cuanto al uso profesional de redes sociales. No publiques, por ejemplo, lo que no le dirías a un vecino en un ascensor o lo que no dirías en voz alta en un bar.

- No tener presencia en redes sociales con tu nombre es una opción, pero a nivel profesional esa ausencia puede dejarte en desventaja ante quien sí las usa bien. Todo depende del tipo de trabajo que tengas o que quieras conseguir.

- Hay ciertos temas que, si no tienen relación directa con tu trabajo, deberían ser tabú para un profesional que usa las redes sociales con su nombre. Por ejemplo, la religión, la política o el fútbol. Son asuntos en los que lo más fácil es acabar molestando a un porcentaje alto de tu audiencia. Puedes publicar un *tweet* alegrándote de la victoria de tu equipo de fútbol favorito, pero piensa en cómo lo van a encajar los clientes que son hinchas del otro equipo... ¿Realmente necesitas publicar ese *tweet*? ¿Cómo afectan tus *tweets* sobre fútbol a la calidad de tu perfil, si quienes te siguen lo hacen porque les interesa lo que sabes hacer profesionalmente? Busca un equilibrio adecuado entre lo personal y lo profesional. Y distingue bien entre lo personal y lo privado. Si usas las redes sociales para mostrarnos tus cualidades profesionales, si te presentas como un experto en tu campo, quizás no sea necesario subir la enésima foto de tu perro; si eres veterinario, esto no va contigo. Cuando digo un equilibrio entre lo personal y lo profesional es porque asumo que todos somos personas y las personas hacen negocios con quienes les generan confianza. Si no sé nada de ti como persona, es raro que confíe en ti para cerrar un negocio. Si nunca publicas información personal podrías generar cierta desconfianza porque podría entenderse que estás ocultando algo, que no quieres mostrarte cómo eres. Aunque estemos en una cuenta estrictamente profesional nunca está de más dejar caer algunos detalles que nos permitan mostrarnos nuestro lado humano, mostrar nuestra opinión o qué hacemos al margen del trabajo. Siempre siendo prudentes, ya que esos comentarios los verán personas de nuestro ámbito profesional. No se trata tanto de actuar con miedo o de autocensurarnos como de ser conscientes de que lo que publiquemos en Facebook, en Twitter o en un blog podría llegar mucho más lejos de lo que imaginamos.

- Está muy bien, por ejemplo, en tu cuenta de Twitter profesional dejarnos saber qué lees, en qué campañas solidarias participas, qué deporte practicas o si tienes perro. Cuando digo distinguir entre lo personal y lo privado, hay que tener claro que a nadie debería importarle si te tomas dos o tres copas en la barbacoa del sábado, por ejemplo.

- Ten siempre en cuenta que cualquier cosa que publiques llegará potencialmente más lejos de tu círculo inmediato y que todo lo que publiques deja de estar bajo tu control una vez sea público. Por muy rápido que borres un *tweet*, no podrás borrar los *retweets* que ya se hayan hecho.

- Las diferencias de opinión están muy bien y los debates si son constructivos. Pero las discusiones son como las guerras, todos los que participan tienen bajas. Discutir en las redes sociales es un peaje innecesario.

- Piensa bien en tus líneas editoriales. Si sumas tu hobby a tu cuenta profesional, quienes te leen pensarán que eres un especialista en tu afición.

En estos casos, es mejor tener dos cuentas separadas. Por ejemplo, en mi cuenta de Twitter @victorpuig hablo de comunicación online, y en mi cuenta @cronicaviajera hablo de viajes. Si hablara mucho de viajes en @victorpuig cualquiera pensaría que soy un especialista en la comunicación online en el sector turístico y no sólo trabajo en ese sector. Mantener dos cuentas es más trabajo, pero por eso hablamos de cuentas personales profesionales, porque son para trabajar.

- Indudablemente, hay una transferencia de reputación entre un profesional y las empresas en las que trabaja. Si un profesional conocido por su relación con una empresa comete una imprudencia en una red social, por ejemplo, defiende una opinión tan vehementemente que pueda acabar siendo excesivamente agresiva o incluso grosera ante los ojos de otros muchos usuarios, su comportamiento salpicará a la empresa. También podría perfectamente pasar otro tanto al contrario. Al final, una empresa no deja de ser un grupo de personas y, en este contexto, pueden darse muchas situaciones en las que los representados por el grupo se vean afectados por lo que el grupo aparenta.

- Hemos pues de valorar hasta qué punto está mutua influencia nos ha de llevar a plantearnos cuándo, cómo y bajo qué premisas los empleados han de poder o no identificarse como miembros de la empresa, o separar sus opiniones en las redes sociales de las posturas que la corporación prefiera defender.

- En algunos casos, las empresas pueden plantear unas directrices básicas de lo que recomienda y lo que no a aquellos de sus profesionales que tienen una cierta exposición en las redes sociales. Es un caso común el de los periodistas que se identifican en Twitter como redactores de un medio concreto. Han de saber que lo que allí publiquen podría salpicar a ese medio. Una salida común a esta situación es recomendar a los empleados que especifiquen en la biografía de su Twitter que lo que allí publiquen son únicamente opiniones personales. Si un profesional conocido por su relación con una empresa comete una imprudencia en una red social (por ejemplo, defender una opinión tan vehementemente que pueda acabar siendo excesivamente agresiva, o incluso grosera ante los ojos de otros muchos usuarios), su comportamiento salpicará a la empresa. Y podría perfectamente pasar otro tanto al contrario. Al final, una empresa no deja de ser un grupo de personas, y en este contexto, pueden darse muchas situaciones en las que los representados por el grupo se vean afectados por lo que el grupo aparenta.

2.3 METODOLOGÍA BÁSICA EN GESTIÓN DE LA REPUTACIÓN ONLINE

Tanto si hablamos de una empresa, un producto o de la imagen de un profesional, ¿cómo deberíamos trabajar nuestra Reputación Online? Si hay algo que afecta a nuestra reputación, hemos de trabajar con una metodología adecuada. Una metodología sencilla, fácil de recordar y muy útil es la que se define en los siguientes tres pasos:

1. Monitorizar
2. Valorar
3. Participar

Nótese que las letras iniciales de estas tres fases coinciden con las de la frase "Más Vale Prevenir". No es casualidad: aplicar esta metodología de forma preventiva antes de enfrentarse a cualquier situación de crisis es una buena idea. Porque así, si alguna vez nos llueven las críticas, tendremos mucho trabajo avanzado y el chaparrón nos afecta menos.

Si se construye una buena imagen y reputación a medio y largo plazo, se dispondrá de un fondo de contenidos y de personas que estarán dispuestas a hablar bien de nosotros, lo que puede ayudar si en algún momento aparecen críticas sobre la marca. Actuar preventivamente, antes de que nos podamos ver envueltos en críticas, es una inversión llena de ventajas que nos puede ayudar a posicionarnos en Internet. Hay que asumir que las críticas surgirán tarde o temprano. Es prácticamente imposible satisfacer a todo el mundo todo el tiempo.

Veamos en qué consiste cada una de estas fases.

1. Monitorizar

Si hablamos de monitorizar hablamos de detectar qué se está diciendo, quién dice qué y dónde lo dice. Monitorizar pude ser tan sencillo como buscarnos periódicamente en Google o tan complejo como activar sofisticadas herramientas de monitorización online que nos avisen cuando se detecte una mención sobre nosotros. Pero no nos adelantemos y veamos para qué hay que monitorizar:

- **Qué se está diciendo**. Hay dos vertientes a considerar sobre lo que se esté diciendo de nosotros, la cualitativa (expresión literal de qué se está diciendo) y la cuantitativa (cuántos comentarios positivos, negativos o neutros aparecen sobre nosotros a lo largo de un periodo de tiempo). Para sacar partido de esta información tenemos que ser conscientes de que tenemos que monitorizar cuanto más tiempo mejor. Los diferentes comentarios normalmente avanzan en paralelo. Cuantos más contenidos sobre una empresa haya, más comentarios positivos, negativos y neutros habrá. Siempre encontraremos alguna crítica, no todo son comentarios positivos. Una crisis de reputación sucede cuando nos encontramos un repunte muy alto en los comentarios negativos. Esto nos hace ver que ha ocurrido algo que ha disparado los comentarios negativos por encima de cualquier otro nivel de comentarios positivos y neutros. En esta situación, es cuando tenemos que actuar con más delicadeza pero no podremos tomar las decisiones correctas si no somos capaces de ver que en realidad estamos ante un momento puntual que nos está afectando y no ante una tendencia negativa.

- **Quién está diciendo qué.** Intentaremos ver quiénes son los usuarios que están promoviendo nuestros productos y quiénes son nuestros detractores. Un usuario que critica nuestros productos o servicios con motivo, a través de una crítica constructiva, constituye un perjuicio económico, porque nos está deteniendo posibles ventas, pero también puede ser positivo que nos digan en qué fallamos. Si no lo sabíamos, podremos corregirlo. Detectar estas críticas constructivas debería llevarnos a convertir a un detractor en un promotor si sabemos demostrar que escuchamos y tomamos las medidas correctivas adecuadas y si nos esforzamos en contactar a ese usuario y demostrarle que hemos solucionado esa situación o ese problema.

- **Dónde lo está diciendo**. Intentaremos localizar si esas opiniones negativas o positivas se vierten en otras páginas web, en foros, en blogs o en redes sociales. Es muy interesante ver las diferencias entre estos espacios porque nuestra pauta de respuesta, nuestra capacidad de publicación en cada uno de estos lugares, es diferente. Lo que nos interesará es ir detectando todas esas fuentes de información de manera que las tengamos más controladas, más a la vista. La manera más sencilla de hacer esto es ir anotando qué blogs son los más interesantes, los que suelen hablar de nuestro mercado o productos y concentrar todos sus canales RSS en nuestro gestor de RSS, por ejemplo Netvibes.com. Así tendremos controlado lo que se va publicando y detectaremos antes nuevas menciones que nos interesen. Los motores de búsqueda de las redes sociales son otro buen lugar para localizar comentarios.

Monitorizar supone trabajar con alertas, con herramientas de monitorización que nos permitan localizar esos comentarios. Todas estas herramientas tienen rasgos comunes que dificultan su uso como que son lentas, no detectan los comentarios en cuanto aparecen y tienen poca cobertura porque sólo trabajan una parte de los contenidos más visibles. Dispones de una metodología específica en el capítulo sobre *Monitorización* de este libro.

2. Valorar y analizar

Si la monitorización nos responde las preguntas quién, qué y dónde, la segunda fase de esta metodología de trabajo debería ayudarnos a responder a la pregunta ¿Por qué lo dicen? Esa pregunta no la puede responder ninguna herramienta de monitorización. Debes ser tú quien estudiando los comentarios detectados puedas obtener conclusiones acerca de la naturaleza del problema y cómo solucionarlo.

Veamos un sencillo ejemplo. Una empresa especializada en comercio electrónico nos llamó preocupada porque interpretaron que las críticas que recibían en ciertos foros estaban afectando a la captación de nuevos clientes. Las búsquedas en Google nos ayudaron a detectar algunas de estas críticas y todas ellas sin excepción estaban relacionadas con la logística. Algunos usuarios se quejaban de la demora en recibir sus pedidos, otros advertían que los productos entregados no eran los que habían pedido y en algunos casos había quejas sobre la tardanza en gestionar las devoluciones. Era muy evidente que el problema de la Reputación Online de esta empresa tenía una derivada offline, el departamento de logística no funcionaba adecuadamente. En respuesta a la llamada de este cliente le explicamos que si bien podíamos ayudarles a gestionar esas críticas y a mejorar su presencia global en Internet, los problemas continuarían si el departamento de logística seguía fallando. Volveremos sobre este caso…

Dado que la monitorización nos demuestra dónde se dan esos comentarios y cuáles son los que consiguen más impacto, en la fase de Valorización debemos evaluar también si nuestros propios contenidos son relevantes, es decir, si tienen la misma o más visibilidad que los contenidos que se publican sobre nosotros, así como vislumbrar en qué espacios deberíamos aportar contenido si no lo estamos haciendo ya. Valorar es también asumir que si nuestro relato no es visible, tendremos un problema. Si el único contenido visible en buscadores que hay sobre nosotros es el de nuestros críticos, la situación es compleja. Razón de más para actuar de forma preventiva y tener ordenada y bien posicionada nuestra presencia en Internet.

Valorar el porqué de las críticas supone a menudo un ejercicio de humildad y de cierta capacidad para ser empáticos con los usuarios. A veces, el empresario reacciona a la defensiva ante un informe que deja constancia de la contundencia de las críticas que recibe su proyecto, y se aferra a dos respuestas instintivas: la del complot ("estos comentarios seguro que son de nuestros competidores que nos quieren hacer daño") y la de echarle la culpa al usuario ("este consumidor no ha entendido que nuestro producto no puede hacer eso que pide").

No digo que en todos los casos ese instinto sea falso. Es verdad que nos hemos encontrado con campañas orquestadas por parte de una empresa del sector contra otra, pero son casos concretos y poco comunes, además de poco inteligentes ya que pueden generar una respuesta contundente. Recuerdo con cierta vergüenza ajena una mesa redonda en la que participaban varias empresas de posicionamiento SEO, donde llevado por la euforia del clima amigable y la audiencia reducida, uno de los participantes dijo "que levante la mano el que alguna vez haya usado perfiles falsos para criticar a un competidor de un cliente". El silencio se hizo aplastante y fue él el único que tuvo que bajar el brazo y borrar la sonrisa de su rostro durante los pocos segundos que el moderador alargó tan incómoda situación.

Lo que es insostenible es echarle la culpa al consumidor. Si alguien no ha entendido los límites, las capacidades o las prestaciones de un producto o un servicio, será porque la comunicación de la empresa tiene deficiencias, pero no porque el usuario sea tonto. En algunas conferencias, me he permitido el juego de preguntar si en la sala había personas que alguna vez se hubieran quejado de un servicio o un producto y suelen ser muchas. Acto seguido pregunto si hay algún tonto en la sala. ¿Por qué pensar que el cliente no ha entendido algo en lugar de asumir que se lo hemos explicado mal? Si no entiendes este libro, será que no lo he escrito tan bien como me gustaría.

En la fase de Valoración debemos dilucidar si estas críticas son ciertas o falsas y si ya sabíamos que iban a llegar o si no lo sabíamos. Veamos estos diferentes escenarios:

- Si las críticas son ciertas, si el producto realmente falla y no lo sabíamos, las críticas nos están haciendo un favor, ya que nos están diciendo en qué podemos mejorar. Eso hay que agradecerlo, esa información ha de ser bienvenida. Una respuesta común en este caso es agradecer el comentario, intentar averiguar más detalles, mostrar interés por encontrar una solución y, siempre que sea posible, iniciar una conversación en privado a fin de extraer toda la información posible que nos permita mejorar nuestro servicio o producto.

  Por ejemplo, imaginemos que gestionamos las redes sociales de una bebida carbonatada y en pocos días recibimos varias quejas de usuarios que aseguran que al abrir su envase la bebida no tenía gas. Hablamos con ellos y averiguamos que han adquirido el producto en una misma zona. Contactamos con distribuidor de esa zona y nos confirma que por un problema mecánico en un camión que quedó estacionado demasiado tiempo a muy altas temperaturas es posible que nuestro producto se haya visto afectado. Los usuarios nos han ayudado a detectar dos problemas. El primero es el fallo en el producto y el segundo es la poca fiabilidad del distribuidor.

- Si la crítica es cierta y nosotros ya sabíamos que eso podía pasar, deberíamos tener prevista la respuesta en nuestro protocolo de crisis, del que hablaremos más adelante. Anotemos que el error se ha producido y pongamos en marcha la argumentación necesaria, así como las posibles contraprestaciones para el usuario afectado.

  Una anotación sobre las contraprestaciones. Intentemos siempre ofrecerlas en privado y, a poder ser, telefónicamente. Ofrecer una contraprestación en público generará nuevos mensajes de queja por parte de otros consumidores, habiéndose visto afectados o no por el problema, pretendan sacar partido.

- Si estamos absolutamente seguros de que las críticas no son ciertas debemos valorar si vale la pena contestar o no. Cómo habremos hecho ese ejercicio de introspección en nuestra empresa y habremos sido lo suficientemente humildes como para admitir críticas, si llegamos a la conclusión de que la crítica no es cierta que sea porque estamos 100% seguros de que lo que explica el usuario es imposible que ocurra.

  Aquí tenemos que valorar hasta qué punto el usuario puede tener una motivación u otra. Va a depender de detalles muy sutiles y hay que tener mano izquierda y una cierta experiencia a la hora de evaluar qué tipo de respuesta dar cuando una crítica no es cierta y hasta qué punto vale la pena responder –por ejemplo, porque el usuario se haya creado unas expectativas que ni podemos cumplir ni hayamos prometido nunca– o estamos ante lo que se conoce como un *troll*, alguien que quiere quejarse por el placer de destruir. A los *trolls* no debemos hacerles mucho caso ya que lo único que pretenden es alargar las conversaciones para debilitarnos con sus quejas.

  La mayor dificultad es saber cuándo alguien se está quejando por el capricho (o el encargo) de ponernos en una situación comprometida o cuando se está quejando porque no han entendido que nuestro producto quizás no tiene por qué cumplir las expectativas que el usuario se había hecho. En todo caso, a la hora de gestionar críticas, si nuestra empresa tiene varias vías de comunicación diferentes con el usuario final, tenemos que trabajar coordinados. Los departamentos implicados en atención al cliente, comunicación corporativa o relaciones públicas, tienen que saber exactamente qué están comunicando los otros canales porque desde el punto de vista del usuario final la empresa es siempre la misma.

Si diferentes canales aportan informaciones distintas, seguramente el usuario acabe enfadado ante el desconcierto que aprecia. La comunicación interna de los departamentos que hablan con el usuario final es vital para la gestión de la reputación. Un problema de reputación frecuente es que el cliente haya recurrido al teléfono para ser atendido por su queja, que la respuesta recibida no haya sido de su agrado y se queje en las redes sociales. Los consumidores no son tontos y ya han percibido que a menudo una queja en público es atendida más rápidamente y con una resolución más rápida que una queja en privado. Si la respuesta que reciba por las redes sociales no es coherente con la respuesta obtenida por teléfono, estaremos minando la credibilidad de nuestra empresa. Si ese usuario decide desplazarse a un establecimiento de nuestra empresa y quien le atiende le da una tercera respuesta distinta, jamás volverá a confiar en nosotros y muy posiblemente se reafirme en su queja a través de las redes sociales, advirtiendo a sus conocidos y desaconsejando consumirlos y ya tenemos una pequeña crisis en marcha.

3. Participar

Participar significa tomar partido en la conversación que ya ocurre en Internet. Y participar supone al menos tres gestiones: publicar contenido relevante para el usuario al que queremos llegar, contener o responder las críticas recibidas y hacer más visibles aquellas opiniones que nos son favorables.

Obviamente, la participación en redes sociales podría entenderse como la tarea habitual del **community manager**, del profesional que se dedica a la atención y uso de estas redes, que como veremos en el capítulo dedicado a la estrategia, deberá tener claros una serie de pasos que incluyen, por supuesto, saber qué es lo que tiene que publicar y cuándo. Pero en el contexto de la Gestión de la Reputación Online hemos de considerar los resultados de la fase de monitorización y valoración de esta metodología en la toma de decisiones sobre qué hemos de publicar y dónde y, sobre todo, con quién debemos conversar. Nos enfocaremos ahora en qué cambia para el *community manager* disponer de esta información a la hora de realizar su tarea. Veamos cada una de estas tres gestiones:

- **Participar publicando**: debemos plantearnos en todo momento qué vamos a aportar nosotros, no podemos únicamente replicar lo que dicen los demás, tenemos que ser capaces de aportar valor a la comunidad con la que estamos trabajando. Pero la relación entre la Reputación Online y el plan editorial de tus redes sociales va más allá y tiene mucho que ver con los comentarios detectados en la monitorización. Por eso esta mención hay que incluirla en el apartado de Participar. Se trata de integrar en tus líneas editoriales las respuestas a las preguntas o quejas que te llegan de tus usuarios o también de los comentarios negativos. No estamos hablando tanto de una respuesta directa, sino de una respuesta indirecta a través de nuestros canales. Por ejemplo, si recibimos una queja porque nuestros productos no se encuentran en una región concreta, incluyamos más noticias acerca de dónde sí estamos en nuestra página web y lancemos luego a las redes sociales mensajes sobre nuestra cobertura que incluyan un enlace a esa información. Si recibimos quejas por parte de un ex empleado descontento, publiquemos noticias acerca de nuestra eficiente política de recursos humanos, acerca de las ventajas que ofrecemos a nuestros empleados o de los planes de formación que ponemos a su disposición. Se trata de que quien encuentre las críticas pueda encontrar también contenido nuestro que en cierta manera desmienta o atenúe esas críticas.

En algunas ocasiones, incluso podemos aprovechar estos contenidos para enlazarlos en la respuesta directa a la crítica recibida. Esto es algo que hay que evaluar en cada caso. Insisto en el hecho de que nuestras líneas editoriales han de verse alteradas a favor de nuestra reputación si somos capaces de generar este tipo de contenidos, estas noticias o novedades que dicen lo contrario de las críticas recibidas.

- **Participar contestando críticas**: el primer paso que hemos de tener en cuenta es que, a la hora de gestionar críticas de nuestros usuarios en Internet, nosotros somos nuestro peor enemigo. A nadie le gusta recibir críticas. Lo primero que tenemos que asumir es que esa crítica rara vez será un asunto personal hacia nosotros, será una crítica al producto, marca o empresa. Vale la pena hacer un ejercicio de introspección para conocernos un poco más y saber qué críticas podríamos recibir. Tenemos que conocer nuestra empresa, saber qué es lo que puede fallar y cómo lo explicaremos o qué haremos en el caso de que finalmente falle. Tenemos que saber manejar nuestras emociones y reacciones porque en Internet tenemos el problema de no tener enfrente a la otra persona, no hay contexto, sólo texto. Perdemos toda la comunicación no verbal y a la hora de escribir cualquier matiz que denote enfado o frustración puede llevar a enfadar más a la persona que está al otro lado, que no conocemos y que no podemos saber cómo encajará nuestra respuesta. El riesgo es no encontrar ese delicado equilibrio entre lo políticamente correcto que haga que nuestra respuesta no lleve a nuevas críticas, y lo suficientemente empático para que quien lea nuestra respuesta perciba que nos preocupa el caso, que atendemos su petición y que comprendemos ese sentimiento de molestia. Recordemos que el cliente que se queja no es tonto y que lo primero que necesita es sentirse escuchado y atendido. Cuidado pues con las respuestas técnicamente perfectas pero demasiado asépticas.

Ante todo, mucha calma. Tenemos que comprender que un usuario molesto es un usuario al que hay que tratar con cuidado ya que puede generar mucho ruido si se siente lo suficientemente motivado como para seguir quejándose. Debemos pensar y estar tranquilos antes de responder cualquier cosa e intentar evaluar cuál es la motivación última que hace que ese usuario esté mostrando cierta agresividad en su crítica. Demostrarle al usuario que le escuchamos y mostrar suficiente empatía como para entenderle, sin que note que nos esforzamos en ello, son primeros pasos que nos ayudarán a construir una relación positiva que haga que gestionar la crítica sea menos complicado.

A la hora de responder a una crítica, una respuesta rápida ahorra disgustos, pero estamos en una carrera de fondo. Si dejamos una crítica sin contestar durante mucho tiempo puede ocurrir el efecto "yo también", en el que otros usuarios que a priori no estaban suficientemente motivados como para expresarse, se unan a esa primera crítica. Debemos evitar ese efecto contestando con agilidad a los posibles comentarios negativos que tengamos. Los beneficios de estas respuestas los obtendremos a medio–largo plazo.

En muchas ocasiones, comprenderemos que por muchas explicaciones que demos a un crítico, no le convenceremos. Hay incluso quien expresa literalmente la frase "a mí no me vais a convencer", toda una declaración de intenciones. Estos usuarios suelen leer cualquier explicación como una excusa, cuando no como un intento de manipularles. ¿Hemos de responderles? Mi sugerencia es sí, porque aunque ellos no nos vayan a entender, si la conversación es pública y si se produce en las redes sociales seguramente será pública, hemos de tener en mente que hay una audiencia que asiste al diálogo. Es a esa audiencia a la que nos interesa llegar cuando nos dirigimos al crítico. Nos interesa poder transmitir un mensaje que explícitamente demuestre que estamos haciendo lo posible por atender a un cliente insatisfecho, pero él insiste en atacarnos. De pronto, ya no somos la corporación abusando del consumidor –deberíamos no serlo nunca, por supuesto–, sino la víctima de un abuso que intenta razonar y recibe descalificaciones. Ese es el rol que nos acercará empáticamente a quienes contemplan la conversación. Intentar ubicarnos en el perfil de víctima si se nos está criticando demasiado, mostrando al resto de usuarios que hemos hecho lo posible por gestionar esa crítica y darle respuestas satisfactorias y que pese a nuestros mayores esfuerzos y transparencia, el crítico sigue atacando.

Hay casos en los que la respuesta en público es muy difícil y la única vía constructiva es buscar un canal privado. Suele ser el caso del ex empleado descontento. No sólo porque el ex empleado dispone de información de primera mano que le otorga credibilidad, sino porque las implicaciones emocionales le dan una motivación muy fuerte en la mayoría de los casos. Hay casos que se han podido resolver tras una primera crítica desaforada movida por un arrebato y otros casos que sencillamente son irresolubles. A la larga, o bien la empresa asume que actuó mal y obra en consecuencia, o bien el empleado se da cuenta de que no tiene razón y de que su actitud le dificultará encontrar un nuevo empleo.

Recurrir a las acciones legales ha de ser el último recurso, para casos graves y sólo si tenemos la certeza absoluta de que podemos ganar. En caso contrario, es peor el remedio que la enfermedad. Hay que evaluar con cuidado las consecuencias. Debido a lo dilatado de los procesos judiciales, podemos provocar que el ruido en contra de la empresa criticada se reanude cuando se llegue al juicio o se dicte sentencia. En el contexto social en el que nos movemos, ser demandado o imputado conlleva connotaciones de culpabilidad que no interesan a nadie.

- **Participar potenciando los comentarios positivos:** de la misma manera que nos interesa minimizar o dar respuesta a los comentarios negativos, nos interesa aún más darles visibilidad a los positivos. Para ello, que mejor que una respuesta de agradecimiento a quién se exprese a nuestro favor. Un *retweet* de su mensaje añadiendo un gracias, o bien un comentario en respuesta a un halago en Facebook, pero siempre añadiendo un agradecimiento. Un *retweet* de un halago más podría entenderse como una muestra de pedantería.

  Un pequeño truco que tiene que ver con las respuestas a comentarios positivos y que podemos aplicar a los negativos es añadir en nuestro texto el motivo que ha generado ese comentario si es positivo u obviar ese motivo si es negativo. Por ejemplo, recibimos un halago de un cliente que se muestra satisfecho porque su pedido ha llegado a tiempo según lo acordado. Nuestra respuesta podría ser algo del estilo "Muchas gracias, nos esforzamos en la puntualidad de las entregas para mantener a nuestros clientes contentos". Con el mismo caso en negativo, por ejemplo, un cliente se queja de que su pedido llegó dos días tarde, podríamos contestar "Sentimos las molestias, estaremos atentos para entregar su pedido a tiempo en su próxima compra". No utilizamos la palabra "retraso", sino "a tiempo", que es el concepto al que queremos vincularnos.

2.4 USO DE ESPACIOS ONLINE: WEBS, BLOGS, LANDING PAGES

Seguramente querremos que nuestra presencia en redes sociales derive tráfico a nuestra página web. Al fin y al cabo, los modelos de negocio más comunes se ejecutan en una web, si se trata de un *e-commerce* o en un establecimiento abierto al público. Son muy pocos los que se han lanzado a vender directamente en las redes sociales, aprovechando, por ejemplo, la funcionalidad publicitaria de Twitter de venta directa o las opciones de *e-commerce* de Facebook. Así, en la inmensa mayoría de los casos, nuestro mensaje en las redes sociales no va dirigido a vender directamente, sino ayudarnos a vender en el espacio que dominamos por entero: nuestra web o nuestro establecimiento.

Por lo tanto, si nuestra página web no está en condiciones, nuestra reputación sufrirá. Si captamos la atención de alguien en las redes sociales intentando causar una buena impresión y ese alguien llega a nuestra web y esa página está mal, vamos a perder esa buena impresión y habremos captado la atención de alguien para demostrarle que no lo estamos haciendo bien. Así difícilmente volverá.

Coge una de tus tarjetas de visita. Moja una esquina en un café, písala varias veces, deja caer unas gotas de aceite encima (si es de un bocadillo de sardinas, mejor), arrúgala un poco… Tal y como va quedando ¿se la darías a un cliente? ¿Eres tú esa tarjeta? Pues lo mismo pasa con tu web. No hay excusas como no tener tiempo o presupuesto. Tener una web en condiciones no es caro y cuidar los detalles es una buena inversión. Tener una web que no funciona es peor que no tener ninguna web.

Nuestra página web ha de incluir canales de participación. El enlace de contacto tiene que ser bien visible. Es importante ofrecer vías de comunicación al usuario porque si el consumidor tiene que quejarse va a ser mucho mejor que lo haga en privado y hacia nosotros que en público en cualquier foro.

Por ello, las páginas web tienen que ser activas, estar actualizadas, ofrecer contenidos de valor y, sobre todo, ofrecer alternativas de contacto a los usuarios.

Como hemos dicho anteriormente, para cuidar nuestra Reputación Online nos interesa vigilar, sobre todo, qué 20 primeros resultados de búsqueda aparecen en Google cuando alguien busca nuestro nombre, marca o producto. Si tenemos un perfil social bien hecho y una página web en condiciones, es muy posible que ocupemos 2 de esos 20 espacios. Pero podemos ir a por más. No sólo con perfiles en redes sociales diferentes, sino también con más propiedades web. Las más comunes en este caso son el blog corporativo, la sala de prensa y las *landing pages*. Obviamente, el motivo para usarlos ha de ir más allá de la Gestión de la Reputación Online y tener una razón de ser vinculada a tus objetivos de negocio. Pero veamos brevemente para qué sirve cada uno de estos espacios web, cómo usarlo y cómo se relaciona con la gestión de la Reputación Online.

- **El blog corporativo** es un potente lugar donde publicar contenidos de forma ágil y rápida y donde el usuario puede comentarlos si le apetece. Cuando una empresa necesita lanzar un comunicado online, no siempre su página web es el lugar ideal si no dispone de una sección de noticias bien posicionada en los buscadores. He visto errores de bulto como que ante un problema de reputación, lo primero que ve un usuario al llegar a la web de la empresa es un desmentido ubicado en la *home*. ¿qué imagen da eso a quien, habiendo llegado a la web por cualquier otro motivo, se encuentra con ese mensaje?

  En un blog podemos permitirnos un tono más cercano, menos rígido. Podemos publicar varios contenidos prácticamente seguidos que apoyen nuestro argumento. Y un blog suele posicionarse fácilmente en los buscadores.

  A nivel de negocio y a nivel preventivo en Gestión de la Reputación, tener un blog corporativo además de una web ofrece otras ventajas. Por ejemplo, podemos centrar la web en la conversión del visitante en cliente, sin distraerle con contenido extra que no tiene que ver con la venta. Esto es así, por ejemplo, en cualquier *e-commerce* o en cualquier página que comercialice servicios. El ejemplo más claro podría ser un banco. Lo que pretende su web no es explicarse, sino captar clientes u ofrecer nuevos servicios a los que ya tiene. Integrar un blog en una web orientada a la conversión entorpece nuestros objetivos. Es mejor tener un blog en una dirección web distinta. Así, de paso, ocuparemos también una posición más de esas 20 que son tan críticas.

Eso sí, si tenemos un blog corporativo debemos permitir que los usuarios comenten nuestros artículos en el mismo blog y evitar borrar esos comentarios aunque sean críticos. En este sentido, lo que hemos de hacer es tener unas normas de participación en el blog lo suficientemente flexibles como para que admitan críticas pero que nos permitan eliminar los comentarios que sean insultos, faltas de respeto o inciten a la violencia, discriminación, etc.

Algunas razones para tener un blog corporativo son:

- Ayuda al posicionamiento orgánico del *site* corporativo, ya que contiene enlaces que apuntan a nuestra web.
- Destacar las noticias, ofertas o lanzamientos.
- Mayor difusión para la comunicación corporativa.
- Recabar *feedback* de los usuarios interesados.
- Test globo sonda sobre temas concretos.
- Ofrecer la posición de la empresa o de sus directivos sobre temas relacionados con la marca o su ámbito.
- Humanizar la empresa, ofrecer un interlocutor cercano.
- Reputación, pues si los contenidos son interesantes ganaremos posicionamiento como expertos.
- Permitir que la web se centre en la conversión, derivando los contenidos de contexto al blog.

- **La sala de prensa online** es el apartado de noticias que tenemos en muchas páginas web, pero programado y diseñado de forma que sea fácilmente localizable a través de buscadores. La manera más sencilla es utilizar la estructura de un blog para nuestras notas de prensa, por ejemplo, con un módulo de Wordpress. De esta forma, la diferencia entre una Sala de Prensa y un Blog Corporativo no es tanto técnica, sino formal. Se diferencian en el tipo de contenidos, que aquí podrán ser más enfocados a prensa, a inversores u a otros actores del mercado, pero asumiendo que no será el lugar predilecto de nuestros usuarios, Me declaro fan del uso online de las notas de prensa, no tanto para enviarlas a los periodistas –si se envían y se publican en medios, pues mejor– sino, sobre todo, como herramienta de posicionamiento en buscadores y como canal de información extra.

  Una sala de prensa bien pensada nos va a dar un espacio en el que la empresa podrá explicar su visión, sus éxitos, sus nuevos clientes o desarrollos, ser un referente en su campo.

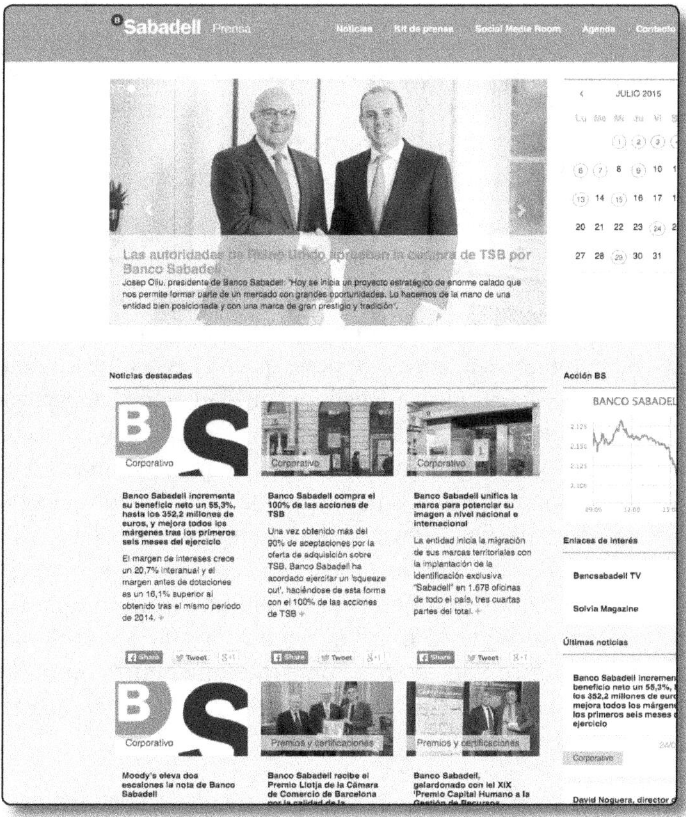

Aquellas páginas o blogs que dedican su apartado de prensa no tanto a recopilar sus notas de prensa sino sus apariciones en los medios están siendo muy hábiles. Agrupando en su entorno web las referencias positivas que de ellos hacen los medios de comunicación se imbuyen de una percepción de calidad. Por denostado que esté a veces el periodismo, es decir, lo que aparece en la prensa, suele dar una pátina de credibilidad y de solidez si es positivo. Sería buena idea tener un apartado en nuestra sala de prensa o en nuestra web, o quizás incluso en nuestro blog, que contenga enlaces a aquellas noticias en las que hemos participado.

- **Una landing page** (o página de aterrizaje) es una web directa y llanamente enfocada a la conversión del visitante en cliente. Para incrementar esa inversión, la *landing page* tiene una estructura sumamente trivial de puro sencilla: un titular, una imagen, un texto breve y una llamada a la acción, que normalmente será un formulario de registro o de venta, o bien un botón que vaya a nuestra web. El objetivo de la *landing page* no es mejorar nuestra reputación, ni mucho menos, sino conseguir que el usuario que allí llega ejecute esa llamada a la acción. Suelen usarse *landing pages* para campañas de ventas específicas para gamas de productos concretos o para conseguir registros en una base de datos. Se les llama "páginas de aterrizaje" por que habitualmente se destina una inversión en Marketing en Buscadores (SEM) para captar usuarios que, *clicando* en los enlaces de los espacios publicitarios "aterricen" en esa página.

  ¿Cuál es entonces la relación entre *landing pages* y Reputación Online? Podemos encontrarnos en situaciones en las que necesitemos posicionar de forma rápida una página web con un mensaje conciso y claro, por ejemplo, que los afectados por un problema concreto nos contacten para posicionar un evento que tiene que ver con nuestra marca, para publicitar nuestras acciones de Responsabilidad Social Corporativa o para iniciar un proceso de captación de nuevos empleados. Cualquiera de ellas nos otorga potencialmente un espacio más de esas 20 posiciones de las páginas de resultados de búsqueda y nos puede ser útil para contrarrestar un mensaje negativo con una comunicación en positivo, que será más visible en una *landing page* que en nuestra sala de prensa, sobre todo, si inyectamos una pequeña inversión en SEM, que será más rentable si el contenido de la *landing page* está 100% relacionado con el mensaje publicitario. Eso es casi imposible que ocurra en nuestra sala de prensa, donde la diversidad temática encarecerá la campaña de marketing en buscadores.

Considerando lo visto hasta aquí, podemos concluir que para tener una Reputación Online cuidada hay que cultivar con cariño nuestra presencia en tres tipos de espacios:

1. **Los espacios que controlamos** (web, blog, sala de prensa o *landing pages*)

2. **Los espacios que compartimos** (nuestros perfiles en las redes sociales y lo que allí hacemos)

3. **Los espacios ajenos** (foros, blogs de terceros, espacios en los que podemos participar sin un perfil propio)

2.5 PROTOCOLO DE GESTIÓN DE LA REPUTACIÓN ONLINE

Es importante intentar prevenir crisis de Reputación Online, y estar atento y preparado para atajarlas en cuanto se inicien para evitar ese efecto bola de nieve en el que unas pocas críticas iniciales disparan muchas más. Recordemos que muchos usuarios no son en absoluto proclives a expresarse críticamente, a no ser que empaticen con una queja y se sumen a ella. Hemos visto quejas de 2012 en un foro olvidado que de pronto han tenido respuestas de 2014 cuando un usuario, buscando si él era el único afectado por un problema menor, ha localizado esas críticas antiguas para validarlas, ampliarlas y actualizarlas. No hay pues críticas pequeñas, no hay pues críticas que puedan desatenderse. Hay críticas a la espera de una masa crítica suficiente para aparecer de nuevo a la luz y afectarnos.

El **protocolo de Gestión de la Reputación Online** es un documento que puede ayudarnos a prevenir esos problemas. Vamos a ver una propuesta de protocolo, que recoge muchos de los puntos que podría contener este documento. En cada caso habrá de adaptarse, ampliando o reduciendo los puntos que atañen a nuestra empresa, para centrarlo en lo que puede ser más significativo para nosotros. Evidentemente, hay industrias o sectores con problemas específicos que habría que tratar en un protocolo ampliado. No son los mismos los problemas de reputación que pueda tener una empresa química que una empresa alimentaria o una cadena de hoteles. Sirva este guión como modelo para no dejar nada en el tintero, y como referencia para que puedas elaborar tu propio protocolo.

Nuestro modelo de protocolo de Reputación Online se divide en tres fases:

1. Fase previa

a. En esta fase hemos de definir los objetivos que queremos conseguir. Tenemos que traducir esos objetivos a los indicadores (*Key Performance Indicators*) que nos van a permitir medir resultados y saber si vamos en el camino correcto. Hablaremos de ello en detalle en el capítulo de Métricas.

b. **Equipo implicado**. Definir quién tiene la última palabra cuando se presente un conflicto, quién recibirá los avisos y alertas, quién va a dar más información al *community manager* en aspectos que no domine (legales, técnicos, comerciales...), quién tiene normalmente contacto con el cliente, etc. Se pueden definir también los plazos de respuesta para que el equipo implicado se comprometa a dar la respuesta en el menor plazo posible.

   Este apartado es importante. En ocasiones, el mensaje que debe lanzarse en una crisis de reputación perjudicará a alguno de los equipos de la empresa. Si no se implica directamente alguien con capacidad de mando, la respuesta puede verse ralentizada por los debates internos entre departamentos. Y ralentizar la respuesta sólo generará más críticas. Por lo tanto, en los gabinetes de crisis ha de haber alguien que tome el mando e imponga un criterio.

   También es muy importante dejar constancia en este documento de qué persona de cada equipo ha de responder las dudas que pueda tener el *community manager* en una situación de críticas y que se limite esa respuesta en un número bajo de horas, idealmente, antes de que finalice la jornada laboral en la que se produce la pregunta. Desafortunadamente, el *community manager* no suele tener una posición de ventaja en el organigrama y si, por ejemplo ante una duda legal o mecánica no consigue una respuesta del equipo legal o de ingeniería de la empresa, o bien ralentizará la respuesta, o bien intentará responderla él. Ambas cosas son peligrosas. La dirección de la empresa ha de consensuar qué persona de cada equipo responderá lo antes posible en caso de una duda importante del *community manager*. Este apartado es un seguro de vida laboral para el *community manager* y un ansiolítico para toda la organización.

c. **Revisión de avisos legales**. Es un trabajo previo que habremos de realizar, revisando los avisos legales de nuestro blog y nuestra web. Publicaremos unas normas de participación que informen al usuario sobre qué admitimos y qué no admitimos. Esto también podemos hacerlo en redes sociales, por ejemplo, en el muro de nuestra página de Facebook. La pauta más común es admitir críticas pero no admitir descalificaciones de ningún tipo. Tener especificadas estas normas nos permitirá borrar comentarios que sean insultantes e intentar no borrar comentarios que sean incómodos para la dirección de la empresa pero que no incumplan la norma. Si la dirección de la empresa ha firmado este protocolo tenemos una herramienta a nuestro favor en este caso.

d. **Anticipación de posibles problemas de reputación**. Hemos de pensar qué es lo que puede fallar, generando una argumentación precisa para cada caso y validarlo con las personas de la empresa que nos ayudarán a ver si esa respuestas es correctas o incorrectas. Si hay casos anteriores, deberemos tener un historial de qué se hizo en esos casos. Tendremos que valorar en este punto si la crítica es hacia nuestra empresa o si es en referencia al mercado, sector o nuestros competidores.

   Esta es, sin duda, la parte más creativa y más interesante de todo el protocolo, que debe aprovecharse para explicar al resto de la organización la importancia de esta labor. A veces, preparando este protocolo de respuestas ante futuribles problemas aparecen roces entre departamentos. Mucho mejor que aparezcan en este simulacro, en este ejercicio ficticio, que en un caso real. Será bueno trabajar esta tarea en equipo, ya que seguramente diferentes partes de la empresa podrán prever diferentes tipos de críticas que podrían producirse. Nuevamente, la divulgación interna inherente a la preparación de un protocolo de Reputación Online es una buena oportunidad para que en una charla o en una sesión de formación, toda la organización sea consciente de su papel. A menudo, tener un prescriptor en cada miembro del equipo evita tener críticos dentro cuando las cosas se tuerzan.

e. **Plan de dominios**. Vale la pena tener un plan de dominios, saber que además del dominio de la marca puede haber dominios muy parecidos que alguien que esté molesto con nosotros puede comprar y utilizar para colgar contenidos críticos sobre nuestra marca. Es mucho más económico comprar los dominios que necesitamos que vernos forzados a tener que responder críticas a posteriori.

   Lo mismo ocurre con los perfiles en redes sociales, deberíamos tener no solo nuestro nombre de usuario sino otros nombres parecidos para evitar estas problemáticas.

f. **Plan de contenidos**. Debemos coordinarnos con el equipo que va a trabajar el SEO, el posicionamiento de la página web en buscadores. Saber qué contenidos podemos utilizar y en qué herramientas, saber en qué formatos vamos a utilizar estos contenidos y con qué palabras clave (textos, fotos, vídeos). A ser posible deberíamos tener un plan anual de temas a tratar. Marcar sobre qué temas es prioritario hablar a lo largo del año de una forma coordinada con el resto de la empresa. Este plan nos ayudará también a definir qué redes sociales vamos a utilizar, si hay varias personas que manejen estas redes se pactará un libro de estilo.

2. Fase de monitorización

En esta fase, vamos a poner en marcha las herramientas de monitorización para empezar a escuchar y captar qué se está diciendo de nuestra marca. Hablaremos con mucho más detalle de este tema en el capítulo dedicado a la Monitorización.

a. En esta fase definiremos qué herramientas vamos a usar. En función de las necesidades, presupuesto y tiempo decidiremos si utilizamos una herramienta genérica o varias específicas.

b. Definir alertas en Google Alerts. Es una herramienta muy sencilla que aunque es lenta no está de más que utilicemos.

c. Definir con quién nos vamos a medir en ese *benchmark* con competidores**.** Quizá podemos desestimar a los competidores más pequeños o no hace falta que midamos a los más grandes, tenemos que intentar medirnos con los que son más o menos como nosotros para ver hasta qué punto nuestra reputación es mejor o peor.

d. Definir qué temas vamos a monitorizar y sus diccionarios. No sólo monitorizamos la marca sino temas relacionados con nuestro negocio o sector. Tenemos que saber qué temas son más vulnerables en nuestra empresa para monitorizar específicamente sobre esos temas.

e. Definir periodo. Indicaremos durante cuánto tiempo vamos a monitorizar. Si no podemos hacerlo siempre, deberemos monitorizar en periodos significativos del año.

f. Definir contenidos del informe de monitorización y periodicidad del mismo. Todos los resultados los iremos recogiendo en este informe del que habremos de definir los contenidos, la periodicidad del mismo y a quién vamos a dirigirlo.

3. Fase de ejecución

En esta fase ya comenzaremos a publicar, siguiendo las pautas que ya hemos descrito, pero prestando atención también a los siguientes puntos:

a. Implementaremos el plan de contenidos y el plan de redes sociales. Al poner en marcha estos planes conseguiremos que mejore el tráfico de nuestra página web y blog.

b. Nos interesará en este momento vigilar la analítica web, saber cómo mejoramos o incrementamos el tráfico de la página web en función de los contenidos que estamos publicando en redes sociales. Nos aseguraremos de que aquellas partes de la web que más nos interesan, sean realmente las que reciben más tráfico.

c. Vigilar el *press cliping* si lo tenemos. Este servicio recoge las noticias que se publican en los medios de comunicación offline. Esto nos ayudará a validar si la herramienta de monitorización capta toda la información.

d. Ajustar planes en función de la monitorización. La puesta en marcha nos irá dando pistas para ir mejorando nuestros planes. Podremos saber si los resultados que estamos obteniendo son los adecuados, si las herramientas están funcionando como esperábamos o si hay que ajustarlas.

e. Recopilar RSS de las fuentes interesantes. Como la herramienta de monitorización nos dará pistas de dónde aparecemos o aparecen noticias de nuestro sector, podremos ir recabando fuentes interesantes de información en nuestro RSS.

f. Vigilar cambios de nuestra presencia en SERP. Iremos viendo cómo evoluciona nuestra presencia en las páginas de resultados de los buscadores.

g. Coordinarnos con las campañas de *linkbuilding* y SEM. Si tenemos en marcha campañas de este tipo deberemos coordinarnos para ver cómo estamos funcionando.

h. Generar retratos robot de usuarios. A medida que vamos captando opiniones de usuarios intentaremos generar un retrato robot sobre cómo son esos usuarios, tanto promotores como detractores.

i. Generar informes de incidencias. Haremos informes de todas las incidencias que vayamos detectando. En estos informes incluiremos la siguiente información:

- Clasificación de la alerta como leve, media, grave. Aunque el problema parezca pequeño, debemos incorporarlo al protocolo de Gestión de la Reputación ya que muchos problemas pequeños que se repiten a menudo pueden generar un problema mucho mayor.
- Definir quién ha recibido la alerta y a quién la ha reportado.
- Quién dijo qué, cuándo y dónde. Nos servirá para que cada persona del equipo sepa qué casos y por quién se han resuelto con anterioridad. Conociendo estos datos, podremos ser coherentes con respuestas anteriores.
- Valoración de posibles motivos.
- Ver qué respuesta vamos a dar y si está contemplada en el protocolo de ORM. Si no estaba contemplada, la añadiremos creando una argumentación específica para este caso, validada por el departamento correspondiente.
- Validar la respuesta con el departamento correspondiente.
- Efecto de la respuesta. ¿Hemos conseguido contener la crítica? ¿Tenemos que incorporar nuevos contenidos a nuestras líneas editoriales?

2.6 PAUTAS BÁSICAS PARA LA OPTIMIZACIÓN DE CONTENIDOS

Ya hemos visto que hay una relación importante entre los buscadores y la Reputación Online. Al fin y al cabo, aquello que los buscadores destaquen, lo que ubiquen en los primeros resultados ante una búsqueda, será lo más visible. Para conseguir esta relevancia en los buscadores necesitamos trabajar muy bien el **posicionamiento orgánico o SEO (Search Engine Optimization).** Nuestros contenidos han de estar optimizados de forma que Google pueda entender perfectamente de qué estamos hablando y por qué nuestro contenido debería ser más interesante que otros que tratan sobre el mismo tema.

Este manual no intenta responder todas las dudas sobre el SEO. Para ello, tienes en la bibliografía referencias interesantes de expertos que dedican su talento a esta disciplina. Pero sí cabe aquí compartir algunas pautas básicas que pueden ayudarte a sacar más partido de tus contenidos.

Visto en perspectiva, el SEO es un arte perverso. Los ingenieros que trabajan en los buscadores mejoran cada día sus algoritmos de búsqueda para ofrecer a los usuarios los resultados que más se acerquen a lo que buscan. Al otro lado, los expertos en SEO intentan averiguar cuáles son esas mejoras para posicionar los contenidos de sus clientes. Es una lucha silenciosa y sin cuartel: cuanto mejores son unos, más esfuerzo le exigirán a los otros en una especialización sin límite aparente.

Pero no te asustes: haciendo bien y con sentido común unas pocas cosas puedes mejorar la relevancia de tus contenidos. Obviamente, en entornos muy competitivos necesitarás quizás la ayuda de un especialista en SEO, pero al final se trata de ser coherente. Cuanto más contenido interesante tengas sobre ti, más posibilidades tienes de ubicarte en los buscadores. Al fin y al cabo, eso es lo que los buscadores intentan conseguir.

¿Cuáles son esas pautas básicas? Veamos algunas que podrás aplicar trabajando tus contenidos, sin complicaciones técnicas:

- El usuario busca utilizando palabras clave, las que cree que responden a su pregunta. Pero no hace preguntas naturales, porque ha aprendido que a más palabras, más ruido, más resultados irrelevantes. Por tanto, lo primero será hacer un listado de qué palabras crees que un usuario usará si quiere llegar a ti. No te límites al nombre de tu empresa, de tu producto o tuyo, suma a tu lista las preguntas que definan tu sector industrial, tu modelo de negocio, piensa en cómo le llama un usuario común a eso tan elaborado que tú haces. Si tienes dudas acerca de qué palabras pudieran ser las más buscadas, usa la herramienta gratuita de Google en https://adwords.google.es/KeywordPlanner

- Esas palabra clave deben estar presentes en varios espacios clave de tu blog y de tu web:

  - En el dominio de tu página web si es posible
  - En los títulos de tus contenidos y en los nombres de las secciones de tu web. Debería haber un solo título principal en cada contenido. Si miras la codificación de tu página web en el navegador, busca "H1". Eso es lo que el buscador considerará el título principal. Si no hay un H1 o si hay más de uno, habla con el programador de tu web.
  - Asegúrate de que las URL de tu página web contienen esas palabras clave. No es lo mismo que tu web use direcciones que acaban en algo como ".php?ID_categoria=1234&búsqueda=1" que en algo como "zapatos/zapatos_caballero/verano". Cuanto más sencilla y clara sea la estructura de tu web, mejor. No te enredes en subsecciones de subsecciones.
  - Al principio de cada pieza de contenido que redactes en tu entorno web, en el primer párrafo, las primeras 50 palabras o los primeros 250 caracteres.
  - En los enlaces, las palabras que señales como *links* para ir, por ejemplo, de un contenido de tu web al catálogo de productos, o de una frase de tu nota de prensa a tu web son muy importantes. Son las que le muestran al buscador cómo se relacionan los contenidos entre sí. Nunca más pongas un enlace en la palabra "aquí", por ejemplo, en la frase "descárgate nuestro catálogo aquí". Esa no es una palabra clave para ti. En cambio, la palabra "catálogo de zapatos" si podría serlo. En la frase "descarga nuestro catálogo de zapatos" estas tres últimas palabras deberían ser el link que permita la descarga del archivo.
  - En las etiquetas que definen el título y los contenidos de tu web. Comprueba en la programación de tu página que las etiquetas <title> y <meta name> contienen palabras clave. Cada una de las páginas que componen tu página web debería tener su propia etiqueta <title>.

- Cuida tu contenido, ofrece información interesante y original. Los buscadores miden el tiempo que los usuarios pasan en las páginas web, y si consultan varias secciones en ellas. Si tu página web no es interesante para el público al que quieres captar, tu posicionamiento en buscadores se acabará resintiendo.

- Difunde en las redes sociales los contenidos de tu web, utilizando titulares llamativos que capten tráfico. Facilita también que los lectores de tu web puedan difundir esos contenidos en Twitter o Facebook. A mayor nivel de tráfico de una web, mejor posicionamiento y el llamado "tráfico social" ayuda.

- Como el usuario puede segmentar los resultados de búsqueda por imágenes o por vídeos, nos interesa estar posicionados en cada uno de estos ámbitos. Realiza la prueba de buscar el nombre de tu empresa o producto en Google filtrando los resultados por imágenes. Por lo tanto:

  - El nombre de los archivos de imágenes que componen tu web es un dato importante para el buscador. Por ejemplo, no es lo mismo que una imagen se llame "logo.gif" a que se llame "logo_tuempresa.gif" donde "tuempresa" es lógicamente el nombre de tu proyecto. Haz la prueba: busca en Google "logo.gif" y todas las empresas que veas no estarán optimizando sus contenidos.

  - Aplica lo mismo a cualquier foto que forme tu web o tu blog. Tómate unos segundos para convertir el nombre de archivo (normalmente será tipo IMG001.gif o DSC001.gif) para incluir palabras clave: nombres de producto, de servicio. Cuando subas una imagen a tu web, no olvides añadir una descripción con palabras clave utilizando la etiqueta "alt".

  - Estas mismas palabras clave deben ser usadas en tus vídeos en Youtube o tus imágenes en las redes sociales que se basan en fotos. Hablaremos de ello en los capítulos de las redes sociales correspondientes.

- Es imprescindible que tu página web o tu blog sean perfectamente legibles en dispositivos móviles, que tu página web sea *responsive* (que se adapte perfectamente a cualquier tipo de pantalla de cualquier dispositivo). Esta precaución se está convirtiendo ya en un estándar en nuevas páginas web, pero aún quedan muchas webs por actualizar.

- Evita que haya contenido duplicado en tu web o que haya enlaces rotos que no lleven a ningún sitio.

- Comprueba que tu página web cargue rápidamente en los navegadores. Si tarda mucho, quizás haya problemas con la programación de la web o quizás está utilizando imágenes demasiado pesadas, archivos demasiado grandes. Evita el uso de módulos programados en flash: son invisibles para Google.

- Asegúrate de que tu página web ofrece un mapa de la navegación del *site* a los usuarios con un documento HTML y a los buscadores con un documento sitemap.xls. Crearlos es sencillo, consulta Google Webmasters Tools para ver cómo se hace (*http://www.google.com/webmasters*).
- Tienes muchos más consejos básicos en la guía de Google http://www.google.es/webmasters/docs/guia_optimizacion_motores_busqueda.pdf

2.7 25 CONSEJOS EN GESTIÓN DE LA REPUTACIÓN ONLINE

1. **Escuchar**. Como en toda conversación, antes de decir muchas cosas, nos interesa detectar qué se dice de nosotros, de nuestro negocio, marca, servicio o producto y dar respuesta añadiendo valor a esa conversación que ya está en marcha. Monitorizar es el primer paso para detectar esas conversaciones.

2. **Dedica el tiempo y los recursos necesarios a cuidar tu reputación**. Las empresas deben ser conscientes de que la imagen que emiten en Internet es un valor con cada vez más impacto económico y que merece cierta atención. No vale con dejar las redes sociales en manos del becario.

3. **Cuida al equipo**. Todas las personas que tienen contacto con el cliente son importantes y deben tener la formación adecuada. No se trata de conocer las redes sociales, se trata de saber comunicar y de saber gestionar esas conversaciones. La motivación, la ilusión y la credibilidad se transmiten más fácilmente de lo que pensamos y se pierden igual de rápido.

4. **Cuida tu producto**. Si lo que ofreces no funciona, será normal que recibas quejas. Si lo que vendes no es tan bueno como dices, la crisis de reputación es casi inevitable. El consumidor tiene todo el derecho a reclamar y a compartir su opinión: tú también lo harías. La mejor manera de cuidar tu reputación es hacer las cosas bien en tu empresa (online y offline).

5. **No mientas**. Querer parecer más de lo que eres te va a llevar a una complicada gestión de las expectativas de tus clientes. No se trata de

ejercitar una falsa modestia impostada, sino de ser coherente contigo mismo.

6. Respeta al usuario crítico, ignorar sus quejas puede agravar el problema. Sé empático con él y demuéstrale que realmente le estás escuchando y le tienes en cuenta. Parece obvio, pero muchos problemas de reputación online empiezan cuando el usuario no se siente bien tratado y pide la ayuda de otros usuarios. Las críticas se disparan en esas situaciones.

7. Ante cualquier crítica cierta debemos explicar qué ha pasado y qué estamos haciendo para solucionarlo. La transparencia es inevitable. A menudo el usuario sabe más de nosotros, de las deficiencias de nuestros productos o servicios, que nosotros mismos. Intentar esconder errores tras una cortina de humo de bonitas palabras sólo agrava la situación.

8. Si hay que disculparse, la disculpa ha de ser honesta y sincera. Una disculpa arrogante o tajante supone un doble problema de reputación. No te escondas. Los errores ocurren, errar es humano y le puede pasar a cualquiera. Ante ello, cabe actuar con transparencia, asumir nuestra responsabilidad, explicar qué vamos a hacer para solucionar el problema y seguir comunicando sobre nuestras actividades habituales.

9. Ofrecer compensaciones no siempre es una buena idea, si se hacen han de quedarse en el campo privado y siempre a una persona concreta y no en público ante todos.

10. Canalizar las críticas serias en el ámbito privado tan rápido como sea posible, pero planteándolo de manera que sea una ventaja para el consumidor, por ejemplo, pidiéndole un canal privado, como su número de teléfono, para interesarnos por los detalles de su caso. Tener en cuenta que a veces una respuesta offline puede ser más efectiva que una debate online.

11. Intentemos ubicarnos en el papel de víctima si se nos está criticando demasiado, mostrando al resto de usuarios que hemos hecho lo posible por gestionar esa crítica y darle respuestas satisfactorias y que pese a nuestros mayores esfuerzos y transparencia, el crítico sigue atacando. Al crítico insistente no vas a convencerlo, pero a la audiencia quizás sí.

12. **Evitar fingir identidades**. Usar usuarios falsos (o *fake users*) para que actúen en nuestro favor o para emitir críticas hacia nuestros competidores

y críticos es una táctica muy peligrosa. En primer lugar, porque a menudo es muy fácil detectar que un usuario falso ha sido creado *ad hoc* para un propósito poco ético y, en segundo lugar, porque si se descubre la maniobra nuestra credibilidad quedará por los suelos. Es mucho mejor recurrir a usuarios influyentes para que se expresen a nuestro favor, si legítimamente lo están.

13. Intentar posicionar en los buscadores una opinión nuestra por encima de las críticas existentes no es inmediato, ni fácil, ni barato. La inmediatez no existe en el posicionamiento orgánico, tardaríamos semanas en poder cambiar ese posicionamiento.

14. **Optimiza tus contenidos para buscadores**. Cada titular cuenta, cada foto es una manera de conseguir palabras clave, adecúa tus contenidos a las preferencias de los buscadores. Si no consigues resultados, invierte en SEO.

15. Tras la crisis de reputación y una vez superada, seguir comunicando para que el recuerdo que quede de nosotros no sea la crisis sino nuestro contenido.

16. **Planifica tus contenidos**. Uno de los animales más peligrosos del planeta es un *community manager* que no sabe qué es lo que tiene que decir pero que se ve obligado a publicar por un calendario. Los mensajes huecos que no aportan valor ni al usuario ni a la marca son un lastre para tu imagen.

17. **Equilibra tu imagen personal y tu imagen profesional**. Limitar tus perfiles en redes sociales a lo estrictamente profesional es una medida prudente, pero si, de vez en cuando, podemos saber quién eres es posible que sea más fácil descubrir lo que tenemos en común. Hacemos negocios con las personas en las que confiamos y no solemos confiar en desconocidos.

18. **Evita polémicas**. Una discusión en público es una pérdida de credibilidad ante una gran audiencia. Meterse en este tipo de problemas no merece la pena ni la energía. Es mucho mejor centrarse en los objetivos de tu negocio. Dar respuesta a una opinión negativa es correcto, alimentar a un *troll* es un error y eternizar la discusión no ayuda ni convence a nadie.

19. **Cuida tu presencia online**. Atención a los detalles de tu web, de tu blog, de tus redes sociales. Asegúrate de que funcionan bien y de que transmiten la imagen que quieres dar. Los pequeños detalles transmiten credibilidad, o la evaporan

20. **Ahorrar en contenidos es gastar en reputación**. Subcontratar contenidos ajenos para un blog, gestionar las redes sociales sin suficiente conocimiento de la empresa o tener una página en Facebook desatendida son terrenos abonados para perder credibilidad.

21. Hay que recordar que lo que digamos online podría llegar más lejos de lo que nos imaginamos, así que piensa dos veces antes de compartir cosas muy personales, o de enfrascarte en una discusión, o de lanzarte a criticar con ligereza a los demás.

22. Manejar críticas en Internet es como conducir: no puedes hacerlo con miedo, y debes mantener respeto, tanto a lo que estás haciendo, como a los que comparten ese entorno, a la marca a la que representas (incluida tu marca personal) y a las posibilidades de las herramientas a tu disposición.

23. Si decides usar una red social para construir tu reputación personal, cuida tu perfil, porque es tu tarjeta de presentación. Es el espacio que sobre ti mismo compartirás con los demás. Foto adecuada, biografía descriptiva, perfiles completitos y apetecibles, contenidos genuinos.

24. En reputación personal, las relaciones online hay que consolidarlas. Tener muchos contactos no sirve de nada si en el fondo no sabes quiénes son. "Desvirtualiza", tómate un café con quienes conozcas online. Las comunidades están para disfrutarlas y sacarles partido, todos crecemos cuando nos relacionamos.

25. En este mundo digital vales lo que compartes, lo que aportas. Construir una reputación tiene mucho que ver con lo que solucionas, explicas y ayudas.

3

FACEBOOK

Facebook es la red social más usada del mundo con más de 1.490 millones de usuarios activos. Es la red dominante en prácticamente todos los mercados, apenas batida en algunos por Qzone en China, que no llega a la mitad de los usuarios de Facebook, está en 668 millones, o por VKontacte en Rusia y los países de su órbita más inmediata. Prácticamente quintuplica en volumen a Twitter. En un periodo de 28 días se anuncian en Facebook más de dos millones de empresas.

Según el *Estudio de Redes Sociales de la IAB en España*, los 14 millones de usuarios de redes usan una media de 3 redes, de las que una siempre es Facebook –en el 96% de los casos en general y en el 99% de los casos en mujeres–. Esta es la red social preferida por los españoles (65%) y la que más utilizan, con una media de más de cuatro horas y media a la semana y con conexiones todos los días. Ellas llegan prácticamente a cinco horas y nueve de cada diez acceden a Facebook también desde el móvil. El mismo estudio explica que Facebook es la red principal a la hora de seguir a las marcas, seguido por Twitter e Instagram,, y sigue siendo la red que más influencia tiene a la hora de informarse antes de una compra o de influir en las decisiones de qué producto se comprará. Viendo estos números, realmente necesitas una muy buena razón para excluir a Facebook de tu estrategia en redes sociales[2].

---

2 Fuentes:
http://www.statista.com/statistics/264810/number-of-monthly-active-facebook-users-worldwide/
http://www.statista.com/statistics/272014/global-social-networks-ranked-by-number-of-users/
http://expandedramblings.com/index.php/by-the-numbers-17-amazing-facebook-stats, IAB

Nacida en febrero de 2004, Facebook es quizás la red más versátil en cuanto a contenidos: admite textos, enlaces, fotos, vídeos, aplicaciones, juegos, etc. Y es también una de las más sencillas de utilizar por parte de los usuarios. Una de las claves de su éxito reside en que, para poder contactar con ciertas garantías a sus amigos, los usuarios utilizan mayoritariamente datos reales para identificarse. La suma de datos reales con volumen de datos ha generado constantes polémicas por el uso que Facebook hace o pueda hacer de estos datos que los usuarios vuelcan en ella. Cuando los mercados bursátiles obligaron a Facebook a aportar resultados o perspectivas económicas, la red ajustó la política de privacidad en parte para poder servir más y mejor publicidad, lo que ha despertado nuevos recelos. El 48% de aquellos que dejan de usar Facebook lo hacen preocupados por su privacidad (dato de Wikipedia). Facebook ya nació con polémica por las disputas judiciales entre sus primeros fundadores.

El enorme **entramado empresarial** que supone Facebook posee importante activos como WhatsApp y Instagram, entre otras muchas empresas que no son tan conocidas pero que le han aportado valor y conocimiento en cuanto al uso de vídeo (por ejemplo, LiveRail), tecnología móvil (Pryte), realidad virtual (Oculus VR) o encriptado (PrivateCore).

Las páginas en Facebook se están popularizando como una forma más de **contacto entre las empresas y los consumidores** que puede serte muy útil para un buen número de temas diferentes:

- Dar a conocer la actualidad de la empresa.
- Incrementar tu presencia de marca con el uso de contenidos interesantes para los usuarios.
- Comunicar de forma cercana cuál es tu proyecto, cuál es la oferta y por qué es diferencial.
- Entablar conversaciones acerca de los productos y servicios.
- Proponer debates para mejorar productos en el diálogo con quienes están interesados.
- Localizar usuarios relevantes o comunidades interesantes con las que relacionarte.
- Hacer encuestas para saber la opinión de los consumidores acerca de un aspecto concreto de tu oferta.
- Captar *leads* interesados en tu propuesta y derivarlos a tu página web o tu *e-commerce*.
- Hacer promociones y concursos que ayuden a popularizar tu marca o servicio, o directamente a consumir tus productos.
- Utilizar la funcionalidad de los Grupos para establecer debates entre tus empleados o entre comunidades a la que quieras invitar a participar.

3.1 PERFIL, PÁGINA Y GRUPO: USOS DE CADA PRESENCIA

De cara a establecer estrategias de uso en Facebook es importante distinguir entre tres tipos de presencia en esta red social:

- Los perfiles
- Las páginas
- Los grupos

De un primer vistazo son casi idénticos, lo que ha provocado que en muchísimos casos las empresas que se lanzaban a empezar sus actividades en Facebook lo hicieran replicando lo que habían hecho sus empleados como personas y acabaron teniendo perfiles personales y no páginas corporativas. No hace mucho que Facebook sencillamente borraba perfiles personales que no fueran de personas, y nada nos dice que no lo siga haciendo. Si usas Facebook como empresa, asegúrate de que lo estés haciendo desde una página.

Veamos las características principales de estos tres tipos de uso de Facebook:

- **Perfiles**

  Si estás en Facebook, es que tienes un perfil. Los perfiles personales han sido hasta hace poco el primer paso ineludible para crear páginas, que ahora pueden crearse desde un email, sin pasar por un perfil, y grupos, la única manera de crear un grupo es hacerlo desde un perfil. El perfil ha de ser siempre personal y se le atribuyen también características personales (fecha de nacimiento, género, aficiones...). Un perfil recibe Amigos, que han de ser confirmados como tales por el dueño del perfil. Hasta el momento, los perfiles tienen un máximo de contactos posibles: 5.000 amigos.

  Los perfiles pueden mostrar más o menos información según prefiera cada usuario, mostrándose totalmente abiertos (cualquiera puede ver cualquier información) o parcialmente cerrados (la información sólo la pueden ver Amigos, o en todo caso, Amigos de amigos). La aparición de los círculos de contactos en Google+ empujó a Facebook a ofrecer la funcionalidad de las **listas**, de manera que cada usuario puede disponer a sus contactos en diferentes listas y decidir en cuál de ellas quiere mostrar cada una de sus publicaciones. Un usuario podría mostrar una foto sólo a sus Amigos de la lista "Familia", compartir una idea con las listas de "Amigos y trabajo" o quizás compartir un enlace a un artículo interesante sólo con la lista "Trabajo".

A quienes tienen un perfil, Facebook les pregunta regularmente por sus preferencias en cuanto a lugares, deportes, música, cine, libros, aplicaciones, juegos, etc. Esta información puede servir al usuario para descubrir qué preferencias tiene en común con qué amigos en esta red y, por supuesto, será utilizada por Facebook para refinar sus aciertos en cuanto a qué publicidad nos mostrará.

Puedes usar un perfil a nivel profesional si eres un autónomo o un profesional liberal que comercializa sus servicios con su nombre. Pero es posible que en algún momento te plantees que si preferieres tener una página para temas profesionales y un perfil para temas personales. Aquí entramos en el terreno de las preferencias. Conozco consultores que usan páginas para poder separar lo laboral de lo privado y me parece una decisión muy acertada, pese a que conlleva el sacrificio de iniciar tus contactos desde una página, que es mucho más difícil.

También hay amigos del sector que han derivado el uso de su perfil personal cada vez más a temas profesionales (es mi caso, por ejemplo). Al final, también son "amigos" nuestros compañeros de sector, algunos de nuestros clientes y *partners*. Esta segunda opción te obliga a ser más cuidadoso con lo que compartes en Facebook, aunque puedes apoyarte en la funcionalidad de las listas si luego tienes la disciplina de segmentar a tus "amigos" de Facebook en listas temáticas. Recuerda en todo caso que esta segunda opción tiene un límite: no podrás tener más de 5.000 amigos.

Páginas

Las páginas, aunque formalmente se parecen mucho a los perfiles, tienen características propias más adecuadas para las empresas. Cualquier empresa que quiera estar en Facebook ha de hacerlo con una página, nunca con un perfil. En Facebook encontrarás todo tipo de páginas: de empresas, de instituciones, de campañas concretas, de aficiones, blogs, de cualquier cosa que puedas imaginar. A la hora de crear una página, Facebook te ofrece seis tipos diferentes. Aunque el resultado final de la página es muy similar, los formularios para crearla cambian un poco: lugar o negocio local; empresa, organización o institución; marca o producto; artista, grupo de música o personaje público; entretenimiento y causa o comunidad. Es importante elegir bien, porque la categorización de los diferentes tipos de página cambia y tienen cierto peso en el buscador de Facebook.

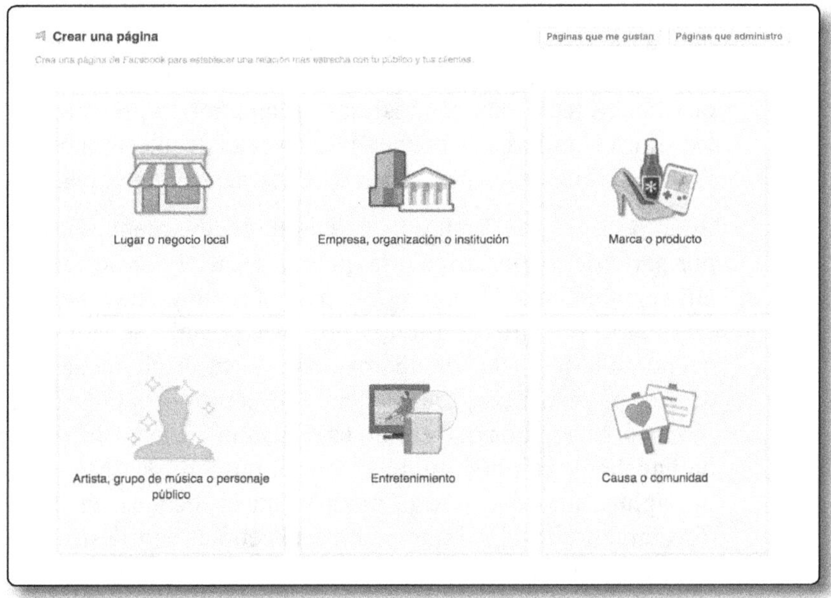

Hasta finales de octubre de 2011 la única manera de crear una página era tener antes un perfil, pero ahora puede crearse una página en Facebook sencillamente con un correo electrónico y sin tener un perfil previo. El perfil que crea la página se convierte en administrador de la misma, y puede nombrar a otros administradores. Si no se desea, no tiene por qué haber una relación que identifique qué perfil ha creado qué página. Varios perfiles pueden administrar una página y cualquier cosa que publique cualquiera de ellos aparecerá en su muro como una publicación hecha por la página, no por ese editor concreto. Así, el empleado de una empresa puede desde su perfil personal crear una página de empresa y no aparecer su nombre en ella. Sencillamente sus intervenciones aparecerán como Administrador, con la imagen y nombre que haya elegido para identificarse como tal.

Hay incluso varios niveles de administración de una página: el Administrador puede nombrar a otros usuarios también Administradores –otorgándoles los mismos privilegios que tiene él– , editor, moderador, anunciante o analista. Puedes ver lo que puede y no puede hacer cada uno en la página https://www.facebook.com/help/289207354498410.

Lo normal en una empresa es que una agencia, un *freelance* o un empleado creen la página de la empresa y nombren enseguida administradores a otros empleados que vayan a asumir esta responsabilidad. Es recomendable que alguien de la empresa sea siempre **administrador** y es importante recordar que un administrador puede eliminar los derechos de administración de otro administrador, aunque desde que se da la instrucción a Facebook hasta que tiene efecto pasan unos días. Tengamos la precaución pues de que los administradores de nuestra página sean de nuestra absoluta confianza. Podrían eliminarnos a nosotros de nuestra propia página.

Si un perfil recibe Amigos, una página recibe menciones de "Me gusta" por parte de los usuarios que quieran estar al día de los contenidos que allí se publican. Al principio, la página recibía Fans, pero desde hace ya un tiempo se cambió el botón por "Me gusta". Se supone que quien ha hecho un "Me gusta" en una página está suscribiéndose a los contenidos de esa página, pero, cuando en este capítulo hablemos del algoritmo *Edgerank*, veremos que eso no es exactamente así. El éxito de una página de Facebook ya no se mide en por el número de "Me gusta" que tenga la página, sino que podría medirse en el alcance, en la interacción, o directamente en el rol que cumple Facebook en tu estrategia de negocio en redes sociales.

Si bien el perfil tiene que confirmar que los "amigos" lo eran y podía comunicarse con ellos en privado, la Página no puede admitir o no a quienes marcan "Me gusta" en ella, ni pueden comunicarse en privado con estos usuarios, a no ser que sean ellos quienes inicien el intercambio de mensajes. De la misma manera, la página no puede comunicarse con perfiles de usuarios en sus muros, a no ser que ellos citen primero a esa página en una publicación. Así, podremos contestar a aquellos comentarios de perfiles de usuarios que nos citen en un comentario (por ejemplo, un usuario que en su muro se queja de nuestro servicio citando nuestra página en Facebook en su texto) y podremos contestar a los mensajes privados que los perfiles envíen a nuestra página. La iniciativa de la comunicación entre perfiles y páginas está siempre de la parte del perfil. Esto es así para evitar que las marcas inunden a los usuarios de contenido no deseado.

Las páginas no tienen ese límite de 5.000 contactos al que están restringidos los perfiles, lo que hace que muchas celebridades (y no tan celebridades) tengan también una página pública en Facebook para estar en contacto con miles de fans. Las páginas siempre son abiertas (no hay páginas privadas, aunque puedes mantenerla en privado al crearla, mientras la preparas) y además de ser localizables por el buscador de Facebook, también se indexan en Google. Si buscamos una empresa en este buscador y si tiene página en Facebook, seguramente también aparecerá esta página en los resultados de búsqueda.

Tanto en los perfiles personales como en las páginas figuran qué otras páginas han sido marcadas como "Me gusta". Conseguir que los perfiles y las páginas ajenas hagan un "Me gusta" de tu página es una manera de ganar visibilidad a través de los espacios ajenos en Facebook. En el perfil de un amigo veremos qué páginas le han gustado, y en la página de una empresa podremos ver qué otras páginas gustan a esa empresa.

Una empresa puede tener varias páginas si así lo desea (por ejemplo, páginas diferentes para diferentes gamas de productos o diferentes según las delegaciones de cada país o cada idioma). Las Páginas son las únicas que permiten ofrecer aplicaciones y juegos a los usuarios, una posibilidad muy interesante para "dinamizarlas" y captar "Me gusta" por parte de los usuarios de esta red social.

El administrador de una página dispone en Facebook de una sección privada de estadísticas, donde puede ver cómo evolucionan algunos indicadores de uso de su página (número de comentarios, o de visualizaciones de los contenidos, o evolución del número de "Me gusta" recibidos), así como datos del perfil demográfico de aquellos que han hecho "Me Gusta" en la página. Nunca son datos privados, sino datos genéricos como el país y ciudad de procedencia del total de los usuarios fieles a la página o su género y edad. Los perfiles y los grupos no disponen de estadísticas.

Dentro de esta sección de estadísticas es muy importante observar qué tipo de contenidos generan más interacción, ya que la suma de todas de todas las interacciones acaban por configurar el nivel de *engagement* de la página o el nivel de interacción global, si se quiere traducir así el término "*engagement*". Como veremos enseguida, ese nivel tiene una relación directa con la visibilidad que tendrán nuestros contenidos en Facebook.

Grupos

Finalmente, en Facebook existen también los grupos, que se idearon en principio para mantener conversaciones en las que pudiera participar un número concreto de amigos con los que quisiéramos discutir un tema sin que esta conversación se viera reflejada ante todos en el muro de un perfil. Así, un perfil puede crear grupos e invitar a sus contactos a participar en ellos. Las páginas no pueden crear grupos.

Los grupos son bastante más limitados que las páginas, básicamente diseñados como espacios de debate sobre temas concretos, a menudo con una caducidad marcada por el administrador. Si los perfiles reciben "amigos" y las páginas reciben "Me gusta", los grupos reciben "miembros". Los grupos pueden ser públicos (cualquiera puede encontrar el grupo a través del buscador de Facebook y participar en la conversación), cerrados (solo los miembros del grupo verán los contenidos, el grupo podrá encontrarse en el buscador de Facebook, pero el usuario que lo encuentre no podrá participar si el administrador del grupo no le da permiso) o secretos (únicamente podrán acceder a conocer la existencia del grupo aquellos miembros invitados por el administrador y estos grupos no pueden ser localizados por el buscador de Facebook). Los grupos no se indexan en Google, y aquellos que se mantengan por debajo de los 5.000 miembros permiten que el Administrador pueda ponerse en contacto de forma privada con cualquier miembro (algo que es imposible en una Página). Los grupos no permiten aplicaciones.

3.2 CÓMO TENER UNA BUENA PÁGINA DE FACEBOOK

A la hora de crear una página en Facebook para tu proyecto o mejorar la que ahora tengas, hay una serie de elementos básicos que deben estar bien pensados. Son la base sobre la que edificar el resto y, si la base falla, será más complicado que el resto funcione.

- **Nombre de la página**. Debería ser lógicamente el nombre de tu proyecto. Cuidado con incluir caracteres especiales, no incluyas la palabra "Facebook". No olvides personalizar la URL de tu página para que quede con tu nombre, no con el código aleatorio que incluye Facebook al final.

- Categoriza bien tu página y completa el apartado de Información. Ya hemos visto en el apartado anterior que a la hora de crear una página Facebook te ofrece seis tipos básicos, que luego se ramifican en categorías. Si tienes dudas acerca de en qué categoría está ya tu página, puedes comprobarlo en el apartado "Información de la página": el primer epígrafe es la categoría. Es importante que detalles los campos de texto que el apartado de Información te permite usar, y que en tus descripciones incluyas aquellas palabras clave que creas que un usuario podría usar en el buscador de Facebook (o de Google) para localizar un contenido como el que tú ofreces.

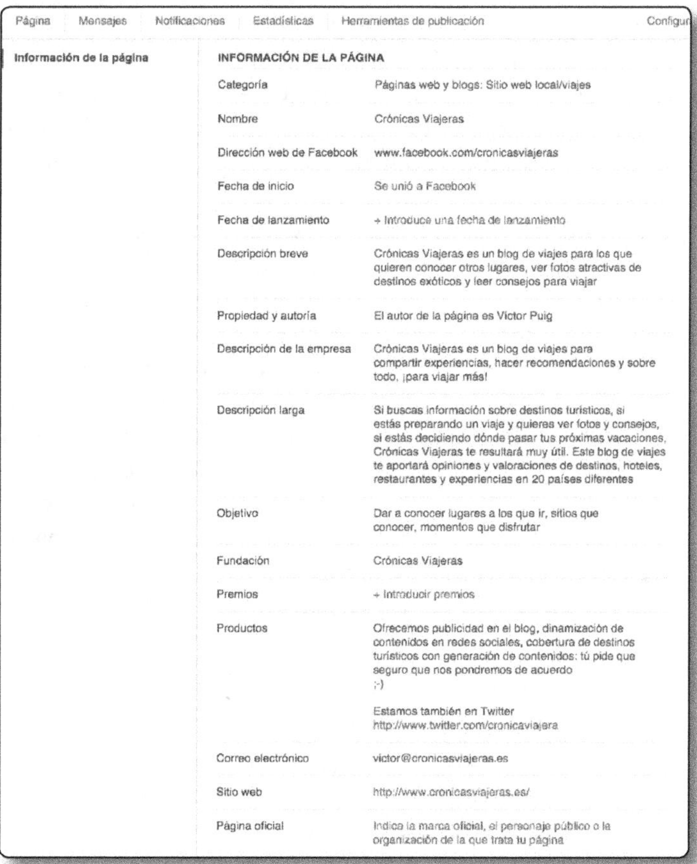

Página | Mensajes | Notificaciones | Estadísticas | Herramientas de publicación | Configur

Información de la página

INFORMACIÓN DE LA PÁGINA	
Categoría	Páginas web y blogs: Sitio web local/viajes
Nombre	Crónicas Viajeras
Dirección web de Facebook	www.facebook.com/cronicasviajeras
Fecha de inicio	Se unió a Facebook
Fecha de lanzamiento	+ Introduce una fecha de lanzamiento
Descripción breve	Crónicas Viajeras es un blog de viajes para los que quieren conocer otros lugares, ver fotos atractivas de destinos exóticos y leer consejos para viajar
Propiedad y autoría	El autor de la página es Victor Puig
Descripción de la empresa	Crónicas Viajeras es un blog de viajes para compartir experiencias, hacer recomendaciones y sobre todo, ¡para viajar más!
Descripción larga	Si buscas información sobre destinos turísticos, si estás preparando un viaje y quieres ver fotos y consejos, si estás decidiendo dónde pasar tus próximas vacaciones, Crónicas Viajeras te resultará muy útil. Este blog de viajes te aportará opiniones y valoraciones de destinos, hoteles, restaurantes y experiencias en 20 países diferentes
Objetivo	Dar a conocer lugares a los que ir, sitios que conocer, momentos que disfrutar
Fundación	Crónicas Viajeras
Premios	+ Introducir premios
Productos	Ofrecemos publicidad en el blog, dinamización de contenidos en redes sociales, cobertura de destinos turísticos con generación de contenidos: tú pide que seguro que nos pondremos de acuerdo ;-) Estamos también en Twitter http://www.twitter.com/cronicaviajera
Correo electrónico	victor@cronicasviajeras.es
Sitio web	http://www.cronicasviajeras.es/
Página oficial	Indica la marca oficial, el personaje público o la organización de la que trata tu página

- **Foto del perfil**. Como en las otras redes sociales, la foto de perfil es el equivalente al logo de tu presencia. Los consejos que tienes aquí te servirán para cualquier otra red social, ya que todas usan un formato similar: con cuadradas, y una vez en el muro se verán muy pequeñas. Eso significa que debes elegir una imagen representativa de tu proyecto y que debe poder identificarse en un formato pequeño y cuadrado. Si el logo de tu empresa es complejo o si es muy alargado –suele pasar en aquellos logos que son básicamente el nombre de la empresa– plantéate si puedes hacer un logo en formato cuadrado. Si no es posible –las normas de imagen corporativa deberían actualizarse para incluir ya una versión cuadrada del logo–, la mejor opción es no usar el logo como avatar y elegir una imagen representativa de tu actividad (un producto, un primer plano de una herramienta que uses, un icono que puedas utilizar para simbolizar tu actividad). Las imágenes de paisajes o de edificios no suelen funcionar bien en formatos pequeños, a no ser que sean tan conocidos que resulten identificables. Piensa que cualquier publicación tuya que aparezca en los muros de los perfiles y páginas que te sigan en Facebook aparecerá con esta imagen. Generalmente, no conviene cambiar la foto de perfil a menudo, es más interesante que sirva para identificar tus contenidos y reservar esos cambios para momentos especiales (un aniversario de la empresa, un nuevo lanzamiento, una campaña importante).

- **Portada**. Es la imagen que encabeza tu página, la primera que verán quienes visiten tu página en Facebook. Tiene un formato alargado, por lo que debes buscar una imagen que funcione bien apaisada y cuyo foco de atención esté en el centro y en la derecha de los dos primeros tercios superiores de la imagen. Ten en cuenta que sobre el tercio inferior aparecerán tanto la imagen de perfil como el nombre de la página. Cuanto menos texto tenga la imagen de portada mejor, pero si ha de tener texto es imperativo que esté en los dos primeros tercios de la imagen o resultará ilegible. Dado que el nombre de la página aparece siempre en color blanco, es mejor usar fotos cuyo tercio inferior sea de un color oscuro. Si además consigues que la imagen de perfil y la portada tengan cierta coherencia, mejor. Veamos algunos ejemplos.

  En mi perfil personal uso una foto de primer plano reconocible, la misma que uso en Twitter y en Linkedin para que cualquier visitante no dude al encontrar esos otros perfiles y no piense que se trata de otra persona con mi mismo nombre. La imagen de portada es la misma que uso en mi blog. El azul me sirve para que el nombre en blanco sea legible y el texto que compone el logo queda en los dos tercios superiores de la imagen. Una cabecera como está podría ser útil a profesionales liberales y autónomos que creen una página para potenciar sus servicios.

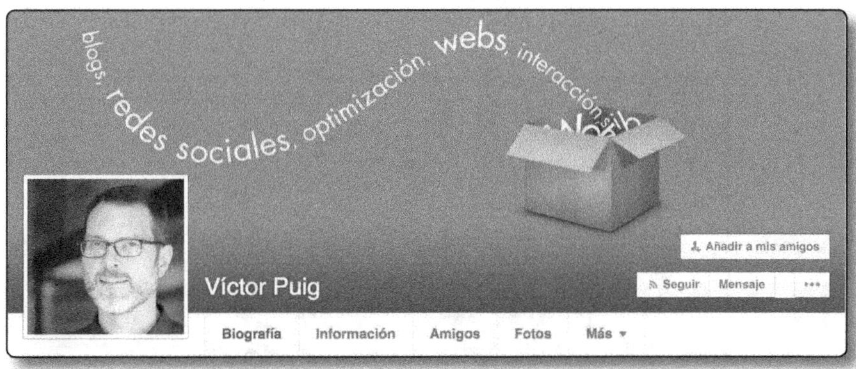

En la página de mi blog de viajes, que no tiene logo, he elegido una imagen donde la cámara fotográfica es protagonista y donde el color del paisaje coincide con la gama de colores de la imagen de portada (las fotos están hechas en el mismo lugar). El protagonista de la foto de portada queda en el lado derecho, justo sobre los botones de "Me gusta", y el nombre de la página queda legible sobre el color tierra de la foto de portada. Ambas imágenes son alegóricas de los viajes a destinos exóticos, que son el tema principal del blog de viajes.

Para la página de la agencia Zinkdo, hemos elegido como foto de perfil un formato cuadrado del logo que, aunque es apaisado en nuestras comunicaciones, tuvimos la precaución de pensar en una versión cuadrada para usarla en redes sociales, y hemos elegido como foto de portada una imagen de un camino, que es consecuente con las imágenes que usamos en la web y que nos apoyan la metáfora del acompañamiento, que es la primera palabra de nuestra propuesta de valor. Verás que hemos incluido como texto esta misma propuesta de valor, que define lo que hace la agencia.

Cometiendo la impudicia de recurrir a ejemplos personales pretendo tan solo mostrar como cualquiera tiene a su alcance soluciones para equilibrar estas imágenes que encabezan nuestra presencia en Facebook.

Aquí tienes las medidas en píxeles de las imágenes que puedes utilizar y qué parte de esas imágenes se verá. Por ejemplo, aunque la imagen de perfil mide 160x160, el tamaño mínimo que debes subir es de 180x180. Y en cuanto a la imagen de portada, ya ves que la parte visible será de 851x315, es recomendable que uses una imagen de ese tamaño, pero la imagen mínima que puedes subir es de 399x150.

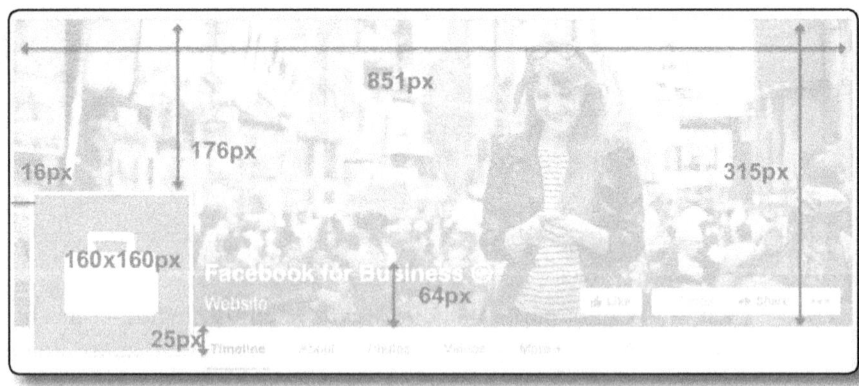

- **Pestañas y aplicaciones**. Puedes añadir aplicaciones en tu página para mostrar en Facebook contenidos que tienes, por ejemplo, en Youtube y en Instagram. Para hacerlo, basta con localizar la aplicación que necesitas en el buscador de Facebook (por ejemplo, "Youtube tab") y añadirla desde el menú que te ofrece la aplicación. Encontrarás la opción de añadir la aplicación en el menú de los tres puntos, a la derecha de su imagen de cabecera. Paradójicamente, si quieres añadir una aplicación a una página, tienes que hacerlo usando tu perfil personal. Una vez has *clicado* en el botón para instalar la aplicación, Facebook te ofrecerá un menú con las páginas que administres para que puedas elegir en cuál de ellas quieres instalar la aplicación.

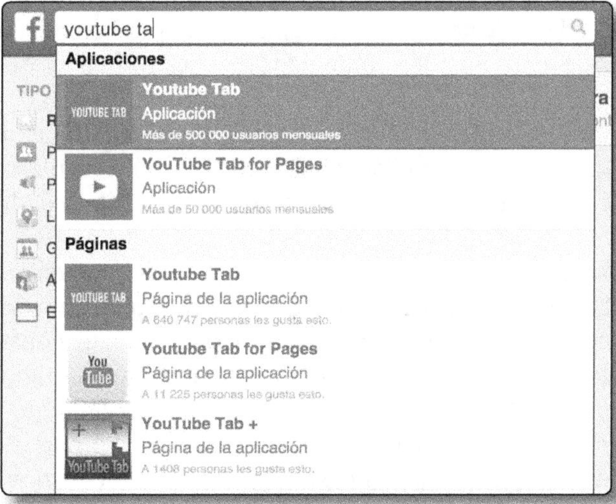

- Añade páginas con un "Me gusta". Este punto es mucho menos importante que los anteriores, pero nunca está de más. Las páginas (y los perfiles) muestran en una caja de la columna izquierda los logos de aquellas páginas que han marcado con un "Me gusta". Una buena manera de empezar es relacionarte con otras páginas similares a la tuya dándoles un "Me gusta". Consigues dos guiños a la vez: al propietario de esa otra página le llegará una notificación con tu "Me gusta" y es posible que él haga lo mismo con la página y a tus usuarios les das una referencia de con qué tipo de contenidos te relacionarás.

3.3 PAUTAS RECOMENDABLES EN TEXTOS Y MULTIMEDIA

A la hora de aportar contenidos en nuestra página hemos de tener en cuenta unas premisas básicas que impregnen todo lo que hagamos en esta red social. Son las siguientes:

- Estamos actuando en un espacio donde el usuario acude básicamente a relacionarse con sus amigos y familiares. Lo que aportemos debe ser pues percibido como interesante y útil por parte del usuario. Distingamos pues claramente entre cuándo usaremos contenidos que aporten valor y cuándo usaremos publicidad. Separemos esos espacios claramente. Nuestros contenidos deben aportar valor, entretenimiento, interés, curiosidad o no servirán de nada. Y si queremos hacer publicidad, recurramos a Facebook Ads, pero no a los contenidos de nuestro muro.

- Esto significa que necesitamos establecer bien qué líneas editoriales queremos usar en Facebook y con qué tono las plasmaremos. Hablaremos con más extensión de este punto en el capítulo dedicado a estrategia.

- Dado que estamos en un espacio de conversación, potenciemos y busquemos ese diálogo. No se trata tanto de que nosotros comuniquemos cosas a los usuarios de Facebook como de que consigamos implicarles en lo que les estamos contando para que ellos participen. Este punto puede parecer básico y muy en la órbita del pensamiento "buenrrollista" de las redes sociales, pero en Facebook va mucho más allá y tiene un impacto directo en tu presupuesto: si no hay interacción, no hay visibilidad. Como veremos en el apartado siguiente, si no conseguimos generar diálogo, nuestros contenidos en Facebook se diluirán y dejarán de verse. Facebook impone pues a las empresas el esfuerzo de que sus páginas sean interesantes para el público y mide ese esfuerzo con las interacciones que el público hace. Si no lo consigues, la única forma de tener visibilidad en Facebook será pasar por caja e invertir en Facebook Ads…

- El contenido multimedia es básico. Sin buenas imágenes y vídeos cortos, pero bien pensados, tu estrategia en Facebook no llegará muy lejos. Tengamos en cuenta que nuestros contenidos estarán compitiendo por la atención (y la interacción) del usuario con cualquier otro contenido que aparezca en su muro. Competimos contra amigos, familia, pareja, ex parejas quizás y contra cualquier otra página que el usuario esté siguiendo. Si no contamos con un gancho visual en forma de imagen o vídeo, estamos en clara desventaja. Publicar contenido visual multiplica por 5 las posibilidades de que el contenido sea visto[3], y además ofrece vías de interacción que no están disponibles en el formato texto, ni que sea *clicar* en la imagen para verla a mayor tamaño o *clicar* en el vídeo para activar el *play*.

- Desde el punto de vista corporativo es importante considerar que Facebook tiene un gran poder de prescripción. El hecho de que para un usuario particular el uso principal sea estar en contacto con sus amigos y allegados hace que cualquier recomendación de consumo por parte de este círculo tan cercano sea muy tenido en cuenta. Se estima que una recomendación de cualquier usuario incrementa las posibilidades de compra de dos de cada tres de sus contactos en Facebook. Y se cuantifica que el 41% de los usuarios promociona o recomienda alguna página de empresa o de producto habitualmente. Incentiva en tus contenidos que el usuario satisfecho te prescriba, insiste en que cuente su experiencia si es positiva[4].

- Los textos han de ser cortos. Como cualquier texto que se precie en Internet, cuanto más largo, más bueno e interesante ha de ser para que alguien lo lea entero. Así que mejor aplicar tijera e ir al grano. La pauta recomendable es que tu texto no exceda de los 250 caracteres, un poco menos de dos *tweets*. Intenta evitar que para leer tu texto entero el usuario tenga que *clicar* en ese "Ver más" que acorta el texto del muro si es demasiado largo.

- Siguiendo la estela de Twitter, Facebook incorporó en 2013 el uso de *hashtags* en los textos que puedas publicar, pero no parece por ahora que los usuarios estén utilizando los *hashatgs*. Así como en Twitter puedes ver cualquier contenido de cualquier usuario que haya usado ese *hashtag* en el que has *clicado*, en Facebook sólo verás las aportaciones de los usuarios de tu red de contactos. Podríamos decir que Facebook ha integrado el uso de hashtags sólo a medias.

3.4 CÓMO CONSEGUIR VISIBILIDAD EN FACEBOOK

Como el resto de las redes sociales, Facebook es una empresa privada con ánimo de lucro, que además debe responder en la Bolsa de que su modelo de negocio realmente genera beneficios para los inversores. Así que nada es gratis en Facebook. Asumamos este punto inicial porque es el que explica todo lo demás.

3 Fuente: Edelman Digital

4 Fuente: eMarketer http://www.emarketer.com/

Para que su modelo de negocio funcione, Facebook necesita seguir acumulando usuarios –ya hemos visto que en ese apartado va por buen camino– y que esos usuarios pasen más horas en la red social, consumiendo contenidos interesantes y relacionándose entre ellos, ya que esas relaciones significan más visitas recurrentes a la red y más tiempo pasado allí. A más usuarios, más horas, más relaciones y más información sobre las preferencias de cada usuario, más efectiva debería ser la publicidad en Facebook, que es uno de sus principales modelos de negocio.

¿Cómo encaja aquí tu página y tu contenido? Pues encaja de dos formas: o como potencial anunciante, en cuanto tengas una página el bombardeo de mensajes para que inviertas en publicidad será constante, o como aportador de contenidos interesantes que ayuden a Facebook en sus objetivos. Como nada es gratis, si no inviertes en publicidad, sólo trabajando muy bien tus contenidos lograrás que se vean. Para asegurarse de que cada usuario ve contenidos que le interesan, Facebook ha creado un algoritmo que mide lo que realmente le interesa y no lo que dice que le interesa. Ese algoritmo se llama **Edgerank** y te interesa mucho sabe cómo funciona.

A medida que los usuarios pasan horas y más horas en Facebook, van *clicando* en el botón "Me gusta" de más y más páginas. A veces, por verdadero interés, pero a menudo simplemente porque en ese momento han querido participar en un concurso o porque alguien les ha sugerido esa página. Facebook sabe, ya que lo mide, que si nos mostrara todos los mensajes que publican todos los *community managers* de las páginas de Facebook donde hemos *clicado* "Me gusta", nuestro muro sería aburridísimo y apenas veríamos lo que publican nuestros amigos. Usaríamos menos Facebook, veríamos menos anuncios ellos perderían dinero.

Para evitar el problema, Facebook puso en marcha *Edgerank*, un algoritmo que mide lo que te gusta en función de cómo interactúas con los contenidos de las páginas en esta red. Cuando edgerank entró en vigor en febrero de 2012, la media de contenidos de una página que realmente llegaba a sus fans era del 12%. En septiembre del mismo año, la media era del 8% y bajando actualmente[5].

Básicamente, lo que hace *Edgerank* es medir el nivel de interacción de los usuarios con los contenidos. Por interacción entendemos aquí que el usuario haga algo con esos contenidos: un "Me gusta", un comentario, un compartir en su muro o *clicar* en el enlace o en la foto para hacerla más grande. Cada una de estas interacciones se pondera y aporta información a Facebook acerca de qué contenidos interesan realmente a cada usuario. Puede pasar perfectamente que un usuario que en un momento dio al "Me Gusta" de tu página no vea en su muro nada de lo que

5 Fuente: Facebook Zero social.ogilvy.com

tú publicas porque nunca interactuó con tu contenido. Desde el punto de vista de Facebook, lo que publiques ha perdido valor para ese usuario en concreto.

Por eso es tan importante cuidar los contenidos e invitar a los usuarios a que los compartan y comenten, a que pulsen en el botón "Me gusta" de tus contenidos, a involucrarlos en la conversación. Te estás jugando la visibilidad de tus contenidos. Ese es el pacto tácito. En Facebook nada es gratis, si quieres que tus contenidos se vean, demuestra que son interesantes para tu audiencia a través de su interacción. Si no lo consigues o si quieres más visibilidad, pasa por caja e invierte en Facebook Ads.

Profundicemos un poco más en *Edgerank*. Este algoritmo se basa en tres criterios principales:

- **Afinidad:** define la relación entre usuarios o entre usuarios y páginas. Cuantas más interacciones tenga un usuario con otro o con una página, más posibilidades tiene de ver en su muro los contenidos que publique ese usuario o página. Sí, *Edgerank* también filtra los contenidos de tus "amigos" y deja de mostrarte lo que dicen aquellos con los que no interactúas.
- **Peso:** define la calidad de la interacción, traducido casi por el esfuerzo que hace el usuario por generar esa interacción. No es lo mismo limitarse a *clicar* en un "Me gusta" en una foto que escribir un comentario o que compartir esa foto en nuestro muro porque nos ha parecido muy interesante y queremos compartirlo con nuestros amigos. Ten en cuenta que el 90% de las interacciones que se producen en Facebook son "Me gusta", lo que nos da idea del valor que tiene un compartido o un comentario.
- **Tiempo:** habrás notado que a veces en tu muro aparecen publicaciones que no son recientes, mezcladas con otras que sí lo son. Facebook ha dejado de ordenar los contenidos de los muros de los usuarios sólo cronológicamente, y añade un factor de potencial interés al criterio de tiempo. Quizás quieras ver algo interesante para ti, aunque no sea lo más reciente. Los contenidos recientes tienen más posibilidades de ser vistos y si alcanzan interacción, podrán ser vistos en más ocasiones aunque ya no sean tan recientes. En todo caso, Facebook premia aquí que el contenido sea reciente.

De manera parecida a cómo los algoritmos de Google ordenan los resultados por relevancia a través de multitud de variables, *Edgerank* filtra contenidos para cada usuario considerando casi un millar de factores diferentes. Aquí influyen también los puntos que hemos mencionado para tener una página de Facebook en orden si un vídeo se ha subido directamente a Facebook o a través de Youtube, si respondes a los comentarios de tus usuarios, etc.

¿Qué puedes hacer entonces para obtener más visibilidad en Facebook? Te quedan dos caminos:

- **Seleccionar bien lo que vas a publicar**: ahora ya sabes que un contenido interesante no sólo se verá muy poco, sino que penaliza que tus buenos contenidos se vean más. Sé creativo, pon el foco en el interés del usuario. Mucho cuidado con publicar demasiado en Facebook o con dejar de publicar durante varios días. Ayuda mantener un ritmo constante.
- **Incrementar la interacción de tus contenidos**: pedir explícitamente en el *copy* que publiques que el usuario haga un "Me gusta" al contenido, deje un comentario o comparta ese contenido en su muro. Hay quien afirma que la diferencia de "Me gusta" en una publicación entre pedir explícitamente ese "Me gusta" y no pedirlo es de un 35%. Parece que nos gusta que nos digan lo que tenemos que hacer, pero no abuses de esta técnica en todas tus publicaciones.
- Usar preguntas puede ayudarte también a generar interacción a través de las respuestas que se generen como comentarios en esa pieza de contenido.
- **Usa enlaces:** una frase atractiva o una pregunta cuya respuesta des *clicando* en el enlace de tu publicación puede aportarte buenos resultados.
- Los textos cortos suelen generar más interacción que las largas parrafadas. Una pregunta de menos de 100 caracteres puede ser más interesante que dos párrafos explicando algo que no leerá nadie.
- Sin imágenes es complicado incrementar la interactividad y, por lo tanto, el *Edgerank* de tu página bajará.
- Elige el momento de publicar, ya que el tiempo es uno de los factores que controla *Edgerank*. Usa el sentido común. Si te diriges a empresarios quizás a primera hora de la mañana sea mejor que a mediodía, que en cambio sería una buena hora para un restaurante. Si en tu calendario editorial estudias bien en qué momento quieres publicar cada cosa, luego las estadísticas de Facebook te demostrarán cuáles de tus contenidos han tenido más alcance. Cruzando línea editorial, hora de publicación y alcance del contenido irás aprendiendo qué días de la semana y a qué horas te interesa más aportar contenidos. La mayor parte de las interacciones se van a dar en los primeros diez minutos tras la publicación del contenido.
- **Usa Facebook para publicar**. Así como herramientas como Hootsuite pueden ser interesantes para Twitter, Facebook premia los contenidos que se generan directamente en su plataforma.

- **Sé flexible**. Podría perfectamente suceder que hayas planificado unos contenidos atractivos a tu criterio y que tras unos días no notes ninguna mejora en tus estadísticas. Prueba con otra cosa, intenta cambiar, haz pruebas, propón a tus usuarios formatos y líneas editoriales diferentes y mide si la interacción mejora.
- Invertir en el formato publicitario del Promoted Post. Puedes saltarte las restricciones del *Edgerank* pagando. Obviamente, este es un modelo de negocio que está funcionando muy bien para Facebook. Puedes invertir unos pocos euros para que cada esas piezas de contenido que tanto te interesan lleguen al público objetivo que has seleccionado. Facebook te permite segmentar ese público en función de muchos criterios: edad, género, intereses, localización geográfica. Lo veremos en más detalle al hablar de la publicidad en Facebook.

3.5 CÓMO MODERAR UNA PÁGINA EN FACEBOOK

Ineludiblemente, una buena presencia de marca en Facebook pasa por la moderación del Muro y por actualizar regularmente los contenidos que allí figuran. Estamos en un espacio de conversación y, como hemos explicado en el punto interior, incentivar el diálogo nos conviene sobremanera. Debemos estar atentos a esa interacción por dos motivos principales: que los usuarios que nos han dejado comentarios y opiniones se sientan escuchados al ver nuestras respuestas y para asegurarnos de que nadie publica en nuestra página cualquier contenido que pueda ser contraproducente. No hablo tanto de críticas y sugerencias de mejora, que deberían ser contestadas y agradecidas, como de publicidad encubierta de terceros o palabras malsonantes.

Las empresas que quieran tener su página en Facebook han de decidir antes de nada una cuestión muy importante. ¿Qué es lo que van a permitir hacer a sus contactos en su página? Básicamente, hay dos políticas al respecto que pueden regularse en el apartado Configuración/Publicaciones de las personas que han visitado la página:

1. Que los usuarios puedan participar libremente escribir en tu página lo que quieran, entendiendo que puedes y debes contestar a esos comentarios. Estas publicaciones aparecen en la caja "Publicaciones de las personas que han visitado la página" en la columna izquierda de tu página en Facebook. Esta opción es más común en páginas pequeñas, de PYME y profesionales liberales o de entidades que no suelen recibir críticas por su actividad.

2. Que los administradores y editores de la página sean los únicos que puedas proponer temas en el muro, entendiendo que los usuarios podrán dejar comentarios en cada uno de los temas.

La primera opción requiere observar dos precauciones. Si la página aglutina a miles de personas, va a necesitarse un esfuerzo para moderar los que los usuarios publican. Delo contrario, sería exponerse a ver cualquier barbaridad bajo el logo de nuestra marca. La opción más prudente y la que usan la mayoría de las marcas, es reservar sólo a los administradores la potestad de poder publicar directamente en el muro, así como moderar, contestar e incentivar que los usuarios añadan comentarios o "Me gusta" a cada una de esas publicaciones.

Elijas la opción que elijas, hay pautas comunes de moderación recomendables:

- **Busca la interacción**: como hemos comentado antes, usa preguntas, sugerencias, pide explícitamente un "Me gusta" en alguna publicación.
- **Contesta las preguntas y las críticas**: cuando nos abrimos a un espacio de interacción, inevitablemente acabaremos recibiendo interacciones inesperadas. Contestar las preguntas que nos hagan sobre nuestra empresa o producto nos ayudará a fidelizar a nuestros usuarios. Atender las críticas con transparencia también incrementará la percepción positiva de la marca, como hemos visto en el capítulo sobre Gestión de la Reputación Online. Borrar las críticas por pequeñas que sean sólo conseguirá generar nuevas críticas.
- **Agradece los comentarios positivos**: qué mejor que el usuario que se toma la molestia de decirnos que está contento con nosotros reciba una notificación conforme le hemos dado las gracias. Si antes estaba contento, ahora que sabe que le escuchamos lo estará más.
- **Cita a usuarios:** si, por ejemplo, das una respuesta que pueda incluir una referencia a otro usuario que encontró una buena solución o, si en un contenido quieres dedicarle una publicación a un usuario concreto, acreditar que la foto que usarás es suya. Para citar a un usuario escribe @ y su nombre, como harías en Twitter.
- **Usa el "Me gusta" de los comentarios de tus usuarios**: a veces te encontrarás con aportaciones que sin ser positivas o negativas explícitamente pueden aportar algo al diálogo que se ha establecido en uno de tus comentarios. Un "Me gusta" tuyo al comentario del usuario nunca está de más.

- **Evita que los usuarios se enzarcen en tu página**: a veces ocurre que quienes empiezan un debate a raíz de una de tus publicaciones acaban discutiendo en tu página. Eso no te interesa, aunque en ese momento incremente la interactividad de tus contenidos. Pon paz, agradece su interés y de la forma más cordial posible zanja la discusión.

- **Usa el sentido común**: hay algunas pautas que las irás marcando mientras avanzas. Si un contenido recibe cincuenta comentarios positivos de golpe seguramente no querrás ir publicando un mensaje de gracias en cada uno de ellos. Puedes dar la gracias a los mensajes más elaborados y marcar un "Me gusta" en otros. Sé flexible y actúa con naturalidad.

- **Cuidado con los concursos**. Si la actividad de tu empresa no es especialmente polémica, el riesgo más alto de verte en problemas por un aluvión de críticas suelen ser los concursos. Revisa bien las bases y asegúrate de que son inequívocas y fáciles de entender, responde lo antes posible a las preguntas y deja clarísimas las condiciones para ganar. Cualquier cambio en las bases, aunque sea una prórroga en el plazo de participación, generará quejas.

- **Revisa las notificaciones a menudo**: quienes gestionan páginas grandes ya saben que esta es una tarea a tiempo real, de estar conectado a la página a lo largo de toda la jornada e ir contentando a medida que llegan los comentarios. Algunas páginas incluso especifican en qué horario el usuario puede esperar una respuesta más o menos rápida. Pero si tu página aún es pequeña, seguramente bastará con que revises las notificaciones con la actividad que se haya generado un par de veces al día. Si notas que la actividad se incrementa o que ha habido alguna polémica, lógicamente querrás estar más atento.

Una buena herramienta que te ayudará a prevenir problemas mayores en la gestión de los comentarios ajenos en tu muro es crear una Nota que contenga una mínima normativa de participación. La página es tuya y allí deberían regir tus normas. Habitualmente, este tipo de notas son similares a algunos textos legales que se usan en páginas web y en blogs corporativos y vienen a explicar que el propietario de ese espacio admite críticas pero no palabras malsonantes o descalificaciones personales, por ejemplo. Para añadir este tipo de textos, instala en tu página la aplicación "Notas". Creando una nota de este estilo logras tener una URL con la normativa, que puedes enlazar desde cualquier comentario.

Por ejemplo, imaginemos que gestionamos la página de una empresa cuya actividad genera cierta polémica; no es tan descabellado. Sabemos que puntualmente aparecerán críticas en nuestro muro, y que deberemos responderlas constructivamente. Es más, eliminar cualquier queja por defecto sólo logrará generar nuevas quejas acusándonos de censura. En este contexto, si aparece un usuario muy airado que además de criticarnos insulta gravemente a un empleado, obviamente deberíamos eliminar ese comentario del muro. Una buena manera de hacerlo es eliminar el comentario y, acto seguido, publicar nosotros un comentario informando de que desafortunadamente nos hemos visto obligados a eliminar una opinión porque no cumplía las normas básicas de convivencia de nuestra página y podemos añadir el enlace a nuestra nota. Muy posiblemente, el usuario volverá a publicar un comentario. Si es una crítica en un tono menos destructivo, la contestaremos. Si insiste en los insultos, podemos volver a eliminar sus aportaciones e incluso bloquear al usuario para que vuelva a publicar nada más. Tienes un ejemplo de este tipo de notas con normas de comportamiento en la página de Orange en Facebook: https://www.facebook.com/notes/orange/normas-de-comportamiento/351768248176920 (que es también un ejemplo de qué ocurre cuando no se responden las quejas de los usuarios).

NORMAS DE COMPORTAMIENTO

10 de febrero de 2012 a las 13:58

La norma principal en la página de Orange es el respeto. No publiques nada que pueda ofender a otros usuarios.

Queremos que prime la libertad de expresión.

Nuestra página es un lugar de intercambio de opiniones; por lo que cada usuario podrá - dentro de los límites que marcan el respeto, la educación y las restricciones abajo puntualizadas- expresar su opinión, sea ésta cuál sea. Del mismo modo, cada usuario deberá respetar las opiniones del resto; rebatiéndolas, si fuera el caso, de forma respetuosa y adecuada.

Queda totalmente prohibido:

Publicar datos personales de terceros (teléfonos, direcciones, e-mail, etc).
Publicar contenidos obscenos, pornográficos, amenazantes, racistas, sexistas, inapropiados, ofensivos, difamatorios, que quebranten la privacidad o confidencialidad, que quebranten los derechos de propiedad intelectual o cualquier otro derecho amparado por la ley.
Publicar contenidos que defiendan la actuación o ideales de cualquier tipo de grupo u organización terrorista.
Los mensajes de este tipo serán eliminados.

Recomendamos :
Plantea tu comentario, duda o incidencia sólo una vez de manera clara para que los fans y participantes puedan entenderlo bien. Evita incluir el mismo o similar comentario en varios estados. Necesitamos poder contactar con los usuarios de manera rápida y concentrar el diálogo en un solo hilo.
Evita los insultos y los mensajes ofensivos, para crear un ambiente más agradable para todos.
Evita publicar enlaces a otros sites con fines comerciales sin nuestro consentimiento.
No dupliques posts. Los mensajes repetidos dificultan nuestra labor de CM y la participación de otros usuarios.
En la medida de lo posible intenta que tus comentarios tengan relación con el estado inicial del hilo en el que participes. Si quieres comentar un tema en concreto lo mejor es que abras

A la hora de esconder o eliminar comentarios en tu página, debes considerar un par de cosas. Cuando escondes una Publicación de un usuario en tu página, desaparece de tu página, pero no de su muro y allí será visible si el usuario lo ha querido así. Cuando eliminas un comentario o una publicación, desaparece del todo y no la podrás recuperar. Si es un tema delicado, haz una captura de pantalla antes de borrarlo. Si en lugar de Eliminar ese comentario o publicación lo ocultas, podrás volver a mostrarlo si quieres, y aunque lo hayas ocultado, será visible aún para el autor de ese comentario o publicación y también para sus amigos. La única manera de que una aportación de contenido de un usuario no se vea para nadie en tu página es eliminarla.

Algunas empresas usan las notas para publicar respuestas a preguntas que se dan a menudo y cuya respuesta es un poco compleja: de esta manera nuestro muro permanece más ágil y al dar la respuesta al usuario que pregunta sobre ese tema concreto podemos vincularla a una nota específica.

3.6 FACEBOOK ADS: CAMPAÑAS Y PUBLICACIONES PROMOCIONADAS

Las posibilidades de la publicidad en Facebook han ido evolucionando muy deprisa en los últimos años y esta evolución se ha plasmado principalmente en dos factores: la diversidad del tipo de campañas que pueden hacerse y la simplicidad del proceso, que ha abierto la posibilidad de que cualquiera cree campañas en pocos minutos. Pero cuidado, en esto, Facebook ha seguido los pasos de Google con Google Adwords. La simplicidad es sólo aparente. Si bien una página web debería notar un incremento de tráfico al iniciar una campaña de Google Adwords y una página de Facebook notará mejoras con Facebook Ads, la gestión de campañas con presupuestos abultados en mercados con competencia avezada requiere la mano sutil y la experiencia de quienes han hecho muchas campañas y han ido aprendiendo esos pequeños trucos que acaban aportando ventajas. No quiere decir que no puedas hacer tus propias campañas, sino que seguramente necesitarás ir puliendo tus campañas a medidas que las vayas creando y puedas medir resultados. La facilidad con la que Google, por ejemplo, pone a tu alcance iniciar las campañas de Google Adwords, incluso regalándote bonos iniciales, busca que te animes a invertir y busca también encarecer el inventario con los miles de usuarios que se lanzan a hacer sus campañas. Recuerda que nada es gratis. Como en todo, si lo que vas a hacer es delicado y caro para ti, busca un experto. Pero si quieres aprender e ir probando, adelante, veamos cómo se hace una campaña en Facebook Ads. Despliega el menú que figura en el triángulo invertido que verás en la esquina superior derecha de Facebook y selecciona la opción "Crear Anuncios".

- **Elige un objetivo**: en función de qué es lo que quieras conseguir, Facebook te propone unas funcionalidades u otras. Si estás empezando con tu página en Facebook, lo más probable es que tu primer objetivo sea captar fans con los que luego puedas comunicarte a través de tus contenidos, eligiendo como objetivo "Promocionar tu página". Si ya llevas un tiempo funcionando pero buscas que una de tus publicaciones llegue a mucho más usuarios, elegirás la opción "Promocionar tus publicaciones", opción a la que antes nos hemos referido como **Promoted post** y que puedes hacer desde tu contenido. Y si lo que necesitas en ese momento es derivar a los usuarios que puedas captar en Facebook hacia tu página web, entonces tienes opciones como "Atraer personas a tu sitio web" o "Aumentar las conversiones de tu sitio web".

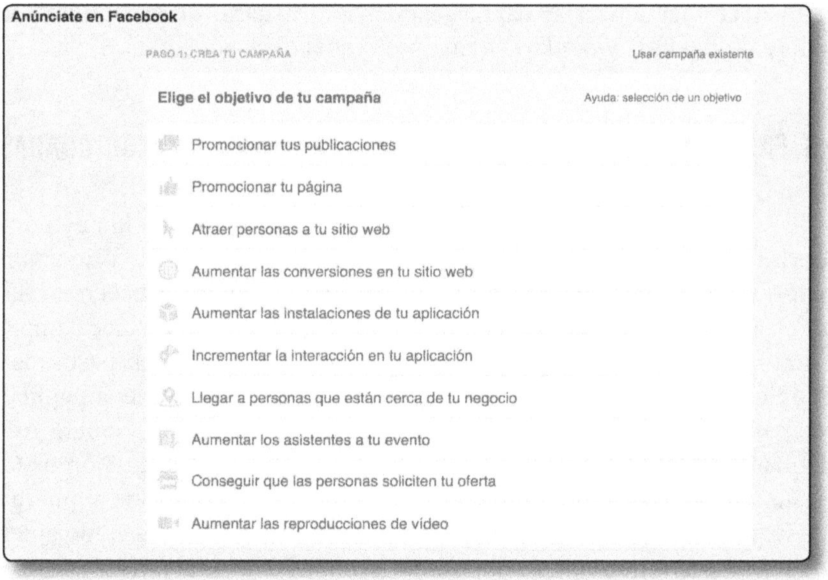

Anúnciate en Facebook
PASO 1: CREA TU CAMPAÑA
Usar campaña existente
Elige el objetivo de tu campaña
Ayuda: selección de un objetivo
Promocionar tus publicaciones
Promocionar tu página
Atraer personas a tu sitio web
Aumentar las conversiones en tu sitio web
Aumentar las instalaciones de tu aplicación
Incrementar la interacción en tu aplicación
Llegar a personas que están cerca de tu negocio
Aumentar los asistentes a tu evento
Conseguir que las personas soliciten tu oferta
Aumentar las reproducciones de vídeo

- **Segmenta el público al que quieres llegar**: esta es la opción más entretenida e interesante de las campañas en Facebook, elegir bien a qué tipo de usuario quieres llegar. Puedes jugar con las ubicaciones geográficas de los usuarios, edad, género, idioma (entendiendo idioma como aquel en el que el usuario tenga configurado Facebook). Puedes profundizar en el nivel de estudios, la situación laboral, en si tienen pareja o en el tipo de pareja que querrían tener. Verás en la columna derecha un indicador en forma de aguja. A medida que elijas segmentaciones, el indicador te dirá el alcance potencial, es decir, el número de personas a las que podrías llegar a alcanzar. Obviamente, además de la segmentación este número dependerá de tu presupuesto.

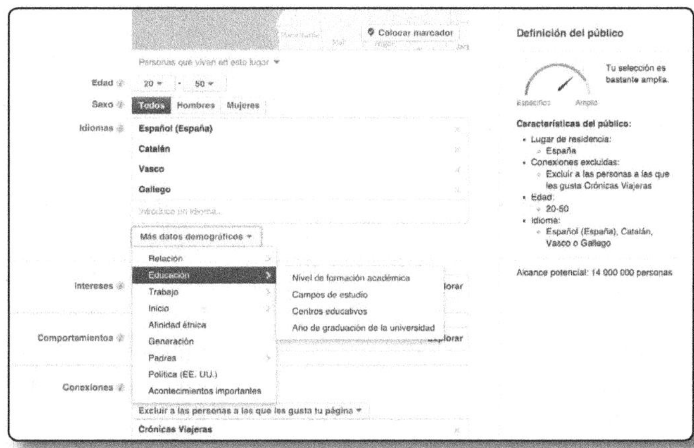

- La parte más interesante de la segmentación, allí donde Facebook aporta un valor diferencial, está en los apartados de **Intereses y Comportamientos**. Aquí es donde Facebook saca partido de la información que los usuarios de esta red van volcando, para poder acertar al máximo en las campañas publicitarias. Vale la pena entretenerse aquí y ser creativo a la hora de definir a qué tipo de personas queremos llegar en función de qué les interesa. Cuanto más detallado seas en este espacio, más restrictiva será tu campaña –llegará a menos gente– pero más efectiva será también –llegará a aquellos que en teoría están realmente interesados en los que les ofreces–. Afinar bien en los intereses es lo más importante a la hora de promocionar publicaciones concretas o de promocionar tu página, porque lo que quieres conseguir es impactar a quienes luego puedan seguir estando interesados en los contenidos que publiques al margen de la publicidad, de forma orgánica.

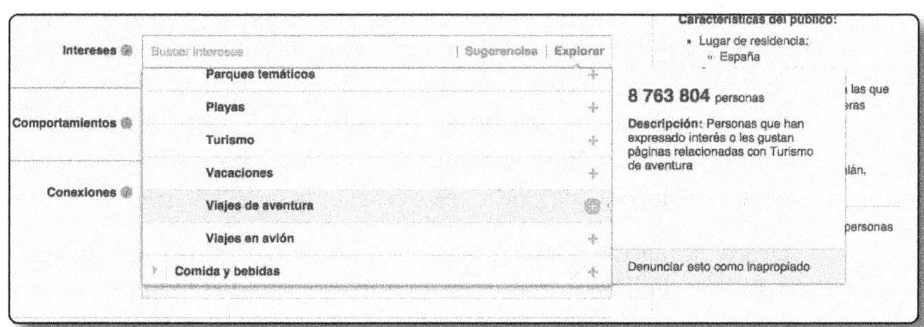

- Además, el apartado de Conexiones te permite precisar aún más para buscar a usuarios que o bien tengan alguna relación con tu página en Facebook o, todo lo contrario, para excluir a aquellos a los que ya has captado.

- **Elige un presupuesto**: decide cuánto quieres invertir en la campaña y cuándo quieres que empiecen a verse tus anuncios. Verás que aquí Facebook te ofrece posibilidades para optimizar tu campaña. En función del objetivo que eligieras al principio, estas opciones pueden cambiar. Por ejemplo, si tu objetivo era promocionar tu página en Facebook, la red te ofrece la opción de pagar por impresiones, es decir, por cada vez que se muestre tu anuncio, al margen de lo que hagan los usuarios con él o de pagar por conversiones, es decir, que te cobren por cada nuevo "Me gusta" que haya recibió la página, al margen de la cantidad de anuncios que se hayan mostrado. En este caso, Facebook te da un valor de referencia que puedes alterar. Es en este tipo de decisiones donde tu experiencia en cada caso concreto te ayudará a decidir la mejor opción.

- **Crea tu anuncio**: finalmente, en función del tipo de objetivo que hayas elegido, Facebook te sugiere modelos para crear tu anuncio. Puedes elegir la imagen que Facebook haya seleccionado o subir una nueva. Tanto la imagen como el texto que la acompañe son definitivos para una campaña con éxito. Elige imágenes atractivas, claramente identificables, primeros planos de lo que estés anunciando. Si tu objetivo era captar *likes* para tu página, la foto podría ser un ejemplo de los contenidos más interesantes que va a ofrecer. Recuerda que estás competiendo no sólo contra otros anunciantes de tu sector, sino prácticamente contra cualquier otro contenido que el usuario esté viendo en Facebook. Necesitas ser claro, directo y creativo.

- **Esto acaba de empezar**: no te limites a un solo anuncio, para una buena campaña necesitas generar varios y estar atento a los resultados. Idealmente, deberías trabajar con al menos cinco anuncios, para ir evaluando cuáles de ellos consiguen mejores resultados a menores precios. Eso te permitirá aprender a segmentar, aprender qué creatividades de imagen y texto funcionan mejor y cuáles no. Elimina aquellos anuncios que no estén dando resultado y cambia la segmentación o el límite de gasto diario de aquellos que estén resultando más caros. No pierdas de vista la evolución de tus anuncios que podrás ver en el apartado "Administrar mis anuncios".

  Desde la página "Administrar mis anuncios" verás seguramente un enlace a **Power Editor**, que es un cuadro de mando bastante más elaborado y completo, con más datos sobre cada campaña. Comparar datos es más fácil con Power Editor, donde también podrás ver los públicos que has segmentado para cada campaña –puedes reutilizar las segmentaciones más exitosas en próximas campañas– y también cómo se han comportado las publicaciones de tus páginas en cuanto a alcance e interacciones. Una vez hayas creado algunas campañas y veas qué opciones te interesan más, prueba a crear las campañas directamente desde Power Editor.

Hacer campañas en Facebook Ads es sencillo, pero para obtener buenos resultados se requiere paciencia y ser muy meticuloso con los datos de rendimiento de cada campaña. Estamos ante un ciclo de mejora continua basada en el ensayo y error. Asume que será raro que tus primeras campañas te den rendimientos espectaculares, pero si eres metódico e insistes, muy posiblemente empezarás a detectar qué combinaciones de imagen y texto funcionan mejor para tus anuncios, que segmentación de público te da mejores resultados en cuanto a objetivos conseguidos por euro invertido y cuánto tiempo necesitas mantener las campañas activas para conseguir lo que pretendías.

3.7 20 CONSEJOS CLAVE EN FACEBOOK

1. Revisa de vez en cuando la configuración de privacidad de tu perfil en Facebook para asegurarte de qué información tuya es visible para cualquiera o de quién pude contactarte. Si tu perfil es para un uso estrictamente personal quizás querrás ser más restrictivo. Por ejemplo, es posible que quieras ver cómo ven tu página aquellos que son "seguidores". No los tienes como "amigos" pero se han interesado en lo que publicas.

2. Para estar seguro de cómo se ve tu perfil o página cuando la visita un usuario, puedes desplegar el menú que tienes a la izquierda de la cabecera, en el icono de los tres puntos, y seleccionar la opción correspondiente.

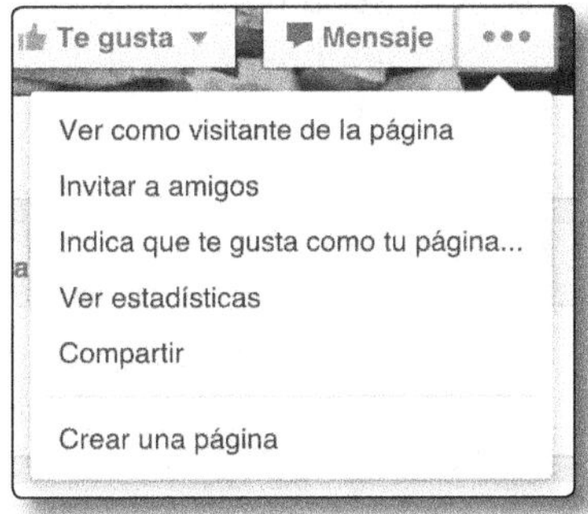

3. Añadir la pestaña de Youtube a tu página de Facebook es una buena idea para darle más visibilidad a los vídeos que ya tienes, pero parece ser que Facebook premia los vídeos que se suben directamente a su plataforma y que aparecen así en el muro de los usuarios que te siguen. Otra gran ventaja de **subir los vídeos directamente a Facebook** es que se inician solos en cuanto el usuario detiene un poco el *scroll* que esté haciendo en el muro. Consejo: aunque tengas la pestaña de Youtube en la página, subir vídeos breves directamente a Facebook es una táctica muy útil. Una cosa no quita la otra.

4. Empezar una página en Facebook desde cero requiere una inversión en Facebook Ads para captar "Me gusta" de usuarios iniciales con los que acumular una cierta masa crítica. Empezar desde cero sin esa inversión supone sacrificar el crecimiento de la página, y supone un esfuerzo muy considerable en perseguir a tus amigos para tener esos primeros "Me gusta". Una vez creada la página, no olvides promocionarla en tus otras propiedades online. Incluye un enlace en tu web, haz un *post* en tu blog e incluye un botón de "Me gusta", publica un enlace desde Twitter.

5. **Publicar demasiado en Facebook penaliza**. Si lo que vas a decir no genera interés, *Edgerank* tomará nota y tus siguientes contenidos se verán menos. Una frecuencia de más de dos contenidos al día puede ser contraproducente en la mayoría de los casos. Si por algún motivo en un día concreto tienes que publicar muchas cosas, recurre a Twitter y deja las mejores aportaciones seleccionadas para Facebook.

6. **No publicar en absoluto también penaliza**. Por la valoración del tiempo que hace *Edgerank*, si una página deja de publicar durante semanas, tiene muy complicado remontar el vuelo. Perder la constancia en la publicación tiene un peaje serio en visibilidad. Si te ves en esta situación, aplica una buena política de contenidos de calidad y considera reiniciar tus actividades con una inversión en Promoted post.

7. **Programa las publicaciones**. Facebook te pone realmente fácil que cada uno de tus contenidos aparezca el día y la hora que necesites. Simplificará tu trabajo escribir varios contenidos seguidos pero programarlos para que aparezcan espaciados en el tiempo. Una precaución: que programes contenidos no quiere decir que puedas desatender los comentarios y preguntas que generen. Cuidado con programar contenidos para una

semana y olvidarte de Facebook hasta la semana siguiente, eso es un error.

8. Ten a mano un mínimo presupuesto para Promoted post. Por muy bien que vaya tu página en Facebook, habrá momentos puntuales en los que necesitarás ampliar la cobertura de un contenido concreto. Un nuevo producto, una promoción, un post en tu blog que sea especialmente importante para ti. Bastarán unos pocos euros –10€ o 15€– para darle un buen empujón de alcance a esa publicación en Facebook. Las tareas de *community management* van a estar cada vez más ligadas a esa "microinversiones".

9. Añade la aplicación Notas a tu página de Facebook y redacta una nota con las normas de participación, qué vas a permitir y qué vas a eliminar de tu página. Es buena idea advertir que borrarás comentarios con palabras malsonantes, mensajes publicitarios de terceros o que no permitirás la participación en concursos de usuarios falsos.

10. **Cuidado con los concursos y las promociones**. Facebook cambia a veces lo que puede y no puede hacerse en sus páginas. Pese a esos cambios, suele ser muy estricto en lo que permite hacer. Asegúrate de que la dinámica de tu concurso es compatible con las normas de uso de ese momento en Facebook. No querrás que eliminen tu concurso a medio desarrollo o que releguen tu página al olvido. Por ejemplo, no puedes pedir a los concursantes que para participar compartan tu publicación en su muro. Ante la duda, consulta las normas para concursos de Facebook que hay en la sección de ayuda https://www.facebook.com/help o recurre a especialistas. Por ejemplo, Easypromos están muy al día http://www.easypromosapp.com.

11. Puedes usar notas para publicar las bases legales de los sorteos y promociones que hagas en Facebook. De esta manera puedes vincular a las bases en tus *posts* sobre el concurso o en respuestas a los usuarios. Por ejemplo, Orange hace ese uso de las notas en https://www.facebook.com/OrangeESP/notes

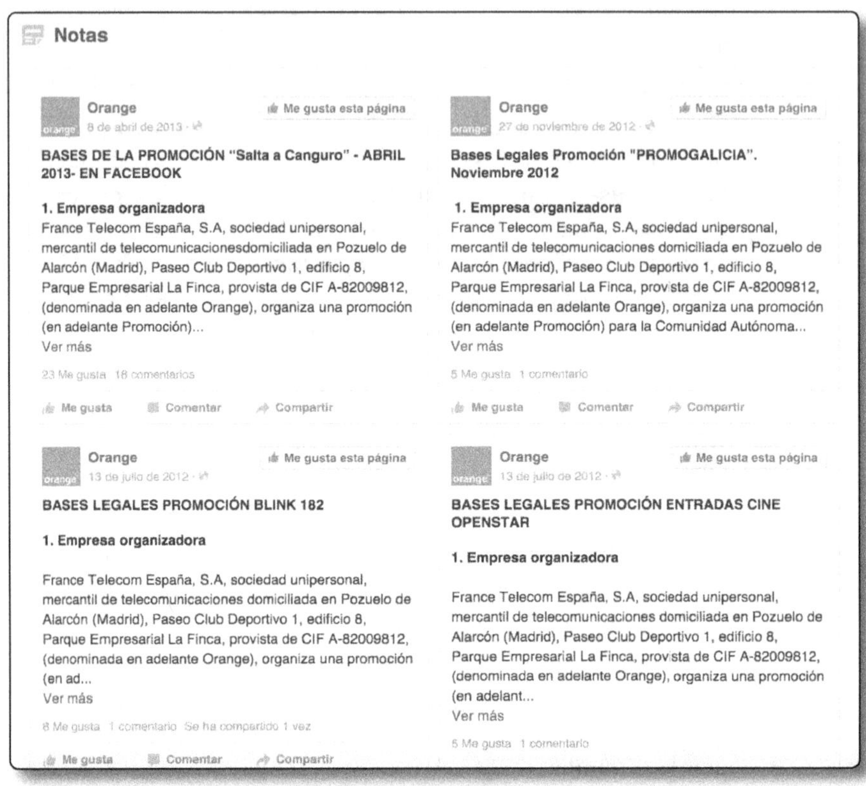

12. Cuida el contenido gráfico de tus actualizaciones. Vale la pena tener a mano un catálogo de imágenes atractivas que tengan que ver con tu actividad. Consulta el capítulo de Instagram, encontrarás pautas para mejorar fotos que también puedes aplicar en Facebook. El mejor tamaño de imagen para publicar en Facebook es de 404x404 píxeles.

13. Si publicas un texto con un enlace, Facebook muestra por defecto un fragmento del texto que aparece en la página de destino de ese enlace. Bien, ese texto es editable. Si cuando se genera la "previsualización" del contenido que vas a publicar, *clicas* en ese texto por defecto, podrás cambiarlo.

14. Si vas a hacer campañas de **Facebook Ads** con importes importantes y si crees que esas campañas son realmente importantes para tu marca, no te la juegues improvisando con Facebook Ads y contacta con profesionales. En España, tienes una de las pocas agencias que Facebook ha sido validada

como *Prefered Marketing Developer* en Europa y que ha generado un software específico para gestionar campañas con funcionalidades que van más allá del Power Editor de Facebook, Adsmurai.com.

15. Si, para cuando quieras crear tu página en Facebook, ves que alguien ha creado una página con el nombre que tu querías usar, te quedan tres opciones. La más fácil es crear un nombre de página diferente, sobre todo, si el problema es que alguien ha sido más rápido que tú al usar un nombre original. La segunda más fácil es intentar negociar con el administrador de esa página, siempre y cuando estés seguro de que está usando una marca registrada que te pertenece a ti. El argumento más plausible es que si inicias el trámite de reclamación de marca él se quedará sin página, pero si cambia el nombre podrá mantenerla. Y la tercera vía es iniciar el trámite de usurpación de marca en Facebook, que puede llevar semanas y que te obligará a demostrar que efectivamente eres el propietario de esa marca registrada.

16. A veces el buscador de Facebook no es el mejor para localizar las aplicaciones que quieras instalar en tu página. Hay otras opciones para localizar buenas APP, como http://woobox.com/, http://www.pagemodo.com/, que también te ofrece una forma más sencilla de crear Facebook Ads), http://www.trisocial.com/ o http://www.agorapulse.com/.

17. Puedes publicar en varios idiomas en una misma página de Facebook. Hay varias maneras de hacerlo. Si tu zona de influencia es bilingüe, puedes usar el texto en dos idiomas. Es lo que hacen algunas marcas en Cataluña o Euskadi. El inconveniente es que el texto se alarga, la ventaja es que la conversación que se genera también es bilingüe y así no estas segregando a tu audiencia por idioma. Otra opción es publicar en un idioma aquellos contenidos que se refieren a una zona concreta y en otro idioma los demás. Por ejemplo, publicamos en catalán los eventos que sucederán en Cataluña y en castellano los del resto del estado. En este último caso, o también cuando nos dirigimos a mercados diferentes con idiomas distintos, podemos segmentar cada publicación de nuestro muro por idioma. A la hora de publicar activamos el menú que aparece en el globo terráqueo y elegimos qué parte de nuestra audiencia (por provincia, estado o por idioma, así como por sexo o edad) queremos que vea esa publicación, que no aparecerá para los demás usuarios. Si los contenidos que vayamos a publicar en dos países diferentes no tienen nada que ver –los productos no sean los mismos, por ejemplo–, quizás deberíamos plantearnos la posibilidad de manejar dos páginas diferentes.

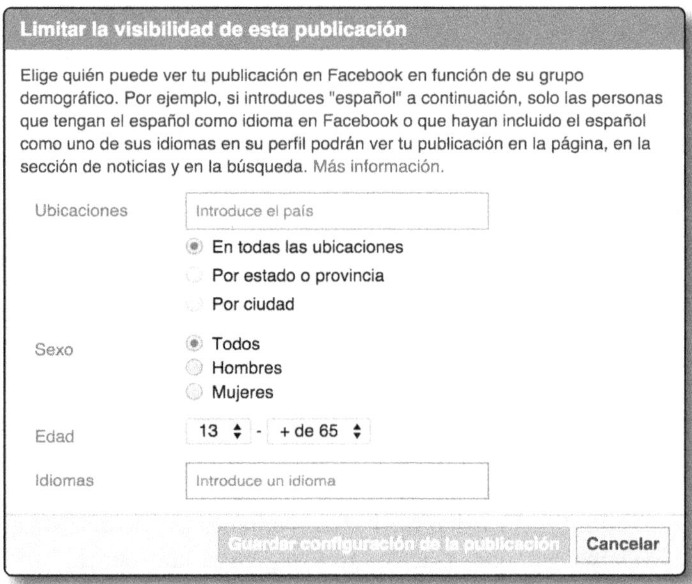

18. Vigilar las estadísticas te dará pistas de qué contenidos de tu página están funcionando mejor, generando más interactividad y logrando más alcance, así podrás generar contenidos parecidos. Pero las estadísticas también te muestran la parte negativa: cuántos usuarios han optado por dejar de ver tus contenidos. Para ver esta información entra en Estadísticas/Alcance y ver los usuarios que en un periodo concreto han marcado tu contenido como *spam*, han ocultado tus publicaciones o han pulsado en "Ya no me gusta" de la página. O puedes descargarte el archivo Excel que te proporciona Facebook en Estadísticas/Exportar, seleccionar la opción "Datos de la publicación" y mirar en la columna "negative feedback" y "negative feedback from users" para saber qué

contenido de los que has publicado ha generado problemas. Si a la hora de exportar el Excel eliges la opción "Datos de la página" tendrás el agregado de "Daily Unlikes" y "Daily negative feedback", datos que podrás cruzar con tu calendario editorial para ver qué publicaste en esa fecha.

19. Si vas a hacer una campaña de Facebook Ads para dirigir tráfico a tu página web, querrás poder medir en detalle que hacen esos usuarios que has captado. Una buena manera de medirlo con Google Analytics es generar una URL con Google URL Builder (https://support.google.com/analytics/answer/1033867) donde como fuente de tráfico especifiques Facebook. Usa esa URL en tu campaña de Facebook Ads y podrás medirla en Google Analytics.

20. Y si vas a hacer una campaña de Facebook Ads para vender un producto de tu web, puedes medir la conversión (qué porcentaje de los usuarios que llegaron desde Facebook acabaron comprando) también desde Facebook, así podrás ver en un solo lugar el rendimiento de tu campaña y las ventas generadas. Para hacerlo, Facebook te ofrece un píxel de seguimiento que debes ubicar en la página del final de proceso de compra de tu web, por ejemplo, en la página de gracias. Encontrarás este píxel si entras en Administrar Anuncios / Herramientas / Seguimiento de conversiones.

4

TWITTER

Desde el punto de vista del uso empresarial de las redes sociales, Twitter es seguramente la red donde resulta más fácil captar información escuchando lo que se publica acerca de un tema concreto o de lo que se dice de nosotros mismos. Al mismo tiempo, Twitter es también la red donde más sencillo resulta hacer contactos entre usuarios. La suma de estas dos características con la enorme facilidad para generar contenido o captar tráfico y dirigirlo a nuestra página web hace de Twitter un entorno muy interesante para los usos profesionales.

Podemos definir Twitter como una red de "microblogs" que constituyen una red social. Es una red de "microblogs" porque cada perfil en Twitter es *de facto* un blog que tiene como característica principal la limitación de que sus actualizaciones no pueden tener más de **140 caracteres**. Los usuarios interesados en los "microblogs" de otros usuarios pueden suscribirse a sus contenidos, de manera que cada vez que alguno de esos "microblogs" se actualice lanzando un mensaje, los usuarios suscritos lo reciban también en su página de Twitter, en la columna que se conoce como *timeline*. A suscribirse a los contenidos de un "microblog" en Twitter se le conoce como "seguir al autor".

Esta relación de seguimiento conlleva algunos condicionantes. Por ejemplo, un usuario puede enviarle un mensaje privado a un seguidor y dos usuarios pueden intercambiarse mensajes entre ellos si se siguen mutuamente. En principio, no es posible enviarle un mensaje privado a alguien que no nos sigue, pero recientemente, Twitter ha habilitado la opción de que cualquier perfil pueda recibir mensajes privados, tanto de otros perfiles a los que siga como de los que no tengan ninguna relación con él: encontrarás esta posibilidad en la configuración de tu perfil, apartado "Seguridad y Privacidad" en el epígrafe "Mensajes Directos". Este detalle puede ser interesante para las empresas, ya que podrán así recibir mensajes privados de sus clientes más fácilmente. Siempre es mejor recibir una queja en privado que en público.

Estos son pues algunos de los usos que podrías darle a Twitter en tu empresa:

- Captar conocimientos útiles en tu trabajo, siguiendo a otros expertos o a fuentes de información especializadas en tu sector.
- Agrupar fuentes de noticias que te resulten interesantes. Twitter puede ser una red alimentada por titulares con enlaces a otros contenidos completos.
- Estar al día de eventos que te interesan.
- Detectar conversaciones, opiniones y contenidos relativos a tu empresa, tu producto, tu nombre o tu mercado.
- Mantenerte en contacto con actores de tu sector (especialistas, expertos, líderes de opinión, periodistas, usuarios, clientes, proveedores, etc.)
- Emitir información que quieras transmitir a otros.
- Estar atento a los movimientos de tu competencia, a través de los contenidos que ellos publiquen en esta red.
- Derivar tráfico de Twitter a tus propiedades web. Una vez tienes un grupo de seguidores importante, una buena redacción de contenidos puede ayudarte a captar su atención para que acaben *clicando* en el enlace que propones en tus t*weets* y así enviarles a tu web o blog.
- Posicionarte en buscadores, ya que los perfiles de Twitter son rastreables por Google o Bing, si mantienes una cierta uniformidad temática y el perfil recibe un cierto número de usuarios y de tráfico, ocuparás una posición más en las páginas de resultados de búsqueda.
- Comunicar ofertas, promociones, captar leads, y ventas. Tanto aprovechando el alcance orgánico de tu perfil de Twitter como invirtiendo en los formatos publicitarios que te ofrece esta red puedes acabar convirtiendo a tus seguidores en clientes o en prescriptores que te ayuden a llegar a nuevos públicos.
- Posicionarte como experto en un tema a través de los contenidos, las relaciones y los enlaces que publiques en esta red.

4.1 CÓMO CONSTRUIR UN BUEN PERFIL EN TWITTER

Hay tres aspectos clave a la hora de crear o mejorar un perfil en Twitter, que son:

- **Mantener la coherencia con la marca**: necesitamos que al ver el perfil se identifique inmediatamente que pertenece a nuestra empresa o a nuestra persona si forma parte de nuestra marca personal.
- **Cuidar el posicionamiento en buscadores**: los aspectos textuales del perfil deberían ayudarnos a que quien busque algo de lo que nosotros ofrecemos nos localice, sea en el buscador de Twitter o directamente en Google.
- Mantener unas cotas de calidad que deriven en cierta credibilidad hacia nuestro perfil. Esta calidad se va a percibir sobre todo en los aspectos gráficos del perfil, pero también en la actualización de los contenidos y el equilibrio de los últimos tweets emitidos, que son los que resultarán más visibles.

Con estas tres premisas en mente, veamos qué elementos configuran un perfil y algunas pautas de uso de cada uno de estos elementos:

- **Imagen de cabecera**: se trata del elemento gráfico más grande del perfil y ocupa la parte superior del mismo en un formato apaisado. Tal y como hemos visto en Facebook, interesa recurrir a una imagen alegórica de nuestra actividad. Nos interesa que el peso de la imagen, el elemento principal, figure en el centro o en la derecha de la imagen, y que si usamos texto en esta imagen sea escaso, breve, directo y situado del centro al margen superior de esta imagen. Idealmente, si en nuestra estrategia vamos a usar tanto Facebook como Twitter, podríamos usar la misma imagen adaptada a cada red o imágenes parecidas.
- **Avatar**: debería ser nuestro logo si este resulta visible en tamaños pequeños y formato cuadrado, ya que el avatar es la imagen que acompañará a nuestros *tweets* en los *timelines* ajenos. Si tu logo es muy alargado, no funcionará en este formato y deberás buscar un símbolo, un elemento gráfico vinculado a tu marca y que funcione bien en un formato cuadrado. Si estás usando Twitter para potenciar tu marca personal, deberías usar una foto reconocible de tu rostro y si es la misma que en Linkedin, mejor.

Recuerda mantener la coherencia de la marca en nuestras propiedades online.

- **Biografía**: se trata de un texto breve, de menos de 160 caracteres, que deberíamos usar para dos cosas: definir quiénes somos y qué hacemos y dar pistas acerca de qué uso haremos de este perfil de Twitter. Si vas a usar esta red para hablar de tu marca puedes obviar la segunda parte. Pero si el rol de este canal es diferente, vendrá bien especificarlo. Por ejemplo, si eres una marca de alimentación pero usarás Twitter para hablar de recetas. O si eres una marca de higiene personal pero vas a usar Twitter para hablar de *lifestyle*. La biografía cuenta y mucho en los buscadores. Intenta definir tu proyecto y tu uso utilizando palabras clave que creas que alguien interesado en lo que vas a decir pueda usar para buscar contenidos como el tuyo.

- **Nombre de usuario y nombre:** el nombre de usuario es el que va precedido por el símbolo @. No puede contener espacios o signos de puntuación y tiene un límite de 15 caracteres. Twitter no permite que haya dos nombres de usuario iguales, así que si el que más te conviene ya está ocupado deberás recurrir a la imaginación para pensar algún otro ligeramente diferente. En cambio, el nombre puede repetirse sin problema. Si usas Twitter para tu empresa, idealmente deberías poder usar el nombre de la empresa tanto en el nombre de usuario, a no ser que llegues tarde, como en el nombre. Y si usas Twitter para tu marca personal, es posible que tu nombre propio ya esté ocupado como nombre de usuario, pero deberías incluirlo en el campo nombre. Ambos campos con localizables en Twitter. Si tu nombre y apellido no figura ni en tu nombre en Twitter ni en tu nombre de usuario, tendrás dificultades para ser encontrado. Es desaconsejable el uso de guiones o guiones bajos, ya que a la hora de deletrear el nombre de usuario o de memorizarlo inducen al error.

- **Lugar:** hay un campo de tu perfil destinado a que puedas mencionar tu lugar de operaciones habitual. Conviene tenerlo en cuenta y usarlo para separarnos de cualquier otro usuario parecido que resida en cualquier otro país.

- **Web:** el perfil de Twitter permite incluir una única URL *clicable*, que deberías aprovechar para mencionar tu web o blog.

- **Últimos tweets:** si bien ya no forman parte del perfil propiamente dicho, cualquier usuario que aterrice en nuestro espacio en Twitter verá los últimos 5 o 10 *tweets*, por lo que conviene guardar un cierto equilibrio. Por ejemplo, si nuestros últimos 10 *tweets* son sólo *retweets* (RT) ajenos parecerá que no tenemos nada que decir, al igual que si casualmente los 10 son saludos a otros usuarios o agradecimientos. Mantengamos una diversidad temática lo suficientemente rica como para que quien esté viendo nuestros últimos 10 tweets en nuestro perfil, pueda elegir seguirnos. En este sentido, resulta especialmente interesante guardar una cierta disciplina con nuestro calendario editorial, que detallaremos en el capítulo dedicado a la estrategia.

4.2 USO COMPLEMENTARIO DE PERFILES: ESPECIALIZACIÓN DE CONTENIDOS

Un apunte básico de estrategia en Twitter es mantener una cierta coherencia temática en los *tweets* que componen un perfil. Se trata de especializarnos en un tema o en un rango de temas muy parecidos y mantenernos fieles a ese espacio. Mezclar temas muy diferentes en un único perfil de Twitter suele ser mala idea o una práctica válida para usuarios particulares, pero no aconsejable para un uso profesional. Además, una cierta coherencia temática en nuestro perfil conlleva inherentemente la reiteración de palabras clave relacionadas con nuestro campo de actuación. Los *tweets* cuentan también en ese posicionamiento en el buscador de Twitter y, por ende, en el de Google.

En el caso concreto de aquellas personas que usan Twitter bajo su nombre, sobre todo, por temas profesionales, podemos establecer un equilibrio entre *tweets* "profesionales" y *tweets* "personales". Es decir, manteniendo esa especialidad temática, podemos en momentos puntuales lanzar una opinión personal o un *tweet* relativo a otro tema sin que ello sea una falta grave. Las redes sociales son para las personas y dejar entrever cierto grado de información personal lleva a la empatía, a la honestidad, incluso a la credibilidad. Nuestro lado humano forma parte, indudablemente, de nuestro perfil profesional. Por qué no compartir qué película estamos viendo, qué libro hemos leído o qué pensamos sobre un tema que no esté vinculado a nuestro trabajo si ello puede darnos un aire más cercano y los temas de ese libro, película o tema puede ser interesantes para otros. Tienes una reflexión más profunda sobre esto en el capítulo dedicado a la Gestión de la Reputación Online. Pero para un profesional que opera con su nombre no suele ser aconsejable mezclar su trabajo con su afición si no tienen nada que ver. Dicho esto, hay honrosas excepciones que han sabido construir su marca personal sumando su trabajo y su pasión por un tema radicalmente diferente, pero entendamos que son casos puntuales. Si estás construyendo tu marca personal en Twitter, mantén tus contenidos mayoritariamente vinculados al tema con el que te quieres relacionar profesionalmente.

No desestimes en cualquier caso mantener dos perfiles separados: uno para tu trabajo y otro para tu afición. Por ejemplo, yo soy @victorpuig y también soy @cronicaviajera. Demostrar mi pasión por viajar me ha llevado a ganar algún cliente en el terrero del turismo, pero si mezclara constantemente en un solo perfil contenidos sobre comunicación online y contenidos sobre viajes podría dar a entender que me postulo como un especialista de la comunicación online turística, que los hay, y muy buenos, y no es mi caso.

Una estrategia radicalmente diferente y que también funciona perfectamente es la que sigue, por ejemplo, @fotomaf sumando en un mismo perfil sus conocimientos del mundo de la fotografía con sus actividades como director del equipo digital de una agencia. Si crees que un doble rol puede serte útil, adelante, pero deberás trabajar bien el equilibrio entre esas dos facetas para que no acaben sumándose y encasillándote en un espacio quizás demasiado angosto.

4.3 PAUTAS DE CONVERSACIÓN EN TWITTER

Hay una terminología propia de esta red que conviene conocer a la hora de manejarse con las conversaciones en ella. Ya hemos hablado de seguir –hacer un *follow*– y de seguimientos mutuos –devolver el *follow*–.

- **Citar:** los nombres de usuario son precedidos por una arroba, por ejemplo @victorpuig. Un tercero podría citarnos o interpelarnos incluyendo nuestro nombre de usuario en su mensaje. Por ejemplo, al publicar "me pregunto qué pensará @victorpuig de este asunto" el nombre de usuario se convierte en enlaces de hipertexto que lleva al perfil del usuario citado. Un usuario sabe si es citado o no sin necesidad de buscar ese mensaje, porque lo verá aparecer en el apartado de "Notificaciones" de su perfil en Twitter. Cualquier usuario que visite nuestro perfil podrá ver tanto los mensajes que hemos publicado como las menciones que hemos recibido si entra en nuestro perfil y va al apartado "*tweets* y respuestas".

- **Retuitear:** un **tweet** es cada uno de los mensajes que un usuario pública. Si un usuario ve un *tweet* de otro y le parece interesante, quizás quiera publicarlo a su vez, de manera que ese contenido se distribuya entre sus seguidores. La forma más sencilla de hacerlo en *retwittear* o hacer un *retweet* (un RT). De esta forma, aquellos mensajes del tipo "RT @ nombredeusuario texto" significan que el autor ha *retuiteado* un mensaje del autor "nombredeusuario", mensaje que constituye el texto que sigue el nombre el usuario *retuiteado*.

- **DM**: es un "mensaje directo" o *direct message*, un mensaje privado entre dos usuarios. Para evitar el abuso de mensajes directos, Twitter no permite incluir direcciones URL en ellos. Si quieres enviarle una dirección web a alguien por DM, sepárala con espacios para que el mensaje llegue. Por ejemplo, no escribas "www.victorpuig.es" sino "w ww. Victorpuig . es". Hay que tener cierta precaución para no confundir una mención con un mensaje directo y no revelar públicamente algo que debería ser privado, un error frecuente aún. Muy recientemente, Twitter ha habilitado la posibilidad de enviar DM a varios usuarios a la vez, de forma que se genere una conversación privada en ese grupo. Para aprovechar esta opción tienes que ir al apartado "Mensajes" de tu perfil, pulsar en "Mensaje Nuevo" y seleccionar aquellos usuarios a los que quieras remitir tu mensaje. También hace muy poco, Twitter ha eliminado el límite de 140 caracteres en los mensajes directos, que ahora pueden ser exageradamente largos (10.000 caracteres). Twitter ha habilitado está opción para facilitar las conversaciones en privado, pero no conviene abusar de ese espacio tan grande, sería abusar de la paciencia y del tiempo de quien tendrá que leer ese mensaje.

Una vez aclarados los conceptos, veamos algunas pautas recomendables en la comunicación con otros usuarios en Twitter:

- **Contesta las menciones**: si alguien te menciona en un *tweet* seguramente está queriendo llamar tu atención y espera una respuesta a su contenido. Por norma general, deberías responder a su mención si el mensaje que este usuario ha publicado tiene sentido, claro.

- **Contesta los DM**: con más motivo que en el punto anterior, si alguien te envía un mensaje directo debes contestarle, a no ser que sea una cuenta de *spam*. En ese caso, bloquéala.

- **Follow antes de DM**: si vas a enviarle un DM a alguien, asegúrate de que le sigues antes de hacerlo. Podría pasar que tu mensaje le llegue pero que él no pueda contestarte en privado si no tienes activado en tu perfil la posibilidad de recibir DM de cualquier usuario.

- **Si citas a usuarios, hazlo con prudencia**. Ten en cuenta que cuando citas a un usuario a él le llega una notificación. Hay verdaderos abusos de esta particularidad de las menciones y está mal visto citar a alguien si realmente no tiene nada que ver con el contenido de tu mensaje. Se considera un *spam* abusivo y suele provocar el *unfollow* inmediato de quien citabas. Sin embargo, citar a alguien que si puede estar interesado en participar en esa conversación es un detalle de buen gusto en esta red: nuevamente, el sentido común es tu mejor aliado. Una cita con sentido sería por ejemplo alabar el artículo que ese usuario ha escrito en un blog, o mostrar algún apunte interesante de lo que él ha hecho. O quizás citar a un usuario al que puede interesarle una pieza de información que hemos localizado online y que incluiremos en el mensaje que lo cita. No conviene abusar citando al mismo usuario varias veces seguidas, o haciendo varios *tweets* seguidos con citas a usuarios diferentes.

- **Debatir está bien, ser pesado no**. Una pauta de conversación interesante puede ser mostrar una cierta discrepancia con un contenido que ha publicado otro usuario y proponer alternativas. Los debates constructivos son interesantes y suelen ser bienvenidos. Ten en cuenta en todo caso que la sucesión de mensajes cortos sin contexto puede dar lugar a malentendidos incómodos. En todo caso, no conviene eternizar el intercambio de opiniones para no aburrir al resto de los usuarios o abusar de la paciencia de nuestro contertulio.

4.4 CÓMO GANAR SEGUIDORES EN TWITTER

Una vez creado un perfil, necesitaremos aglutinar una cierta audiencia, conseguir seguidores que puedan estar interesados en lo que publicamos en esta red. Puedes empezar siguiendo tú a usuarios que te parezcan interesantes. Para que te sigan, sigue. Vale la pena, por ejemplo, seguir a:

- Competidores, claro que sí. Seguramente ellos también querrán seguirte. Y por supuesto, ver a quién siguen tus competidores o quién les sigue a ellos es una fuente interesante de *follows* a realizar.

- Ferias, eventos y publicaciones de nuestro mercado.

- Medios de comunicación especializados.

- Compañeros y colegas de profesión.

- Especialistas en otros mercados cuyas lenguas comprendamos.
- Aquellos usuarios que nos mencionen en sus *tweets*, a los que usen *hashtags* que tengan que ver con nuestro mercado o a aquellos que citen a nuestros productos o servicios.

Cuando seguimos a alguien, ese usuario recibirá un aviso en el apartado "Notificaciones" de su perfil en Twitter, avisándole de que estamos entre sus seguidores. Muy a menudo, la mejor manera de conseguir que un usuario nos siga es hacerle notar que le seguimos a él. Hay que tener en cuenta también que el número de seguidores y seguidos es un dato público que figura en nuestro perfil y que supone un mensaje en sí mismo. De la misma manera, aparecen también el número de *tweets* que hemos publicado.

Por ejemplo, podemos pensar que alguien que sigue a miles de usuarios pero que sólo es seguido por unos pocos demuestra una cierta ansiedad por ser tenido en cuenta. Si nos siguen miles de usuarios y no seguimos apenas a nadie podemos quedar como elitistas. Si tenemos muy pocos usuarios pero un enorme número de *tweets* enviados parecerá que somos muy pesados y sólo unos pocos nos soportan en sus *timelines*. Es una percepción muy sutil y depende mucho de la sensibilidad de cada uno, pero estas segundas lecturas existen y hay que valorarlas.

Desde el punto de vista del uso corporativo o profesional podemos establecer tres grandes pautas para mantener ese balance, a elegir según las preferencias de cada uno:

1. **Sigo a todo el que me sigue**. Útil para una empresa porque genera un puente de comunicación con el usuario y le permite enviarnos DM. Esta dinámica tiene toda la lógica del mundo y es la que hacen usuarios expertos en Twitter: devuelven el *follow* a todo el mundo, porque así posibilitan a todos la oportunidad de enviarles mensajes directos privados. Lo que están diciendo es "gracias por seguirme, estoy a tu disposición si me quieres decir algo". Esta es la política a seguir si se quiere conseguir un gran volumen de seguidores. Otros pensarán que es imposible que escuchemos a miles de seguidores. Es cuestión de recurrir a las listas para ordenarlos, como explicaremos enseguida.

2. **Sigo a quienes suelen hablar de temas parecidos al mío**. Aquí hay quienes intentan mantener un balance de 100-50 o de 70-30 entre el número de seguidores y seguidos. Interesa en todo caso que a medio plazo el número se seguidores sea más alto que el de seguidos.

3. **Sigo sólo y exclusivamente a quienes me resultan muy interesantes**. Transmite que realmente escuchamos en Twitter, pero también cierta imagen de "divismo". Esta práctica es desaconsejable en marcas que van a gran consumo, pero es común en modelos B2B y también en las marcas personales de directivos o de profesionales muy especializados.

Una última precaución sobre los *follow-back*. En ocasiones, aparecen usuarios que te siguen un tiempo y al ver que no les sigues de vuelta, dejan de seguirte. Poco más tarde, repiten la maniobra. Si no les da resultado, insisten una tercera vez y una cuarta a veces, rozando el ridículo. Es muy posible que quien cae en este tipo de maniobras esté dilapidando su credibilidad utilizando una herramienta que le promete incrementar rápidamente el número de usuarios y que funciona sencillamente aplicando a este caso la Ley de Pareto: sigue a 100 usuarios y seguramente 20 te seguirán. Deja de seguir a los otros 80 y repite el proceso hasta la náusea.

Una vez considerado el asunto de seguir a quien quieras que te siga, la pauta principal para conseguir más seguidores es ofrecerles buenos contenidos, que sean originales y genuinamente tuyos. Recuerda que lo hagas como lo hagas habrá decenas de cuentas similares a la tuya en Twitter, así que necesitas una buena estrategia de contenidos y trabajar bien las líneas editoriales que hayas decidido usar. Profundizaremos en este tema en el capítulo relativo a la estrategia, pero cabe insistir en que sin contenidos no hay volúmenes de seguidores.

Las **pautas de conversación** que hemos visto anteriormente son también un factor clave para ganar seguidores. Al citar y entablar conversación con aquellos usuarios influyentes que deseamos que nos sigan, conseguimos de paso que sus seguidores nos alcancen a ver. Para esto hay una condición técnica: si cada *tweet* del diálogo se inicia con el nombre de usuario de la persona a la que nos dirigimos, sólo verán nuestra conversación el conjunto común de seguidores que tengamos los dos. Es decir, si el usuario A interpela a B y sus mensajes se inician siempre con @B y el mensaje, la conversación aparecerá sólo en los *timelines* de aquellos que sigan tanto a A como a B. Para que la conversación tenga más posibilidades de llegar a más usuarios basta con iniciar el *tweet* con cualquier otra palabra que no sea el nombre de usuario de B.

Una buena redacción de los *tweets* –si el contenido es interesante o llamativo– también nos acabará reportando más seguidores, de la misma manera que escribir mal –con faltas de ortografía o construcciones gramaticales incorrectas– causará deserciones en nuestras filas. Veremos enseguida algunas pautas para la redacción de *tweets.*

Crear buenas listas, como veremos a continuación, además de ser muy práctico, puede también aportarnos seguidores en el medio y largo plazo. No olvides que al incluir a un usuario en una lista pública le llegará una notificación. A nadie suele disgustarle verse incluido en una lista de nombre agradable, por lo que seguir a quien nos incluye en una lista interesante es casi una forma de agradecer tal inclusión. Además, si las listas están hechas con buen criterio estamos demostrando un cierto valor como selectores de usuarios.

4.5 USO DE LISTAS

En la medida en la que un usuario en Twitter se anima a seguir a cada vez más usuarios, verá los mensajes volar en su *timeline* cada vez más deprisa. Al principio es muy común sentir un cierto desasosiego, una sensación de que nos estamos perdiendo información. La mejor manera de tener ese *timeline* más controlado es agrupar a los usuarios en listas. De esta manera, podemos clasificarlos en grupos de nuestro interés para ver el *timeline* de cada grupo cuando nos apetezca.

Twitter nos ofrece la posibilidad de crear hasta 1.000 listas, que pueden contener 5.000 contactos cada una. Todo un lujo, ya que hasta hace un tiempo las listas se limitaban a 20 por usuario con un máximo de 500 componentes en cada lista.

Para incluir a alguien en una lista basta con desplegar el menú de opciones que encontrarás al lado del botón de "Seguir" en el perfil del usuario a clasificar. Puedes incluir en una lista a cualquier usuario, lo sigas o no. Puedes asignar más de una lista a un mismo usuario si nos apetece. La principal función de las listas es que podemos seleccionar cuando queramos el *timeline* de una lista concreta, para ver en ese momento por ejemplo las últimas publicaciones de los usuarios que seguimos y que hemos agrupado bajo un mismo epígrafe.

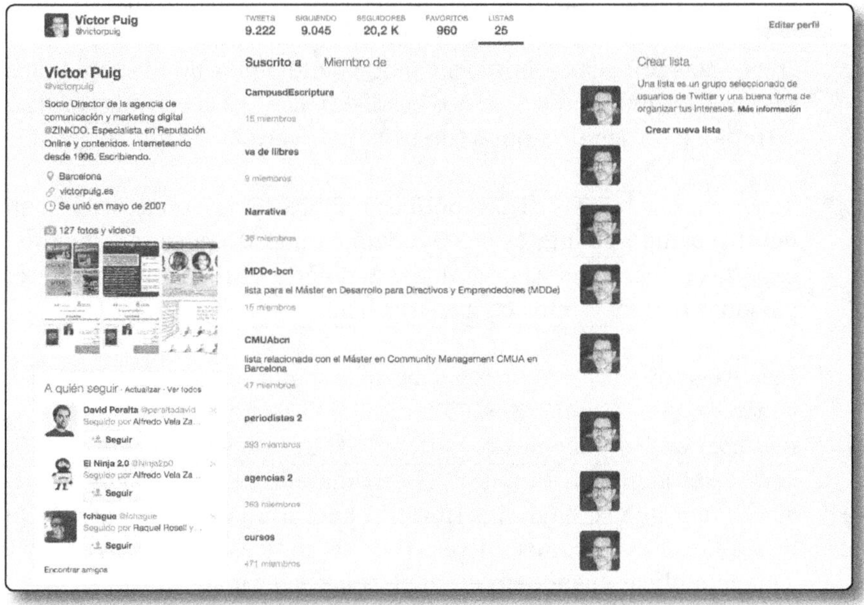

Los usos más comunes de las listas serían:

- **Filtrar contenido**: ante la inabarcable cantidad de información interesante –o no tan interesante– que hay en Internet, puedes utilizar Twitter como un filtro, Gran parte de la información que me llega a través de Twitter me llega referenciada y reenviada por otros. Es decir, muchas veces es una persona A la que me reenvía algo que B ha visto a su vez en el medio C escrito por D. Un pequeño ecosistema de referencias. Eso quiere decir que si haces una lista con 10 ó 15 expertos en un tema, por ejemplo, estarás razonablemente al día de lo más interesante que ocurra en ese tema y tendrás la información a tu alcance cómodamente viendo el *timeline* de tu lista, donde sólo aparecerán los *tweets* de esos 10 ó 15 usuarios.

- Cuando sumamos a un usuario a una de nuestras listas, veremos esa lista aparecer también en el apartado "Listas" de su perfil. Es decir, se trata de información pública, por lo que conviene tener cierto cuidado a la hora de nombrar las listas. De la misma manera, podemos saber en qué listas se nos ha agregado si *clicamos* sobre el apartado Listas de nuestro perfil. Vale la pena comprobarlo de vez en cuando para tener una idea de en qué tipo de conceptos se nos incluye.

- Podemos crear listas públicas (el usuario verá que le hemos añadido a una lista y esa lista aparece en nuestro perfil y en el suyo) o podemos crear listas privadas (el usuario al que incluyamos no lo sabrá y nosotros seremos los únicos que veamos esa lista). Las listas privadas se usan, por ejemplo, para seguir a otros (un usuario o varios) sin que lo sepan.

- Tener varias buenas listas públicas sobre temas concretos dentro de nuestro campo de interés nos ayudará en nuestro posicionamiento como expertos en ese tema y nos ayudará también a estrechar relaciones con las personas que incluimos en nuestras listas.

- Las listas son muy prácticas a la hora de seguir lo que ocurre en un evento concreto, por ejemplo. Sería interesante si asistimos como público hacer una lista de los ponentes o conferenciantes a los que vamos a escuchar, para estar atentos a lo que publican durante el evento aunque no usen el *hashtag* que se haya determinado para ese evento, o para evaluar si, más allá del evento, nos interesa o no seguir a esos usuarios al ver lo que suelen publicar cuando no están ya sobre la tarima.

4.6 USO DE HASHTAGS

Cualquier palabra publicada en cualquier mensaje se convertirá en un enlace de hipertexto si se la precede del símbolo #. A estas palabras convertidas en enlaces se las llama **hashtags**. Por ejemplo, las palabras así escritas #crisis, #twitter, #congresoSM se convierten en enlaces. Al *clicar* sobre ese enlace, el usuario verá en su *timeline* cualquier mensaje de cualquier usuario (lo siga o no) que haya incluido ese mismo hashtag en su mensaje. Los *hashtags* son una buena manera de seguir conversaciones sobre temas concretos. Así usaremos *hashtags* en nuestros *tweets* cuando queramos participar en alguna conversación que ya está en marcha cuyos participantes este usando ese *hashtag*. Estas etiquetas sólo tienen sentido si las usan varias personas, por lo que crear tus propios *hashtags* no tiene mucho sentido a no ser que sepas de antemano que otras personas van a aportar contenidos con esa misma etiqueta.

Ya habrás intuido que convertir en *hashtags* palabras demasiado comunes no resulta práctico, básicamente por lo que se cruzarán conversaciones diferentes que contengan esa misma palabra y que, como tú, han pensado utilizarla como *hashtag*. La mejor manera de saber si un *hashtag* está siendo usado de forma que te sea interesante, si está siendo usado de forma masiva –seguramente no sea un buen filtro– o si no lo usa nadie –y no tiene sentido que lo uses sólo tú– es buscar ese hashtag en Twitter y fijarte en los resultados.

Verás que a veces los usuarios de Twitter se sacan de la manga *hashtags* creativos, irónicos o graciosos. En este caso, su objetivo no suele ser tanto unirse a la conversación, que seguramente no existe, como hacer un uso simpático o transgresor de esta utilidad. Nuevamente, hay excepciones. A menudo un *hashtag* creado como una broma alcanza popularidad cuando muchos usuarios lo usan para continuar con el juego y acaban convirtiendo una ocurrencia feliz en un *Trending Topic*.

4.7 ¿QUÉ ES Y QUÉ NO ES UN TRENDING TOPIC?

Otro término común en Twitter es **Trending Topic**, a veces resumido en TT. En la columna izquierda de la aplicación de Twitter podemos ver un apartado llamado "temas del momento" que recogen las palabras, sean *hashtags* o no, que más se están repitiendo en un momento concreto por parte de los usuarios en una zona geográfica que podemos configurar. Así, puedes ver *Trending Topics* mundiales, de cada país, de regiones o de ciudades concretas.

Podríamos decir pues que los *Trending Topics* son los temas de moda en el momento. Para muchas empresas, conseguir ser *Trending Topic* por una buena causa –una exitosa campaña o un evento interesante– es un gran logro en cuanto a visibilidad. Aunque desafortunadamente, es más fácil que una empresa o un producto sea *Trending Topic* por una queja masiva, por un grave problema de Reputación Online, que por que lo haya buscado.

Que una palabra o expresión se convierta o no en *Trending Topic* no depende directamente del volumen de menciones, sino del cambio de tendencia de ese volumen. Una palabra que siempre se usa mucho no será *Trending Topic* o una palabra que es *Trending Topic* hoy no lo será seguramente la semana que viene si a lo largo de esos siete días ha mantenido un volumen parecido de menciones. Una palabra que no se usaba demasiado y que de pronto aparece en muchos *tweets* de muchos usuarios sí lo es.

Por ejemplo, el movimiento de protesta del 15-M en España cambiaba el *hashtag* de sus comunicaciones cada día y así conseguían ser *Trending Topic* a diario. Sin embargo, la masiva manifestación de la Via Catalana del 11 de septiembre de 2013 no fue *Trending Topic* ese día porque ese *hashtag* se venía usando durante los días previos para animar a los manifestantes. No hubo pues un cambio de tendencia en la fecha de la manifestación. Algunos lo interpretaron como un intento de silenciar el impacto del evento. Cuando la noche del 11 de septiembre de 2013 un locutor de radio propuso que los simpatizantes de la Via Catalana *tuitearan* mensajes con la palabra "croquetas" esa palabra fue *Trending Topic* mundial esa misma noche. No hubo, parece, tal censura. Sencillamente ocurrió que #viacatalana se venía usando en las semanas previas y #croquetas no. Así nos lo confirmó Twitter al día siguiente.

Con un ejemplo político más podemos ver una serie de factores que explican el nacimiento de un *Trending Topic*. Me remito a una de las pocas veces que he conseguido que una ocurrencia acabara siendo una tendencia así. Fue en las elecciones al Parlamento de noviembre de 2013, cuando para mi infortunio, el azar quiso que mi presencia fuera necesaria como presidente de una mesa de votación en la pequeña localidad en la que vivía. La noche antes, también a través de Twitter, vi que varios compañeros de sector estaban en el mismo trance que yo y pactamos usar *tweets* con el *hashtag* #mesas20n para compartir anécdotas. Para nuestra sorpresa, el día de las elecciones ese *hashtag* fue *Trending Topic*. ¿Qué pasó para que así fuera?

- **Coincidencia temporal**. Es la actualidad la que marca el *trending* para que mucha gente de pronto lo use. Seguro que ese *hashtag* hubiera surgido, al margen de que se iniciara en una mente o en otra. Imposible que con tantos vocales y presidentes aburridos en las mesas de votación y que tuvieron tantos tiempos muertos no acabaran creando una etiqueta común en Twitter. Los primeros que vieron en Twitter que los pocos *tweets* que había a primera hora de la mañana de ese día usaban el *hashtag* se animaron a hacerlo también. Un domingo a las 8 de la mañana qué más vas a hacer.

- **Primeros usuarios con volumen de seguidores e influencia**. Imagino que si en lugar de aparecer esta idea en personajes como nosotros, que por trabajo vivimos pegados a Twitter, hubiera surgido en otros ámbitos que usen menos esta red, quizás se hubiera alcanzado un resultado menor o quizás no, si surge en gente motivada para difundir la idea. Así, los primeros *tweets* con ese *hashtag* los enviaron usuarios con un buen volumen de seguidores habituados a *retuitearles*. Es decir, si los primeros mensajes caen en *tuiteros* habituales o en personajes famosos y estos la publican de nuevo, las posibilidades de difusión aumentan de forma exponencial.

- **No coincidencia con otra propuesta igualmente creciente en el mismo momento**. ¿Qué hubiera pasado si esta propuesta hubiera tenido exactamente la misma evolución que un *hashtag* diferente surgido en otro punto? Es posible que la influencia no hubiera sido la misma, que se limitara el ámbito geográfico de cada una, o que una hubiera canibalizado a la otra. Seguramente la más extendida acabaría por "apagar" a la incipiente.

- **Coincidencia con otros hashtags igualmente crecientes y "contaminación" entre ellos**. Hubo otros varios *hashtags* relacionados con las elecciones que surgieron en algún momento y en algunos *tweets* aparecen varios de ellos. Quizás la coincidencia les ayuda a difundirse mutuamente, pero me inclino a pensar que en muchos casos el usuario que solo dispone de 140 caracteres acabará eligiendo aquel que le apetezca más o que cree más potente, más divertido o más preciso.

- **El hashtag escapa de Twitter y aparece en los medios de comunicación**. Sería interesante poder estudiar a partir de qué momento los medios de comunicación que tienen presencia en Twitter empiezan a usar el *hashtag* o qué potencial de crecimiento le dan cuando aparecen comentarios sobre el mismo en la radio, la televisión o la prensa escrita. Een este último caso, se pierde el efecto de inmediatez imprescindible para el #TT, pero ya hemos explicado que un *Trending Topic* es evanescente. Si pierde fuelle deja de serlo y aunque mantenga el volumen de menciones dejará de serlo igualmente porque ya no será una irrupción masiva de *tweets* en un momento concreto. El poder de los medios de comunicación para crear o provocar *Trending Topics* es visible casi a diario. Que sea en medios que necesitan concentrar audiencia en una ventana temporal corta –un programa de televisión o de radio, pero mucho más difícilmente un periódico– confirma de nuevo que el *Trending Topic* es una tendencia de crecimiento súbita que se da en muchos usuarios a la vez y no un volumen de menciones sostenido en el tiempo.

- **Incentivos emocionales para el retweet**. Seguro que los tweets cargados de humor, las denuncias de irregularidades, las quejas fundamentadas, las noticias llamativas fueron el combustible que mantendría ese fuego vivo el tiempo suficiente como para alcanzar el *Trending Topic*. Entiendo que ese incentivo es puramente emocional. El usuario *retuitea* aquello que le llama la atención, que le indigna, le sorprende o le hace reír. Sin emoción no hay repercusión, seguro. En la medida en la que son cientos de usuarios los que aportan contenido, algunas de estas piezas logran captar atención suficiente como para propagar el *hashtag*. Como siempre digo, los contenidos cuentan.

Cabe el debate de hasta qué punto cuando una marca consigue un *Trending Topic* por un efecto positivo –es decir, porque haya organizado una campaña, no porque haya sufrido una desgracia o alguien haya metido la pata–, consigue también impactar en sus objetivos de negocio y no sólo en su cuenta de Twitter.

En mi opinión, ese efecto puede conseguirse, ya que como hemos visto un *Trending Topic* genera mucha visibilidad y a veces incluso presencia en los medios de comunicación, que amplifican el mensaje. Si se consigue esa visibilidad en positivo, no es descabellado pensar que se consiga también la conversión que se buscaba con la campaña.

Por ejemplo, así nos lo confirma el caso de nuestro cliente el Banc de Sang i Teixits con la campaña #MaratoDonantsCAT, que consiguió 30 millones de impresiones con unos 12.000 *tweets* a través de usuarios muy potentes, como medios de comunicación, ayuntamientos y servicios de emergencias. Efectivamente, se logró alcanzar el número de donaciones de sangre que se necesitaba. No sólo por ser *Trending Topic*, claro, la campaña se trabajó tanto online como offline.

En el caso de una campaña de captación de fondos o socios, como las que plantean a menudo las ONG, de lo que se trata al final no es de considerar un éxito una campaña porque ha sido *Trending Topic* –por mucha visibilidad que eso nos otorgue–, sino que han de ser las conversiones conseguidas. Esas conversiones pueden llegar durante la campaña o durante un periodo posterior lógico. Sólo si te veo, existes. Si te he visto, te recuerdo. Si me impactas, me emocionas, me indignas, me mueves, lo *tuiteo* y, ojalá también, colaboro.

4.8 PAUTAS PARA REDACTAR BUENOS TWEETS

Hemos insistido en la necesidad de cuidar los contenidos, de aportar valor con ellos. Pero condensar buenos mensajes en un formato tan breve no es fácil.

Veamos algunas pautas de redacción de *tweets* que pueden ayudarnos a conseguir mejores resultados:

- Piensa en palabras clave y valora cuáles deberían ser *hashtags*. Se trata nuevamente de pensar en el buscador de Twitter para hacernos visibles ante quién busca temas como los que nosotros dominamos. Si además comprobamos que alguna de estas palabras están siendo usadas como hashtags sería buena idea hacer lo mismo.

- Incluye enlaces a tu web o tu blog o a la fuente que puede ampliar la información a la que te refieres en tu *tweet*. Dar un dato sin dar un *link* es menos efectivo que aportar las dos cosas.

- Cuidado con el equilibrio de azul. Ten en cuenta que usar muchos *hashtags* en un mismo *tweet* hará que en realidad pase desapercibido. Sería el equivalente a escribir un texto entero en negrita o en mayúsculas. Por la ansiedad de destacar todo, conseguimos que nada destaque. Si además de varios *hashtags* añadimos un enlace y un nombre de usuario, tendremos un *tweet* azul casi en su totalidad. Yo le llamo a esto "pitufar los *tweets*". Es mucho mejor un *hashtag*, dos a lo sumo, y siempre y cuando no haya además dos enlaces. Más de tres palabras en azul en un mismo *tweet* te acerca al "pitufamiento".

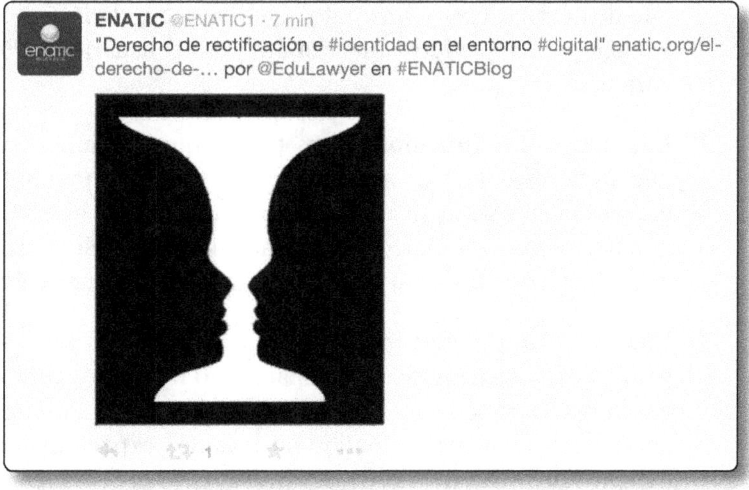

- Acorta los *links* –podrás medir los clics– y sustituye los códigos aleatorios de los *links* acortados por expresiones con más sentido. Una buena herramienta gratuita para acortar enlaces y consumir así menos caracteres de los escasos 140 que componen un *tweet* es Bitly.com. Al acortar una URL, Bitly la sustituye por un código aleatorio, que podrás personalizar un poco si eres un usuario registrado en esta herramienta. Parece que las expresiones legibles reciben más clics que los códigos aleatorios.

- **No agotes los 140 caracteres:** facilitarás que haya más RT de tus *tweets* si dejas un poco de espacio, bien para que quien te quiere *retuitear* pueda añadir su opinión o bien para que quepa tu nombre de usuario en el RT si no lo hace directamente desde Twitter. Lo ideal sería quedarse entre 100 y 120 caracteres.

- **Si haces un RT, aporta valor:** se trata de informar mínimamente de por qué ese *tweet* te parece interesante, si no estás del todo de acuerdo o si te ha parecido llamativo. *Retuitear* aportando tu criterio nos puede decir algo de ti, *retuitear* tal cual nos habla sólo del emisor del *tweet* original.

- **Si descubres un contenido gracias a un tuitero, cítalo.** Lo más común en este caso es o bien hacer un RT o si ese *tweet* nos ha descubierto un artículo interesante pero nosotros preferimos otro texto para el tweet podemos añadir al final "vía @nombredeusuario" para así citarle, que es una forma de agradecimiento y de reconocimiento.

- **Piensa en los tweets como titulares informativos:** los *tweets* que se entienden por sí mismos son más efectivos que aquellos en los que hay que descifrar siglas y *hashtags*. Que la necesidad de acortar el texto no le haga perder sentido y que sea útil para el usuario que te sigue, no sólo para ti.

- **Las preguntas funcionan.** Los tweets que formulan una pregunta a la que sigue el enlace al artículo que responde la pregunta son una muy buena manera de captar tráfico para tu web o tu blog. El riesgo de esta práctica es generar expectativas y no cumplirlas. Si la respuesta es pobre, estás dirigiendo tráfico a tu web para mostrarnos que no es tan interesante.

- **Las listas funcionan:** los mensajes del estilo "10 cosas que debes saber para" o "10 maneras de" funcionan, pero tienes que usar esta técnica con moderación, ya que se ha abusado mucho de ella. Nuevamente, como en el punto anterior, cuidado con levantar expectativas y que esas "10 maneras de" sean muy obvias o repetitivas.

4.9 LA PUBLICIDAD EN TWITTER

La red social del pájaro azul ha iniciado un cambio radical al poner en marcha su programa "Twitter para Empresas" que básicamente consiste en una serie de formatos y campañas publicitarias para que las marcas contacten a los usuarios en esta red social. Puedes ver todos los detalles aquí: https://biz.twitter.com/es/twitter-business.

Lo que a través de estos formatos propone Twitter es similar a lo que hemos visto con Facebook. Si de verdad quieres captar más seguidores, si quieres que tus mensajes en Twitter se vean y lleguen a quienes estén interesados en tus productos o servicios, puedes seguir intentándolo a través de tus *tweets* en tu cuenta, lo que cada vez es más difícil porque cada vez hay más usuarios que compiten contigo con sus mensajes, o puedes pasar por caja y, previo pago, asegurarte de que tu mensaje llega.

Algunos de estos formatos, los llamados **Twitter Cards**, son además muy llamativos. En función de los objetivos que te plantees para tu campaña, estos *tweets* pueden utilizarse para vender productos de un *e-commerce*, para captar datos de usuarios interesados en una promoción, ofrecer descuentos y bonos o reproducir vídeos, todo ello directamente desde un *tweet*.

Tal y como hemos visto también en Facebook, a la hora de programar una campaña de anuncios en Twitter para Empresas lo primero que tenemos que determinar es qué queremos conseguir. Podemos hacer campañas orientadas a diferentes aspectos y el tipo de objetivo que nos planteemos determinará el tipo de Tweet Card a utilizar o el espacio de Twitter donde aparecerá el anuncio:

- Que nuestra cuenta sea más visible para conseguir seguidores. Apareceremos en la caja que sugiere usuarios a los que seguir. Se nos cobrará por cada nuevo seguidor conseguido en un precio variable que dependerá de quién más esté pujando por impactar a usuarios como los que hemos elegido en nuestra segmentación.

- Que nuestra campaña aparezca en la lista de Tendencias, sin necesidad de haber alcanzado ser *Trending Topic*, durante un periodo de 24 horas para conseguir visibilidad o para derivar tráfico a una web o una *landing page*. Además, cuando alguien *clique* en ese *Trending Topic* el primer *tweet* de la lista será siempre el nuestro. Las tarifas varían en función del momento y de la zona geográfica en la que queramos ser tendencia.

- Que un *tweet* concreto o una serie de *tweets* lleguen mucho más allá de nuestros seguidores. Estos tweets promocionados son los que constituyen las Twitter Cards, y tienen usos específicos que varían un poco el diseño de las *cards* en función de lo que queramos conseguir:

- Hacer más visible un *tweet* de texto de 140 caracteres. Útil para incluir algún enlace o *hashtag*.
- Derivar tráfico con una tarjeta resumen. Además del *tweet* de 140 caracteres de texto que incluirá un enlace, la tarjeta muestra un breve resumen del artículo al que estamos enlazando y una imagen de esa URL.
- Podemos usar una tarjeta de imagen si lo que queremos es mostrar una foto tras el *tweet* de 140 caracteres. Existe la misma versión para mostrar un vídeo, un audio o la retransmisión de un evento en directo.
- La Tarjeta de producto está pensada para un *e-commerce*, ya que además del *tweet* muestra una pequeña ficha del producto que incluye texto, imagen y el enlace a la tienda que lo comercializa.
- Captar datos de usuarios a través de un formulario con los datos que Twitter tiene de ese usuario. Es la tarjeta que se usa para obtener *leads*.
- La Tarjeta para Apps sirve para invitar a los usuarios que están consumiendo Twitter en su móvil a que se descarguen nuestra aplicación.
- Y la tarjeta Vine añade al *tweet* un vídeo que tengamos en la red social Vine, que pertenece a Twitter y que como tipo de contenido usa vídeos de seis segundos (la comentaremos en los Consejos de este capítulo)

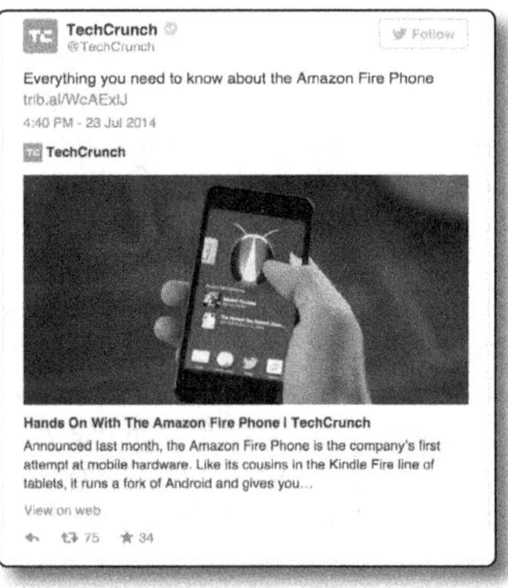

- La tarifa para el uso de las *Cars* o Tarjetas se mide por *engagement*. El anunciante pagará unos céntimos de euro, que dependerán de la puja por la segmentación, cada vez que el usuario interactúe con su card. Y lo que hay que saber en este caso es que TODO cuenta como interacción. Es decir, en una Tarjeta de Producto, por ejemplo, no pagamos cada vez que se efectúa una compra, sino cada vez que alguien haga clic en el enlace que dirige al *e-commerce*, haga un RT, *clique* en la imagen del producto o haga un favorito.

A continuación, podremos definir el tipo de usuarios al que nos gustaría llegar, usando tanto criterios demográficos (edad, sexo, localización geográfica) como con criterios de intereses y también, especialmente interesante, por comportamiento. Así, podemos segmentar nuestra campaña para que aparezca a aquellos usuarios que:

- Hayan usado una palabra concreta en sus tweets recientemente.
- Hayan buscado una palabra concreta en el buscador de Twitter.
- Entre nuestros propios seguidores.
- Aquellos que aún no nos siguen pero son parecidos a quienes sí nos siguen.
- A los usuarios que siguen o que son parecidos a los que siguen a otros usuarios concretos, por ejemplo, un competidor o una revista especializada.
- Usuarios que hayan visitado nuestra web o que tengan una dirección de email concreta. Por ejemplo, podríamos intentar impactar en Twitter a aquellos usuarios que se hayan registrado en Twitter con alguna de las direcciones de email que tenemos en nuestra base de datos de posibles clientes.
- Podemos segmentar también por dispositivo, de manera que nuestra campaña aparezca sólo a quienes están consultando Twitter en el móvil, por ejemplo.
- Dado que el porcentaje de usuarios que usan Twitter mientras ven la televisión no deja de crecer (en Estados Unidos el 77% de los usuarios

de redes sociales usa otra pantalla mientras ve la televisión[6] y en España el 33% de los usuarios de Twitter entra en esta red mientras ve la tele), podemos también segmentar nuestra campaña para que llegue a aquellos que estén utilizando un *hashtag* que tenga que ver con un programa televisivo o que hayan visto en televisión un anuncio nuestro donde les mostramos un *hashtag* que deban utilizar para continuar con la información del anuncio.

El sistema de segmentación de Twitter para Empresas es aún muy joven y seguramente mejorará en los próximos tiempos, deberemos estar atentos a las novedades que se produzcan.

Puedes ver ejemplos de Twitter Cards en https://biz.twitter.com/es/success-stories o saber más detalles en https://blog.twitter.com/es/espanol

4.10 25 CONSEJOS CLAVE EN TWITTER

1. **Un tweet que no aporta valor es una oportunidad perdida.** A no ser que vendas calendarios –en ese caso tienes problemas más graves que resolver–, el típico tweet de "por fin es viernes" o de "ánimo que luce un día precioso" no te servirá de gran cosa en una cuenta profesional. Si además no eres el primero en soltar tamaña ocurrencia ese viernes, te hará parecer simplón y repetitivo. ¿Los tweets de "por fin es viernes" significan que no te gusta tu trabajo y estás deseando que llegue el fin de semana? Qué bonito mensaje para tus clientes, ¿no?

2. Una variante un poco más perversa de estos mensajes es la de los *tweets* con mensajes de "buenos días" citando a una lista de usuarios. Hay grupos de usuarios que son amigos, intercambian frecuentes mensajes o mantienen contacto muy a menudo. Uno de los rituales de estos grupos es ese tipo de saludos vía Twitter. Nada que objetar. Pero en mi opinión, puede generarse una serie de mensajes reiterativos que sólo aportarán una sonrisa y un saludo a los incluidos en el mensaje, pero no aportarán nada a los demás. Recordemos que hay algoritmos como Klout o Kred que pretenden medir la influencia de los usuarios en redes sociales y que uno de los factores clave es evaluar si mantienes conversaciones con otros usuarios influyentes. A ver si los buenos días no son tan inocentes.

---

6 Fuente: "The New Multi Screen World. Google. 2012.

3. Hay quien cree una señal de cortesía seguir a quien te sigue, de la misma manera que hay quien cree que es una descortesía que no te siga alguien a quien sigues. Creo que ambas percepciones restan utilidad a Twitter como herramienta. Una cosa es la información interesante y otra cosa es la gestión del ego.

4. Dar las gracias en público con un tweet por recibir un *follow* es casi un acto exhibicionista. Es como publicar "mirad, me sigue fulanito". Si quien hace esto, lo hace en varios *tweets* seguidos se está poniendo en evidencia. Evita este tipo de cosas.

5. Cuidado con los mensajes de agradecimiento automatizados. Habrás notado que a veces al seguir a un usuario te llega enseguida un DM de ese usuario con un agradecimiento genérico. Es casi tan frío e impersonal como ese mensaje de "su tabaco, gracias" de las máquinas expendedoras. Es mucho mejor enviar un mensaje personal o no enviar ningún que recurrir a este automatismo.

6. Puede parecer naif, pero no lo es. En la red el que más comparte es el que más gana. Acumular conocimientos obtenidos de la red sin dar nunca nada a cambio está muy mal visto desde hace mucho tiempo, pero con las redes sociales aún queda peor. Si tienes una buena idea que aportar, te escuchamos. Pero eso sí, si compartes ideas ajenas, cita a la fuente original de la idea, no quieras atribuirte méritos ajenos, ya que eso podría repercutir en tu reputación online y causar *unfollows*.

7. Han surgido miles de herramientas online vinculadas de una forma u otra a Twitter. De todas ellas, hay un tipo que es prácticamente imprescindible para la buena gestión de cuentas de Twitter para profesionales. Me refiero a herramientas como Hootsuite o Tweetdeck (adquirida por Twitter en 2011). Estas herramientas nos permiten gestionar varias cuentas de Twitter desde un mismo lugar, visualizar varios *timelines* a la vez para cada una de esas cuentas (listas, *hashtags*, búsquedas en Twitter, seguidos, mensajes directos). En las versiones de pago podremos incluso obtener información estadística acerca de nuestras cuentas o compartir la gestión de cuentas con nuestro equipo, para ver quién ha contestado qué tweet o asignar la tarea de contestar cada tweet al miembro del equipo que mejor pueda hacerlo.

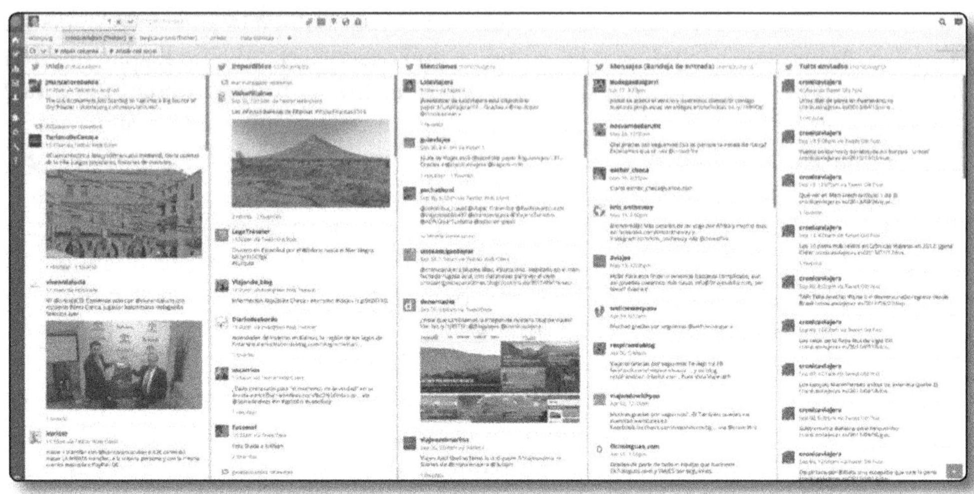

8. Hay quien se empeña en rellenar de *hashtags* en el campo de Biografía. No sólo no sirve para gran cosa sino que ensucia este texto tan importante con elementos que aparecerán en azul. De la misma manera que no deberíamos "pitufar" los *tweets*, no conviene tener la biografía "pitufada".

9. Hemos explicado el uso de las listas y cómo incluir a otros en nuestras listas. Hemos apuntado también que deberíamos seguir a quien nos incluye en listas, pero ¿cómo salimos de listas en las que no queremos estar? Si alguna vez te encuentras en esa situación, has de saber que bloqueando al usuario desapareces de cualquier lista pública en la que te haya incluido.

10. Recuerda que los nombres de las listas públicas son visibles en nuestro perfil. Hacer listas con nombres que sirvan para descalificar no es buena idea, de la misma manera que tener listas con nombres como "clientes", "acreedores" o "ex empleados" no parece muy discreto. Si quieres crear listas de este estilo, que sean listas privadas. Ten en cuenta que en Internet pocas cosas permanecen en privado para siempre.

11. La obsesión por conseguir un *Trending Topic* nos aleja a veces de nuestros verdaderos objetivos de negocio y nos acerca al posibilismo de las redes sociales Ya que esto puede hacerse, quiero hacerlo o conseguirlo, al margen de que me sirva para algo. Es mucho más efectivo plantear una campaña en Twitter con el foco en nuestros objetivos y en el público al que vamos dirigidos, que desviarnos por querer conseguir una medallita en forma de *Trending Topic*.

12. Incluir Twitter en tu estrategia significa un compromiso de respuesta rápida, por lo que hay que tener siempre un ojo puesto en nuestra

cuenta. En cierta manera, Twitter es heredera de los mensajes SMS que enviábamos o es paralela a Whatsapp. En cualquiera de estas tres herramientas, la respuesta a una pregunta o es inmediata o es inútil.

13. El buscador de Twitter es bastante pobre, pero su sistema de búsqueda avanzada ha mejorado bastante, aprovéchala. Si no localizas lo que buscas, prueba con la búsqueda avanzada de herramientas como Topsy.com, que suelen dar muy buenos resultados.
14. Para acortar URL en tus *tweets*, puedes recurrir a la ya citada Bitly.com o bien a herramientas parecidas como ow.ly, que es la que usa por defecto Hootsuite, o tinyurl.com. Hay empresas que han creado su propio acortador de URL a través de las facilidades que para ello aporta Twitter. Puede ser buena idea si planeas *tuitear* muchísimos contenidos de tu web.
15. Parece que la apuesta por los contenidos multimedia que está haciendo Twitter será creciente. De la misma manera que los contenidos visuales dan mejor resultado en Facebook, se apunta una tendencia a que también los tweets con imagen o vídeo funcionan mejor a nivel de interactividad. Así lo hemos podido comprobar en las cuentas que gestionamos.
16. Twitter dispone de una sección de analítica muy útil para ver qué tal resultado estás obteniendo con tus tweets. Vale la pena revisarla a menudo y comprobar a cuántos usuarios estamos llegando y qué tweets están siendo más efectivos. Puedes saber más en el capítulo de Métricas de este libro.

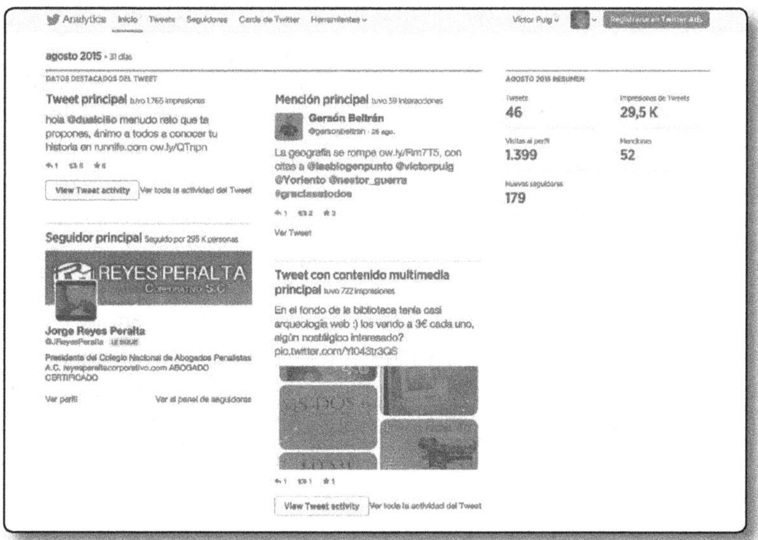

17. Una herramienta que te permitirá tener una orientación sobre a cuánta gente han llegado tus últimos 50 *tweets* es Tweetreach.com. Además, te dirá con qué usuarios estás hablando más o te han dado más alcance los con RT que han hecho de tus *tweets*.

18. Una de las mejores herramientas para obtener estadísticas de tu cuenta y ver detalles muy concretos de quién te sigue o a quien sigues es Socialbro. Básicamente, Socialbro descarga la base de datos que hay sobre tu cuenta en Twitter y te ofrece una interfaz para poder obtener información de esa base de datos. Podrás, por ejemplo, saber cuántos de tus seguidores son inactivos, influyentes o robots. Podrás generar una nube de *tags* con las palabras que más se repiten en la biografía de quienes sigues o quienes te siguen, para así tener un retrato robot de con quién estas relacionado en Twitter.

19. Si tienes curiosidad por saber cuál es el número de *tweets* que ha usado un *hashtag* concreto y cómo ha evolucionado ese número a lo largo del tiempo puedes intentar con webs como Hashtags.org.

20. Periscope es un interesante experimento de Twitter que consiste en la retransmisión en directo de vídeo. Con la aplicación para móviles de Periscope, vinculada a una cuenta de Twitter, el usuario puede retransmitir vídeo en directo a su audiencia. Cuando se inicia la retransmisión, Periscope lanza automáticamente un *tweet* en nuestra cuenta con el enlace al vídeo, que sólo podrán ver aquellos que tengan una cuenta en Periscope. La audiencia no se forma sólo de nuestros seguidores en Twitter sino de cualquiera que nos encuentre en ese momento en Periscope, ya que esta red va avisando de quién está emitiendo. El emisor del vídeo puede elegir si ofrece a la audiencia la oportunidad de hacer comentarios sobre el vídeo, comentarios que aparecen sobreimpresos en las imágenes,

21. Vine es la red de vídeo de Twitter. Consiste básicamente en compartir vídeos muy cortos, de seis segundos como máximo. Si Twitter tiene un límite tan corto para el texto, como no iba a tenerlo para el vídeo. Pese a que hay verdaderos genios de la creatividad en seis segundos, no parece que Vine esté consiguiendo unas cotas de penetración en el mercado demasiado llamativas y, muy probablemente, se verá afectado por la competencia de los vídeos en Instagram.

22. Los *tweets* son efímeros y a no ser que hayamos marcado como Favoritos aquellos *tweets* ajenos que nos llaman la atención en el momento, luego desaparecen en pocos días. Hay aplicaciones efectivas para recopilar todos los *tweets* que se vayan a publicar con un *hashtag* concreto como, por ejemplo, Storify. Si vas a hacer un evento o un debate usando un *hashtag*, Storify almacena todos los *tweets* que usen esa etiqueta ordenados por orden cronológico y te los sirve en un archivo que podrás guardar.

23. De la misma manera que ya estarás viendo en tu *timeline* tweets de usuarios que no sigues –por ejemplo, los anunciantes que pagan por estar frente a usuarios con tu perfil–, es muy posible que en breve este fenómeno crezca. Twitter está avanzando en un sistema de "curación de contenidos" para descubrirnos *tweets* parecidos a los que nos gustan, aunque no sigamos a sus autores. Está por ver en el momento en el que se redactan estas líneas si Twitter acabará aplicando un algoritmo parecido a *Edgerank* de Facebook o si este globo sonda lanzado al mercado quedará sólo en eso, en un globo sonda. Cualquier movimiento en ese sentido por parte de la red social nos ha de llevar a incrementar esfuerzos en hacer los *tweets* con la máxima calidad e interés para los usuarios.

24. Una acción de comunicación interesante en Twitter puede ser realizar una entrevista a un experto u organizar un chat. Técnicamente, esto no es más que una sucesión de *tweets*, pero si los reúnes bajo un mismo *hashtag* puedes facilitar el seguimiento de esa conversación a los interesados. Por ejemplo, puedes anunciar que tal día a tal fecha harás una entrevista vía Twitter a un usuario, obviamente, lo habrás pactado antes con él, y que los interesados podrán seguirla en el *hashtag* que hayas creado. Llegado el momento, emites *tweets* citando al entrevistado y contenido el *hashtag*. Idealmente, el entrevistado debería incluir el hashtag en las respuestas. Luego puedes reunir preguntas y respuestas en Storify y publicar así un post en tu blog.

25. Twitter te ofrece la posibilidad de descargar un archivo con todos tus *tweets*. Encontrarás esta opción en la Configuración de tu cuenta, en el botón "Solicita tu archivo".

5

YOUTUBE

De entre las redes sociales eminentemente dedicadas a la difusión de vídeos, Youtube es la más conocida. Hace un tiempo, en Youtube era más fácil encontrar solo vídeos intrascendentes y divertidos mientras que las empresas preferían recurrir a redes sociales de vídeo con contenidos de mayor calidad como, por ejemplo, Vimeo o Metacafe, siendo esta última orientada a contenidos prácticamente cinematográficos. Hoy, Youtube se ha convertido en la red de vídeo por antonomasia y es posible encontrar en ella cualquier tipo de contenido.

Youtube pertenece a Google desde 2006, detalle que resulta más apabullante si consideramos que la red de vídeo es, al mismo tiempo, el segundo buscador más utilizado, especialmente por jóvenes y adolescentes, que consumen contenido en vídeo cuando otros aún preferimos leer. En mayo de 2015 el 67% de los *millenials* –nacidos entre los 80 y principios del 2000– de Estados Unidos aseguraban poder encontrar en Youtube cualquier cosa que quieran aprender. El poder de Youtube se demuestra también en los datos que nos dan una idea del volumen de contenidos que allí podemos encontrar:

- Acumula el 80% del tráfico de vídeo total en Internet.
- En 2012 cada minuto se subían 100 nuevas horas de vídeo a Youtube. En diciembre de 2014 son 300 horas nuevas subidas por minuto.
- Usan Youtube mil millones de personas (1 de cada 7 habitantes del planeta).

- Cada día se ven en Youtube 4 mil millones de vídeos.
- La mitad del tráfico de Youtube se produce en dispositivos móviles.
- Cada mes se ven en Youtube 6 mil millones de horas de vídeo.
- Si quisieras ver todos los vídeos de Youtube que se suben a Facebook en un minuto, tardarías 323 días.

Puestas así las cosas, hemos de asumir que los consumidores están en Youtube y que prescindir de tener presencia allí es prescindir de ser visto allí donde están los usuarios. Una renuncia que hay que meditar bien antes de decidirse por ella[7].

5.1 REDES SOCIALES MULTIMEDIA Y BUSCADORES

Hay una relación directa entre las redes sociales de contenidos multimedia y los buscadores como Google. Esta relación se basa en el concepto del **Universal Search,** que consiste básicamente en que, dada una búsqueda cualquiera propuesta por el usuario, junto a las páginas web que sean más relevantes para los términos buscados, se incluirán referencias a fotos, vídeos y noticias sobre el tema de la búsqueda. Además, en el encabezado de la página de resultados de búsqueda (ERP o Search Engine Results Page) el usuario puede refinar su búsqueda eligiendo un formato concreto –Buscar sólo por imágenes, Buscar sólo por vídeo y Buscar noticias–. Cabe anotar que el gancho visual de las imágenes y del vídeo se lleva muchos de los clics de las SERP, que si antes se concentraba en los primeros tres resultados de la búsqueda, ahora se extiende a lo largo de la SERP precisamente por la inclusión de esas imágenesNo deja de ser un buen truco de Google para que el usuario vaya más allá de los primeros resultados, lo que pone más en valor la publicidad en los buscadores. Pero no nos desviemos….

7 Fuentes:
http://expandedramblings.com/index.php/youtube-statistics/
https://www.youtube.com/yt/press/statistics.html

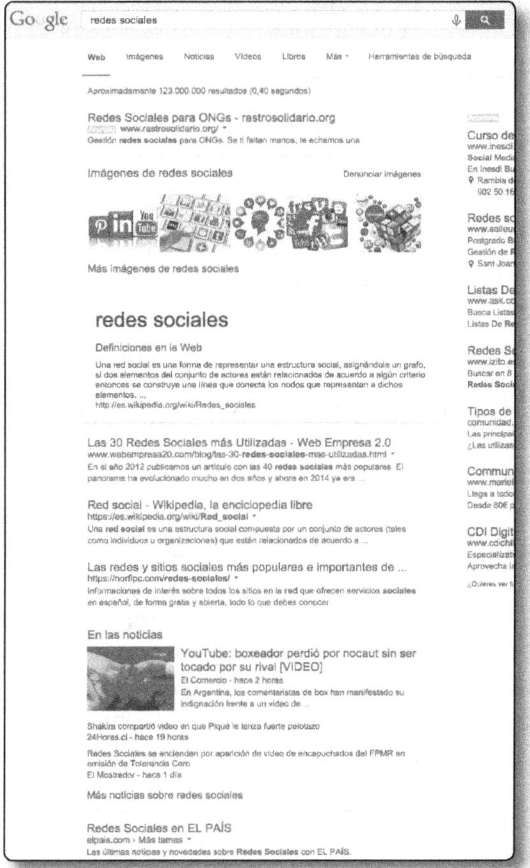

Como consecuencia del *Universal Search*, podría suceder que nuestros esfuerzos por posicionar nuestra página en los buscadores pierdan eficacia si los usuarios que buscan productos como el nuestro *clican* en los vídeos de la SERP. O podríamos trabajar un buen posicionamiento de esos vídeos para aparecer en Google si las páginas de nuestros competidores son mucho mejores en SEO que la nuestra. La situación más dramática sucede cuando, junto a la página web de la empresa, aparece un vídeo de un consumidor descontento que demuestra en imágenes que el producto falla.

Cada vez es más importante para las empresas, que necesitan tener un buen posicionamiento en buscadores, considerar la opción de posicionarse también con vídeos, fotografías y noticias. De manera que disponer de contenidos de vídeo bien posicionados es una estrategia en uso creciente.

Pero si un vídeo no dispone de texto ¿Cómo hace el buscador para relacionar las búsquedas con los vídeos? Pues usando, entre otras cosas, el título, la descripción, y las etiquetas de texto que utilizamos para describir ese vídeo que vamos a subir a Youtube. Un motivo excelente para incluir Youtube en tu estrategia en redes sociales es que te permite añadir *metadatos* a los contenidos en vídeo y así hacerlos visibles ante los buscadores. Por el mismo motivo es interesante recurrir a redes sociales como Flickr o Google+Photos para mantener nuestras fotos en Internet, porque estas redes nos proporcionan campos de texto que llenar con *metadatos*, con palabras clave que definan el contenido gráfico y haga así nuestras imágenes rastreables por parte de los buscadores.

5.2 TÍTULOS, DESCRIPCIONES Y ETIQUETAS

Ya hemos visto la brutal cantidad de contenidos que se suben a Youtube constantemente, ¿Cómo esperas que el tuyo sea visible entre tantas y tantas horas de vídeo? Será prácticamente imposible que tenga visualizaciones si como poco no defines bien los textos que acompañan al vídeo y que pueden hacerlo localizable para los buscadores, básicamente hablamos del título, la descripción del vídeo y las etiquetas o *tags*. Es vital que en los tres campos incluyas diferentes palabras clave que consideres que podrían usarse para localizar un vídeo como el tuyo. Imprescindible que entre estas palabras clave figure el nombre de tu empresa, el producto, el sector, etc. Si tienes dudas acerca de cuáles son las palabras clave que tengan que ver con tu contenido más buscadas, puedes usar la herramienta de Google https://adwords.google.com.pe/KeywordPlanner

- **Título**: ha de ser llamativo –en la medida de lo posible– y descriptivo del contenido del vídeo. Antes de subir ese vídeo a Youtube, el mismo archivo que subas debería tener un nombre que incluya palabras clave.

- **Descripción**: hay quienes sostienen que las descripciones de más de un par de frases no se leen en Youtube. Es muy posible, no vale la pena discutirlo. De la misma manera que no debemos discutir que la descripción es el lugar ideal para usar más palabras clave que definan nuestro contenido.

- **Tags**: es el factor más importante, y aquí has de poder extenderte. A medida que incluyas etiquetas o que escribas el título, Youtube te va a sugerir algunas etiquetas habituales, pero debes intentar usar más. Las etiquetas son la más importante de las herramientas que pueden posicionar tu vídeo en el buscador de Youtube. Es por ello que debes elegirlas con cierta generosidad pero con cabeza. Usar etiquetas que te parezcan populares y que no estén relacionadas con tu vídeo, te penalizará. Si tienes dudas acerca de qué tipo de palabras clave podrías incluir, usar el texto predictivo del buscador de Google: empieza a escribir una de las palabras que describe tu contenido y fíjate en que te sugiere el buscador.

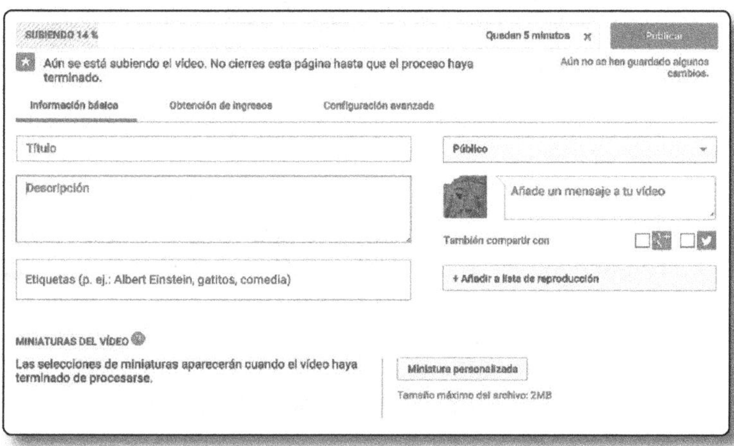

Hay otros factores que puedes cuidar para intentar captar más tráfico para tu vídeo, estos son algunos de los más importantes:

- **Thumbnail o Miniatura**: es la imagen de portada de tu vídeo, aquella imagen fija que muestra Youtube en su resultado de búsqueda o que aparecerá en tu canal invitando a los usuarios a que vean el vídeo. Elegir la miniatura es crítico, es el anzuelo visual que debe atraer la atención del visitante entre otras imágenes de otros vídeos. Piensa en planos cortos –las miniaturas son pequeñas, por definición– y representativos que definan el contenido del vídeo.

- **Inserta tu vídeo en listas de reproducción:** Debes organizar los diferentes vídeos de tu canal de Youtube en listas de reproducción temáticas. Aquellos vídeos que están en listas tienen posibilidades de ser vistos por usuarios que han visto la lista u otros vídeos que la componen. Por supuesto, las palabras que uses para nombrar las listas de reproducción deberían ser palabra clave para ti.

- **Haz que tu vídeo se vea fuera de Youtube**: como veremos en el siguiente apartado de este capítulo, un motivo común para usar Youtube es la enorme facilidad que nos ofrece a la hora de insertar nuestros vídeos en blogs y webs. Dar a conocer tu vídeo en el resto de tu entorno online incrementa sus visualizaciones, lo que a su vez aporta más posibilidades de que el vídeo sea visto en Youtube.

- El éxito de tu vídeo aportará nuevas visualizaciones en el buscador, es un bucle exponencial. A más tráfico generado, más tráfico generarás. Eso se traduce en que si tu vídeo es largo, monótono y aburrido será imposible prácticamente que lo vea nadie. Juega con la duración de los vídeos –más de un minuto y medio es entrar en zona de riesgo– y presta atención a las estadísticas de tu canal de Youtube para averiguar qué vídeos se ven más y qué porcentaje de la duración del vídeo suele verse.

- Si tu apuesta por generar visualizaciones en Youtube es decidida, debes planificar la producción para tener al menos 50 vídeos al año. La continuidad en la aportación de nuevo contenido es importante. Ten en cuenta que los canales con más antigüedad, suscriptores y vídeos vistos lo tienen más fácil para posicionar nuevos vídeos. Crear un canal *ad hoc* para un solo vídeo te puede servir para insertarlo en tu web, pero no lograrás aparecer en el buscador de Youtube.

- Necesitarás, por supuesto, trabajar la creatividad. Ser original, encajar con el público. No sirve con colgar en Youtube contenidos que ya tenías para televisión.

- Si insertas tu vídeo en una página web o un blog has de saber que el texto de ese mismo documento HTML donde esté el vídeo también ayudará en su posicionamiento, seguramente más en el buscador de Google que en el de Youtube. Cuida el texto alrededor del vídeo como cuidarías el texto que rodea a una foto el pie de foto. Si no ves inconveniente, permite que otros inserten tus vídeos en sus webs y blogs. El número de inserciones cuenta para el posicionamiento en buscadores de tu vídeo. Incluso puedes sugerir la inserción de tu vídeo a *blogueros* relevantes siempre y cuando estés seguro de que tu contenido es interesante para ellos. Si tienes dudas acerca de este último punto, consulta el capítulo dedicado a las relaciones con *blogueros*.

- **Incentiva los *likes* o los comentarios:** a la hora de compartir o promocionar tu vídeo en las redes sociales, pide explícitamente *likes* y comentarios. Incentivar la conversación sobre tu vídeo en Youtube no es fácil, pero cuenta en el posicionamiento de tu vídeo en esta plataforma, de la misma manera que también cuenta el número de veces que tu vídeo se haya compartido en redes sociales.

- Puedes recurrir a las anotaciones en tu vídeo. Las anotaciones son textos que puedes elegir mostrar en momentos concretos de tu vídeo, y que aparecen sobreimpresas en la franja inferior de la imagen. Deben ser textos cortos. Puedes usar anotaciones para apoyar lo que estás explicando en el vídeo, usarlas a modo de subtitulado o bien añadir en texto detalles sobre el vídeo que quieras incluir sin interrumpir el sonido. Hay quien usa las anotaciones para recordarte que te suscribas a su canal, animarte a compartir el vídeo o pedir *likes*. Un buen uso de las anotaciones es incluir un *link* de tu vídeo a otro vídeo tuyo sobre el mismo tema. Ten en cuenta que las anotaciones no aparecen en los vídeos vistos en dispositivos móviles.

Figura 5.1. Youtube usa anotaciones para incluir subtítulos en otros idiomas en sus vídeos

- Como en todas las redes sociales, la mejor manera de conseguir **interacción y tráfico** es ser tú quien interactúe con otros. Visita otros canales, deja comentarios en los vídeos afines a tu temática, suscríbete a canales interesantes, reparte *likes* si de verdad te gustan sus contenidos. Invertir tiempo en crear tus relaciones en Youtube te reportará agradables sorpresas en el medio y largo plazo.

- De la misma manera que en algunos blogs tienen escritores invitados, en algunos vídeos puedes incluir colaboraciones de terceros. Seguro que si en tu vídeo uno de tus clientes explica lo que hace, gracias a tu producto o servicio, ese mismo cliente te va a ayudar a difundir el vídeo. Las colaboraciones o entrevistas en vídeo funcionan.

- **Los primeros segundos de tu vídeo son vitales**: no los malgastes en presentarte si no lo vas a hacer en menos de cinco segundos. Empieza directamente por aquello que creas que va a llamar más la atención de quien vea tu vídeo. Ya presentarás luego tu producto como la solución a ese problema inicial. Los usuarios de Youtube tienen poca paciencia.

- La música que utilices en tu vídeo es vital, sobre todo, para aquellos vídeos sin voz o sin locución. En muchas ocasiones, es la música lo que anima a los usuarios a volver a ver un vídeo o a compartirlo. Es la música lo que explica algunos de los éxitos de vídeos que se han convertido en virales, desde el "Amo a Laura" con la genial aportación del músico Guille Milkyway al vídeo más visto de la historia de Youtube, "Gangnam Style" de Psy. Ten sentido común, una música estupenda no va a convertir en viral un vídeo aburridísimo de baja calidad, pero un buen equilibrio entre música e imagen te va a aportar una percepción de calidad más alta y, por ende, más visualizaciones.

Llegados a este punto en el que estamos hablando sobre los factores que pueden ayudarte a que tu vídeo se va más y habiendo nombrado el fenómeno viral del vídeo "Amo a Laura", querría compartir unas reflexiones sobre este fenómeno de la "viralidad" en Youtube:

- Muy pocas veces un vídeo, que se hace para ser viral, logra serlo. Cuando un cliente le pide a una agencia "hazme un viral" le está pidiendo una quimera y cuando un creativo osa decir "vamos a hacer un viral" comete una imprudencia. He llegado a oír recientemente "hagamos un viral como el del niño disfrazado de Darth Wader" (en referencia al anuncio de Volkswagen) para algo que no tenía absolutamente nada que ver. La "viralidad" puede ser consecuencia de un buen trabajo, pero no debería ser un objetivo a alcanzar. Cuando se lanzó "Amo a Laura", yo era el responsable del equipo digital en MTV España, aunque tuve muy poco que ver con el vídeo. El mérito es de la música, de la agencia que lo creó y de quienes aprobaron la campaña y puedo decir con conocimiento de causa que la campaña que había planificado el equipo de marketing quedo engullida, diluida, dilapidada por el "éxito" del vídeo. La idea era fingir que una asociación conservadora proponía una alternativa casposa al desenfreno de MTV. Eso no se captó. El vídeo circulaba por todas partes y muy pocos sabían que MTV estaba detrás –esa es la idea de un *teaser*–, muchos no lo supieron nunca (y esa no era la intención). El resto de la campaña jamás se ejecutó. El vídeo mató a la estrella de la radio –la primera canción que sonó en MTV– y el viral mató a la campaña de marketing. El objetivo, incrementar la audiencia del canal, quedó en poca cosa.

- Es la audiencia quien decidirá qué es viral ,es decir, que es lo que va a compartir, recomendar y promover, qué es de lo que no va a poder evitar hablar con todo el mundo, qué es lo que le va a emocionar hasta el punto de ver el vídeo una y otra vez. El fenómeno de la "viralidad" es espontáneo, imprevisible y a menudo digno de estudio sociológico. Obviamente hay factores que ayudan como un impacto emocional, más la risa que la tristeza. Nos gusta más compartir momentos alegres que dramáticos.

- La "viralidad" es efímera por definición, el impacto se dispara, se esfuma en poco tiempo y luego queda un recuerdo vago. Puede servir para apoyar una campaña –por ejemplo, los vídeos del pato de Mixta– pero no para comunicar un valor de marca.

- La "viralidad" requiere talento, pero un talento diferente al de la creatividad para televisión. Si supiera hacer vídeos virales, no estaría escribiendo este libro, ni tú leyéndolo. ¿Cuántas de las agencias de publicidad que han logrado "viralidad" en un vídeo lo han conseguido dos veces?

- La "viralidad" necesita una masa crítica inicial numerosa –es muy importante que quienes empiecen a mover el vídeo lo hagan a miles de seguidores–, y requiere encajar con un ideario colectivo en el momento justo con el concepto adecuado.

5.3 USOS DE YOUTUBE EN TU ESTRATEGIA EN REDES SOCIALES

Es innegable que el consumo de vídeo en Internet crece sin parar, que el ancho de banda para consumir vídeo online disminuye su coste y que la visualización de vídeos en el móvil es cada vez más popular. Cualquier *smartphone* es capaz de grabar un vídeo y subirlo a Youtube con una calidad muy aceptable en pocos minutos. Y las herramientas de edición de vídeo para móviles son cada vez más completas y más baratas. La suma de todos estos factores permite afirmar que veremos más y más vídeos en Youtube, y que las posibilidades para que plasmes tu proyecto en vídeo seguirán creciendo igualmente. En todo caso, aquí tienes algunos motivos estratégicos para recurrir a Youtube:

- **Posicionamiento en buscadores**: como ya hemos descrito, aparecer en las SERP de Google con vídeos es una buena manera de darnos a conocer. Renunciar a este posicionamiento es cederlo a competidores o detractores. No olvidemos que Youtube es en sí mismo un buscador más.

- **Posicionamiento como expertos**: saber explicar en un vídeo lo que hacemos y por qué lo hacemos de una determinada manera es importante, de la misma manera que funcionan para transmitir esta percepción los vídeos de charlas, mesas redondas, clases o discursos. En este caso, cuidado con la duración de los vídeos, más vale editar en vídeos cortos por conceptos. Los vídeos de Ted.com, por ejemplo, son una fuente de tráfico, visibilidad y reputación para quienes participan en estas charlas. Lo que tú haces cada día quizás te parezca obvio, pero para otros será interesante y novedoso. Los vídeos donde alguien muestra cómo se hace algo funcionan muy bien. Cuéntanos tu historia, la de tu proyecto, déjanos ver las personas que hay detrás, cómo surgió todo, dale voz a tus clientes satisfechos, cuéntanos con un poco de creatividad qué problemas solucionas. En este apartado cabe mencionar también los vídeos de preguntas y respuestas. Dando tu respuesta a preguntas frecuentes sobre tu campo de conocimiento, consigues vídeos interesantes y útiles.

- **Relacionarnos con contenidos ajenos**. las cuentas de los usuarios en Youtube pueden mostrar dos tipos de vídeos: por un lado, los vídeos que nosotros subimos a Youtube, los que se supone que hemos generado o producido y, por otro lado, podemos agrupar en nuestro canal aquellos vídeos ajenos que hayamos marcado como favoritos o hayamos incluido en nuestras listas de reproducción. Una empresa podría mostrar los vídeos que ha creado (anuncios, demostraciones de productos, discursos en eventos, entrevistas) y marcar como favoritos vídeos ajenos relacionados como una entrevista al director general en una televisión pública, el vídeo de un reportaje ajeno sobre las empresas del sector en la que se nos cita o un vídeo de una universidad que cita los principios activos que nuestra empresa utiliza.

- **Insertar vídeos fácilmente en nuestra web o blog**. Youtube ofrece una solución realmente simple para que podamos incluir cualquier vídeo de esta plataforma en una web o un blog. Una ventaja especialmente interesante de usar Youtube como repositorio de vídeos para una empresa es que nos ahorra dos costes que, en función de la cantidad de vídeos o del tráfico que tengamos para ver cada vídeo podrían ser un problema. Nos ahorra el *hosting* ya que usaremos los servidores de Youtube y nos ahorra el ancho de banda. Usar Youtube únicamente para poder insertar nuestro vídeo corporativo en la *home page* de nuestra empresa no es la mejor opción de uso de esta red tan potente, pero es un atajo válido.

- **Integrar el producto o servicio en el contenido**. No se trata de poner anuncios publicitarios, ni de caer en un burdo *product placement*, que además, Youtube prohíbe. Esta estrategia es más interesante y más elaborada, ya que se trata en definitiva de guionizar el contenido en función de cuál sea el producto o servicio que queremos acabar promoviendo al vincularnos a ese territorio concreto. Un ejemplo claro serán los espectaculares vídeos de acción deportiva de las cámaras GoPro o bien los contenidos del mismo estilo que produce la bebida Red Bull. Eso requiere un presupuesto nada despreciable, a no ser que se te ocurra una dinámica en la que sean tus consumidores quienes te acaben proporcionando esos contenidos a partir del uso de tus productos.

- Si tu modelo de negocio se basa en la explotación publicitaria de contenidos (revistas, periódicos, algunos blogs y canales de televisión) puedes recurrir a un acuerdo de *partnership* con Youtube para que esta red comparta contigo los ingresos publicitarios que generan tus vídeos. Este sistema puede ser automático (de la misma manera que puedes agregar un blog a la red de soportes publicitarios de Google Adsense y ganar así un porcentaje de la publicidad que sirvas) pero eso no te reportará grandes ingresos. Los acuerdos de *partnership* interesantes son los que Youtube ofrece a aquellas cuentas que han demostrado una cantidad de visualizaciones realmente importante y, en ese caso, las condiciones económicas escapan del testimonial de Google Adsense para situarse en cifras interesantes, como veremos en el caso de algunos *youtubers*. Puedes saber más sobre este tipo de cuentas en la página para *partners* http://www.google.com/support/youtube/bin/topic.py?topic=16554

- Hay empresas especializadas en la explotación publicitaria de contenidos que pueden ayudarte en esta gestión, son las llamadas **Multi-Channel Network**. –Resumiendo mucho el concepto, podríamos sostener que empresas como Base 79 y Believe Digital se dedican a detectar contenidos interesantes para darles visibilidad y tráfico online, mayormente a través de redes sociales como Youtube, con el objetivo de ayudar a sus productores a ganar visibilidad y dinero.

- Si para tu empresa es crítico el uso de vídeo y quieres asegurarte de que no aparecerá jamás ninguna publicidad ajena sobre o tras tus vídeos, puedes optar por pactar con Youtube un **Canal de Marca**. Este tipo de cuentas permiten un grado de personalización más grande del canal de Youtube. Es el que suelen utilizar empresas con buenos presupuestos para publicidad en vídeo en esta plataforma. Las condiciones nuevamente hay que negociarlas directamente con un contacto comercial de Youtube. Cabe mencionar que los Canales de Marca son los únicos que permiten que la empresa modere los comentarios que los usuarios hagan de sus vídeos, una opción que no es posible en los otros tipos de cuentas.

5.4 YOUTUBE Y LOS INFLUENCERS: LOS YOUTUBERS

Estamos ante la eclosión y desarrollo de un nuevo *star system* donde los nuevos ídolos son personas, a veces personajes, cuyo enorme mérito es acumular decenas de miles de visualizaciones de cualquier vídeo que suben a esta red; son los *youtubers*. Este fenómeno no es nada desdeñable, dado que los *youtubers* más populares consiguen unos jugosos contratos publicitarios con Youtube y captan la atención de algunas marcas, que desean aprovechar en su favor esa popularidad. La influencia de los *youtubers* en las pautas de consumo a través de su prescripción parece lo suficientemente interesante como para que las marcas se acerquen a estos usuarios influyentes.

Algunos de estos *youtubers* graban vídeos de sus horas en los videojuegos, mostrando a otros usuarios como superar los retos a los que se enfrentan. Otros son verdaderos expertos en moda o en tendencia, los hay que ofrecen clases de maquillaje o que comentan libros con mucho criterio. Las editoriales que se dirigen a un público joven tienen en ellos a un gran aliado. También hay quienes sencillamente explican su vida, sus vivencias, su opinión sobre cualquier tema o sus discusiones con otros *youtubers*, apoyados en una idolatría digna de estudio sociológico.

En todo caso, si por algún motivo fuera interesante para tu marca recurrir a la colaboración con estos nuevos ídolos de la atención en Youtube podrás utilizar la metodología descrita en el capítulo dedicado a los *blogueros* en este libro. Los *youtubers* son a la influencia en vídeo lo que los *blogueros* son en la blogosfera. No deben de ser *videobloguers* o directamente "*vloguers*". También puedes recurrir a empresas como http://www.brantube.com/ que se dedican a intermediar entre las empresas que quieren contactar con *youtubers* y estas nuevas estrellas del vídeo, un modelo parecido al que también existe con los *blogueros*.

Si viendo vídeos de los *youtubers* más exhibicionistas te planteas hasta dónde puede degenerar el Homo Sapiens, considera también que el 5% del contenido de Youtube es 100% educativo. Y que hay campañas interesantes que han aprovechado el tirón de los *youtubers* entre el público más joven para transmitir mensajes importantes. Por ejemplo, en este vídeo el *youtuber* Coby Persin demuestra lo fácil que puede ser convencer a una adolescente de tener una cita con un desconocido fingiendo una identidad falsa, en una campaña contra los crímenes sexuales a menores realizada en Estados Unidos. Consiguió más de 25 millones de visualizaciones en los primeros cuatro días: https://www.youtube.com/watch?v=6jMhMVEjEQg

Si vas un poco más allá del fenómeno del *youtuber* famoso por ser gracioso, encontrarás otros *youtubers* que comparten su buen hacer y lo que saben acerca de temas diferentes de la misma manera que si lo hicieran en un blog. Dar con *youtubers* interesantes es como hacer zapping en televisión. De entre tantos canales, florecen contenidos realmente interesantes si te tomas el tiempo de buscarlos.

5.5 OTRAS REDES DE VÍDEO: VIMEO

Puestos a considerar una red social de vídeo alternativa a Youtube, seguramente **Vimeo** es tu mejor opción. Pese a que acumula mucho menos tráfico, la percepción de calidad de los vídeos de Vimeo es más alta, seguramente porque quienes suben vídeos graciosillos prefieren Youtube.

Desde el punto de vista del uso empresarial, la gran ventaja de Vímeo es que basta tener una cuenta Pro para impedir que sobre tu vídeo aparezca publicidad. Esa posibilidad está únicamente al alcance de grandes presupuestos en Youtube, porque deberás solicitar un Brand Channel para impedir la aparición de anuncios ajenos en tu canal. Sin embargo, una cuenta Pro en Vimeo (a agosto de 2015) te costará 159€ al año. Ya de paso, la cuenta Pro te da acceso a estadísticas más completas y te permite comercializar tus vídeos si esa posibilidad te interesa.

Si tu interés en compartir vídeos está más en difundir material de calidad en un entorno que respire esa calidad y no necesitas necesariamente que tus vídeos tengan miles de visualizaciones, seguramente Vimeo es la mejor opción para ti. Los contenidos que subas a esta red también los podrás incrustar en tu web o en tu blog. Si asumes que prefieres menos posibilidades de alcanzar visualizaciones pero quieres asegurarte de que bajo ningún concepto aparecerá nada extraño en tu vídeo (un anuncio, una sugerencia de otro vídeo que ver) es más recomendable usar Vimeo que Youtube. Por ejemplo, un vídeo de producción de bajo coste explicando lo bueno que es tu producto apoyado en la experiencia de los usuarios que hablan de él querrás tenerlo en Youtube. Un vídeo de estudio con una bienvenida del presidente de la compañía explicando la tradición familiar que fundó la empresa muy posiblemente querrás tenerlo en Vimeo.

5.6 20 CONSEJOS CLAVE EN YOUTUBE

1. **Mucho mejor varios vídeos cortos que uno largo**: la duración estimada de los vídeos más vistos en Youtube oscila de los 31 a los 120 segundos. Si tienes algo que explicar y dura más de cinco minutos, es mejor hacer dos vídeos. Puedes usar las anotaciones para incluir un *link* del uso al otro.
2. **Sin metadatos no hay posicionamiento:** es muy importante que el título, descripción y etiquetas de tu vídeo sean coherentes con el contenido y contengan las palabras clave que lo definan.
3. Youtube te da a elegir entre tres fotogramas de tu vídeo para seleccionar tu **Miniatura**, pero también puedes subir una imagen diferente si dispones de una cuenta verificada en Youtube.
4. A la hora de subir vídeos a Youtube debemos tener en cuenta que la plataforma admite un buen número de formatos: Vídeo de Windows Media –.avi– .3GP (teléfonos móviles) .AVI (Windows) .MOV (Mac) .MP4 (Ipod/PSP) .MPEG .FLV (Adobe Flash) .MKV (h.264). La opción recomendada es usar vídeos en MP4 y códec H.264. Intenta conseguir la máxima calidad de imagen y sonido posible.
5. Si en algún momento tienes contenidos de vídeo que de forma imperiosa necesites que se vean mucho en poco tiempo, deberías plantearte invertir en **anuncios en Youtube**. Tienes los detalles en http://www.youtube.com/t/advertising_brand_channels.
6. Recuerda elegir un vídeo destacado para tu canal de Youtube y ponerlo en *autoplay*, es decir, que arranque automáticamente cuando alguien entre en tu canal. Si es un vídeo llamativo, te ayudará a retener la atención de

tu visitante. Es también buena idea mostrar en la *home* de tu canal de Youtube tus listas de reproducción.

7. Los vídeos cuyo título y temática responden a la pregunta "Cómo..." (en inglés *How to...*) suelen funcionar muy bien. Consumieron 100 millones de horas de vídeo sólo en los primeros 4 meses de 2015.
8. Hasta julio de 2015, al crear un canal de Youtube se creaba automáticamente una página en Google+. Si tu canal es anterior a esa fecha y si, para cuando leas esto aún existe Google+, asegúrate de que tu página en esta red es una *Fan Page*, no una página personal.
9. No olvides estar atento a los comentarios de tus vídeos. Pocas veces Youtube va a ser un canal de conversación, pero eso no significa que puedes descuidar lo que se dice de tus vídeos ni que dejes de responder a estos comentarios.
10. Hay productos online sencillos y efectivos para hacer vídeos de calidad con pocos recursos y conocimientos. Por ejemplo, https://animoto.com/ te permite mezclar música, imágenes, gráficos y textos para hacer vídeos con buenos resultados.
11. Ya que mencionamos la música, mucho cuidado con incluir en un vídeo cualquier canción de la que no tengas derechos autor. En caso de dudas, hay directorios de música bajo licencia creative commons como por que listan aquí http://creativecommons.org/legalmusicforvideos o aquí http://creativecommons.org/music-communities. El mismo editor Creator Studio de Youtube te ofrece canciones libres de derechos

12. Si tienes varios vídeos y los quieres subir a la vez a varias plataformas de vídeo (Youtube, Vimeo, Hulu) o a otras redes que soportan el formato vídeo (Facebook, Tumblr, Linkedin) puedes optar por servicios como http://www.oneload.com.

13. Estar atento a la herramienta de estadísticas que te proporciona Youtube es la mejor manera de ver cómo están funcionando tus vídeos y qué tipo de usuarios los están viendo. También vale la pena ver si tu vídeo recibe más visualizaciones de Youtube, de tu web o de inserciones ajenas. Veremos este punto con más detalle en el capítulo dedicado a métricas.

14. Si por cualquier motivo necesitaras descargar un vídeo de Youtube, puedes recurrir a webs como http://dirpy.com o con *plug-ins* en tu navegador. Para Chrome, por ejemplo, funciona estupendamente la extensión Youtube Downloader de http://youtubedownloader.anoniamto.com/. Si en la URL del vídeo que quieres descargar sustituyes www.youtube.com por www.pwnyoutube.com y dejas el resto de la URL como estaba, irás a parar a una web que te permite también descargar ese vídeo.

15. Al hilo del punto anterior, la mejor manera de incluir un vídeo en una presentación Powerpoint y no sufrir durante la charla por si el vídeo no se muestra, es descargar el vídeo e insertarlo en tu presentación desde tu ordenador y no enlazarlo desde Youtube. Deja el vídeo en la misma carpeta en la que tengas la presentación e insértalo como un contenido multimedia.

16. Intenta mantener un estilo común en tus vídeos, que al mismo tiempo sea coherente con tu imagen corporativa. Un vídeo de presentación de empresa o de producto debería ser gráfica y estilísticamente coherente con tu web y con el resto de tus redes sociales.

17. Hay algunos trucos muy útiles a la hora de incrustar vídeos en tu blog o web y que se aplican añadiendo parámetros en la URL del vídeo que vas a insertar. Por ejemplo, para evitar que tras un vídeo insertado en tu blog aparezca otro vídeo de Youtube, al final de la URL que has embebido debes añadir "?rel=0". Por ejemplo, si quiero incluir el vídeo https://www.youtube.com/watch?v=5yqRtC9VA7E en mi blog, lo que haré es usar la URL https://www.youtube.com/watch?v=5yqRtC9VA7E?=rel0. Si lo que quiero es que el vídeo se active tal cual, cuando alguien entre en esa página web donde lo he insertado, añadiré "?autoplay=1". Si quiero esconder la barra de control del vídeo, usaré "?controls=0".

18. Puede pasar que en una página web queramos insertar un vídeo de Youtube, pero que necesitemos **que se inicie en un momento concreto** del vídeo. Por ejemplo, un noticiario nos ha entrevistado y posteriormente ha subido ese programa a Youtube. Nosotros queremos incluir esa entrevista en nuestro blog pero, claro, el noticiario dura 20 minutos y a nosotros nos entrevistan en el minuto 12 con 35 segundos. ¿Cómo podemos insertar el vídeo en nuestro blog de manera que empiece en el minuto 12 con 35 segundos? Pues añadiendo al final de la URL del vídeo la instrucción "&t=12m35s". Usando el ejemplo del punto anterior, la URL https://www.youtube.com/watch?v=5yqRtC9VA7E pasaría a ser https://www.youtube.com/watch?v=5yqRtC9VA7E&t=12m35s

19. Recuerda que puedes añadir *links* a tu vídeo y hacerlo "*clicable*", por ejemplo, usando las anotaciones. Incluye la URL de tu web en la descripción del vídeo o los enlaces a tus redes sociales, pero siempre al final de la descripción, no al principio, para así no desaprovechar el posicionamiento que puede darte una buena descripción.

20. Recuerda añadir una llamada a la acción al final de tus vídeos para que el usuario visite tu web y que te contacte. Una excelente llamada a la acción al final de tu vídeo puede ser pedirle al usuario que se suscriba a tu canal de Youtube. La mejor manera de fidelizar a la audiencia en esta red es que se suscriban a tu canal, así que pídelo. Si tu vídeo está destinado a un objetivo concreto (por ejemplo, que el usuario visite tu web) puedes añadir una anotación para pedirle que se suscriba durante unos segundos en el último minuto de tu vídeo y usar una llamada a la acción final para que vaya a tu web.

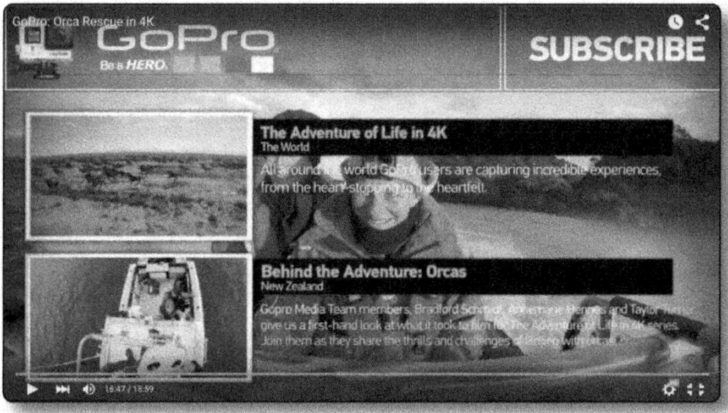

Figura 5.2. GoPro usa el final de sus vídeos para incluir enlaces a su canal de Youtube, a la suscripción a su canal y a otros vídeos)

Figura 5.3. El ya mencionado youtuber Coby Persin usa esta sencilla nota para crear un botón de suscripción al final de sus vídeos"

6

LINKEDIN

Linkedin es una red social profesional puramente enfocada a nuestra actividad laboral, donde el uso prioritario es hacer contactos entre profesionales, entre personas. Si bien es verdad que las empresas disponen de páginas en Linkedin –las describiremos enseguida– y si también es cierto que en nuestros perfiles en Linkedin hay hueco para mostrar algunos de los aspectos de nuestra persona que no son estrictamente profesionales –lo comentaremos–, en Linkedin no cabe la distinción entre uso personal y corporativo o entre un uso personal y otro profesional. Esta red está orientada al uso de perfiles personales (no de empresas) con fines profesionales.

Linkedin es especialmente importante en periodos de crisis como el que nos rodea. Las empresas de selección de personal tienen en cuenta los perfiles en redes sociales de los candidatos a la hora de valorarlos, sobre todo, para contrastar si son quienes dicen ser. Casi un 70% de las empresas encuestadas en Estados Unidos han aceptado o denegado un candidato en función de lo que han visto sobre él en las redes sociales. El porcentaje en España es un poco más bajo, los últimos datos de 2014 apuntan a un 40%, pero con una tendencia claramente ascendente.

6.1 LA RED PROFESIONAL POR EXCELENCIA

Los perfiles en Linkedin son básicamente los currículums de los usuarios. Tras una breve descripción inicial que ha de intentar destacar los intereses y principales aspiraciones del usuario, el perfil se completa básicamente con la trayectoria académica y profesional. Linkedin nació para aquellos que quieren encontrar trabajo, mejorar el que ahora tienen o trazar contactos que puedan serles útiles en su desempeño laboral. Se trata aquí de conseguir esa visibilidad profesional, de mantener una cierta actividad que haga que nuestro nombre, ligado a nuestra profesión, aparezca en las mentes de nuestros contactos como la opción referente a la hora de contratarnos, sea como empleados, contratando nuestros servicios o los que ofrecemos desde nuestra empresa.

Para conseguirlo, las herramientas básicas que tenemos que manejar en Linkedin son nuestro propio perfil, nuestra habilidad a la hora de hacer contactos en esta red, nuestra aportación de contenido y nuestra participación en los grupos de debate. Veremos todos estos puntos en este capítulo.

6.2 CÓMO TENER UN PERFIL PERFECTO EN LINKEDIN

Lógicamente, es imposible ser contactado o contactar sin una presencia en estos entornos. Figurar en Linkedin es mostrarse disponible, ya que tras la exposición de nuestro perfil, lo que querremos es hacer contactos. Dado que Linkedin es una herramienta de visibilidad profesional, interesa que nuestro perfil sea lo más amplio posible, no sólo con nuestra trayectoria personal y profesional, sino también incorporando los perfiles de otras redes y aportando detalles de qué hemos hecho en cada uno de nuestros empleos.

Estos son los elementos que conforman un perfil en Linkedin:

- **Foto**: Importantísimo factor, la foto define en muchos casos si quien localice nuestro perfil en esta red querrá contactarnos o no, es así de sencillo. Imprescindible escoger una foto actualizada, que refleje nuestro aspecto actual en un primer plano de la cara y con actitud sonriente y formal. Un paseo por Linkedin te mostrará verdades desastres en las fotos, desde quienes aprovechan la de la última boda a la que fueron –cuidado con esa mesa llena de copas en el fondo de la foto– y hay también quienes posan como para un pasaporte. No suelen funcionar bien las fotos tomadas desde el ordenador de sobremesa si en el fondo de la fotografía parecen muebles o el sofá. Nada de gafas de sol, sombreros o tocados. ¿Te parece que exagero? Busca un nombre común al azar en Linkedin y verás estos casos y algunos peores.

  Seamos naturales y reflejemos cómo solemos estar en nuestro trabajo. Mejor las fotos con fondos neutros y claros, que no distraigan la atención de quien debería centrarse en nuestra expresión facial. Para nota, si de fondo se adivina el logo de nuestra empresa. Hay que renovar la foto de vez en cuando, en especial si cambiamos de peinado, de gafas, si nos dejamos barba o si de la última foto ya han pasado unos años. Si usamos otras redes sociales con nuestro nombre propio como nombre de usuario y con una intención profesional (Twitter o Slideshare son dos ejemplos frecuentes) sería ideal que usemos la misma foto en todos esos perfiles y en Linkedin. Por supuesto, es totalmente desaconsejable usar el logotipo de la empresa como foto de perfil en Linkedin. Es un error más común de lo que parece. Linkedin es una red de personas y para las personas son sus perfiles.

- **Nombre**: Fácil, usemos nuestro nombre de pila y el primer apellido. Nuevamente, se equivoca quien aquí añade el nombre de la empresa o su cargo, a veces movidos por timidez.

- **Cargo**: bajo nuestro nombre aparece nuestro cargo en la empresa en la que estemos trabajando ahora. Asegurémonos de que aparece junto a la foto y bajo el nombre el cargo que nos interesa. A veces, en profesionales que tienen actividades complementarias –por ejemplo, son también profesores en escuelas de negocio–, podría aparecer su cargo como profesor y no su cargo laboral.

- **Dirección URL de nuestro perfil en Linkedin**: bajo nuestra fotografía aparecerá una URL del estilo es.linkedin.com/in/tunombre. Si tras tu nombre aparece una serie de caracteres sin sentido, deberías editar esa URL desde la edición de tu perfil para quitarlos, te llevará unos segundos apenas.

- **Información de contacto**: es interesante que completes con detalle este apartado. Como mínimo, debería figurar tu correo electrónico. Si realmente quieres facilitar ser contactado, añade tu teléfono móvil, imprescindible si tu intención es encontrar empleo. Puedes añadir otros detalles como, por ejemplo, tu nombre de usuario en Twitter –es recomendable siempre y cuando tu uso de Twitter sea más profesional que personal– y las direcciones web de tu empresa o de tu blog.

- **Extracto**: este es uno de los espacios más útiles de nuestro perfil y, al mismo tiempo, uno de los más infravalorados. El extracto es un texto que encabeza nuestra trayectoria profesional, es una de las partes más visibles de nuestro perfil y deberíamos aprovecharlo bien para explicar qué hacemos y/o qué queremos hacer. El extracto es lo que nos permitirá poner en contexto nuestra trayectoria profesional, especialmente si aspiramos a cambiarla o si nuestro perfil es muy ecléctico en cuanto a la formación o la trayectoria profesional. Puede ser que haya estudiado derecho y tenga además dos masters relacionados con la misma carrera, pero que mi último empleo haya sido como consultor y que ahora esté creando mi propia empresa sobre un proyecto radicalmente distinto centrado en la venta de artesanía ecológica. El extracto me da la oportunidad de poner mi carrera anterior perspectiva y de explicar qué estoy haciendo ahora y, sobre todo, por qué estoy en Linkedin. Otro buen motivo para tomarse la molestia de redactar bien el extracto es que estas palabras que voy a usar son rastreables en el buscador de Linkedin. Sin extracto, en el ejemplo anterior sólo seré rastreable por términos relacionados con el derecho, pero no con lo que estoy haciendo ahora.

Si mi carrera es del todo coherente y no necesito explicar este tipo de evoluciones, puedo usar el extracto para explicar cuál es mi especialidad, para detallar qué es lo que hago mejor o incluso para declarar qué tipo de contactos me apetecen más en Linkedin. El extracto viene a ser la carta de presentación que adjuntarías a tu currículum si tuvieras que remitirlo a alguna oferta laboral. No es imprescindible, pero marca la diferencia entre perfiles similares de candidatos distintos.

- **Experiencia:** aquí deberíamos detallar nuestros últimos empleos, en orden cronológico inverso. Los más recientes aparecerán antes, por eso es buena idea ser meticuloso en las fechas. De cada uno de nuestros empleos necesitaremos el nombre de la empresa, nuestro título o cargo allí, la ubicación geográfica, el periodo marcado por la fecha de inicio y final de nuestro empleo –si aún estamos en activo podemos indicarlo– y una descripción.

  Dos detalles en este apartado. Si el nombre de la empresa coincide con el que la empresa tenga en su página en Linkedin –recuerda que en Linkedin los usuarios tienen perfiles y las empresas tienen páginas como veremos luego–, conseguirás que de forma automática aparezca el logo de la empresa al lado del empleo que desempeñaste allí. Interesante si quieres hacer notar estos logos y así dar una imagen más ordenada a tu perfil. Como segundo detalle, es interesante que utilices la descripción de cada cargo para explicar brevemente qué hacías allí, sobre todo, si el nombre que tenga tu cargo no deja entrever con claridad cuáles eran tus funciones. Puedes destacar también algún proyecto especialmente interesante en el que tomaras parte en estos empleos.

  Verás que una vez completado tu perfil, puedes editar cada uno de los empleos que has tenido para añadir documentos, fotos, enlaces, vídeos o presentaciones. Puede ser buena idea completar tu trayectoria con estos detalles pero céntrate, sobre todo, en aquello que sea más representativo. Un abuso de documentación entorpecerá la lectura de tu perfil.

  Linkedin adquirió Slideshare, así que si tienes un perfil en esta red social de presentaciones, puedes vincular los archivos más interesantes que tengas en Slideshare con tu perfil en Linkedin, para que sean visibles aquí. En el apartado sobre Slideshare de este libro se detalla cómo hacerlo.

- **Voluntariado:** tras definir tu trayectoria profesional, tienes ahora la opción de detallar si has hecho alguna labor de voluntariado con alguna institución concreta. Tenga o no relación con tu interés profesional, si has sido voluntario en alguna causa es buena idea reflejarlo aquí, dará pistas de cómo eres personalmente. Si no es el caso, puedes reflejar en este apartado aquellas causas con las que colaboras aunque no seas voluntario o las que te inquietan más.

- **Idiomas:** deja saber a los visitantes de tu perfil qué lenguas dominas. Aquí no es aconsejable citar idiomas que no domines bien.

- **Aptitudes y validaciones:** este es un aspecto muy interesante de tu perfil, ya que por un lado te permite detallar áreas de conocimiento concreto en los que te sientes especialmente fuerte y, al mismo tiempo, permite que quienes te conocen puedan validar si realmente eso es cierto. Verás que junto a cada aptitud aparece un número, corresponde al número de personas que han validado que realmente cuentas con esa habilidad. Al lado, figuran los perfiles de los últimos 12 usuarios que hayan validado esa aptitud. Es interesante que añadas un mínimo de 10 aptitudes.

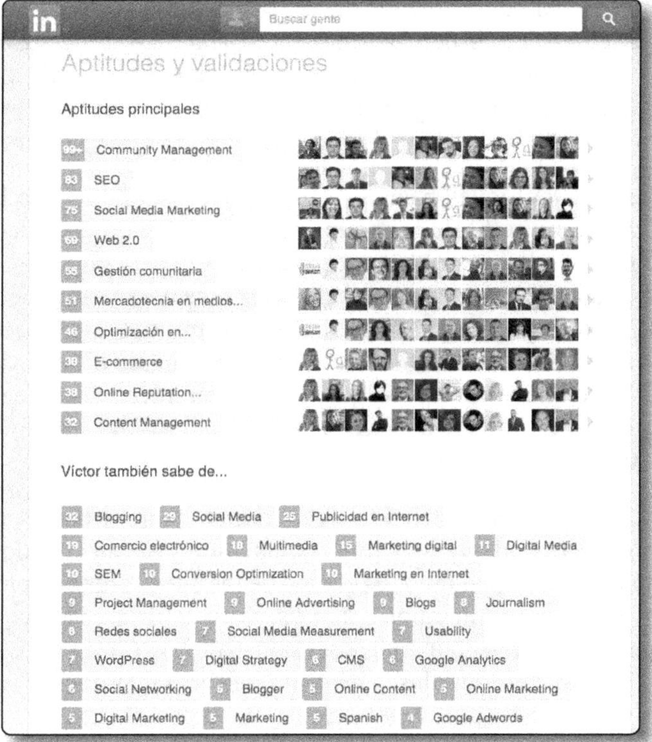

- **Educación**: este apartado funciona exactamente igual que el de Experiencia, pero centrándonos aquí en los cursos y estudios que puedas acreditar. Si te apetece, puedes añadir la nota conseguida, detallar actividades o describir el curso.

- **Información adicional**: puedes detallar aquí temas que te resultan interesantes, tu fecha de nacimiento, si te parece oportuno, y una breve descripción acerca de qué tipo de contactos preferirías recibir.

- **Recomendaciones**: aparecen aquí aquellas declaraciones que tus contactos hayan hecho en tu perfil valorando tu trabajo. Hablaremos de ellas un poco más adelante.

- **Grupos**: se listan los grupos de debate de los que formas parte.

- **Siguiendo**: aquí aparecen aquellas páginas de empresas o instituciones académicas en Linkedin a las que te has suscrito.

Puedes alterar el orden de estos bloques: si entras en la edición de tu perfil, verás que puedes ubicarlos de forma distinta a cómo aparecen por defecto, que es la que tienes en la descripción anterior. Por ejemplo, podrías querer ubicar tus Aptitudes por encima de tu Educación, o viceversa. Intenta ordenar estos bloques en el orden en el que te parezca más interesante para que sean vistos por quienes pudieran contactarte. Y un último detalle, Linkedin te permite utilizar una imagen de fondo para la cabecera de tu perfil. La recomendación es utilizar un JPEG de menos de 4 MB y un tamaño de 1400x425 píxeles, ya ves que el formato es muy alargado.

Hay dos enfoques básicos a la hora de decidir cuánta información quieres proporcionar en tu perfil de Linkedin: el enfoque de quien quiere hacer contactos y el del que no necesita ser contactado. Si quieres hacer contactos, que es por lo que se supone que estarás en Linkedin, un perfil lo más completo y detallado posible te va a ayudar. No sólo genera una mejor imagen, sino que incrementa las posibilidades que tú y la persona a la que vas a contactar tengáis alguna conexión en común. Este es el caso mayoritario, de quien busca empleo, de quien quiere ofrecer sus servicios, de quienes querrán usar Linkedin como una herramienta de venta o de quienes emprenden un proyecto.

El enfoque más restrictivo y seguramente minoritario será el de quien quiere usar Linkedin para indagar con quién contactar de vez en cuando, pero que no quiere necesariamente ser contactado. Es el caso de los altos cargos de empresas importantes, directores de recursos humanos o *headhunters*. Podríamos decir que en estos casos, pueden permitirse perfectamente tener un perfil poco completo, porque no necesitan para nada aportar más detalles. Tienes un perfecto ejemplo de un perfil de Linkedin completo y bien trabajado en el caso de la especialista en talento Arancha Ruiz: http://es.linkedin.com/in/arancharuiz/es.

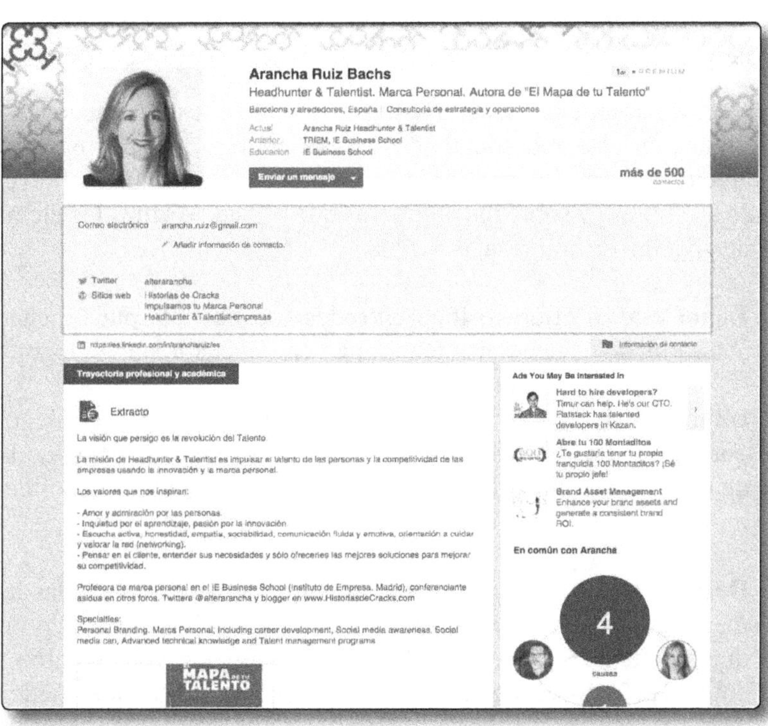
Arancha Ruiz Bachs
Headhunter & Talentist. Marca Personal. Autora de "El Mapa de tu Talento"
Enviar un mensaje
más de 500
Trayectoria profesional y académica
Extracto
La visión que persigo es la revolución del Talento
Ads You May Be Interested In
Hard to hire developers?
Abre tu 100 Montaditos
Brand Asset Management
En común con Arancha
4
MAPA TALENTO

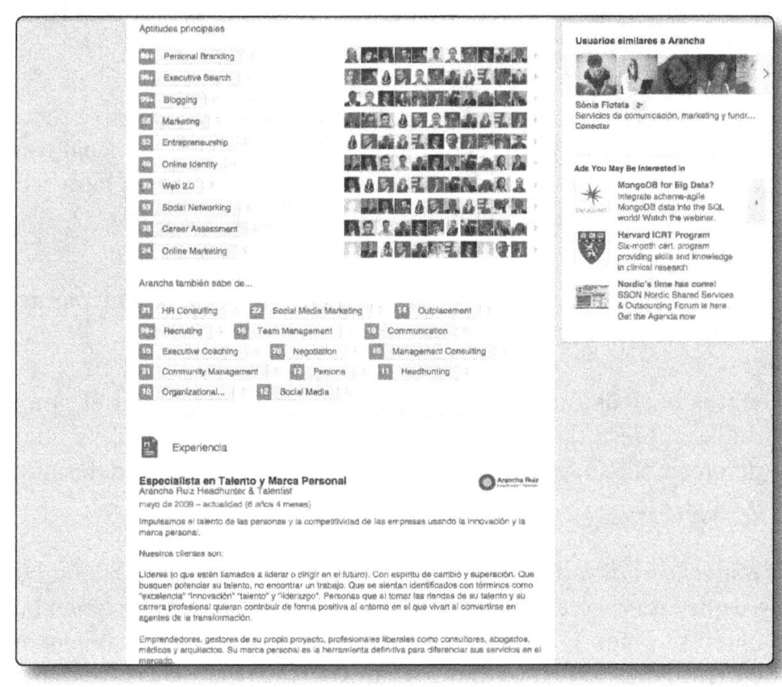
Aptitudes principales
Personal Branding
Executive Search
Blogging
Marketing
Entrepreneurship
Online Identity
Web 2.0
Social Networking
Career Assessment
Online Marketing
Arancha también sabe de...
HR Consulting
Social Media Marketing
Outplacement
Recruiting
Team Management
Communication
Executive Coaching
Negotiation
Management Consulting
Community Management
Persons
Headhunting
Organizational...
Social Media
Usuarios similares a Arancha
Sònia Flotats
Ads You May Be Interested In
MongoDB for Big Data?
Harvard ICRT Program
Nordic's time has come!
Experiencia
Especialista en Talento y Marca Personal
Arancha Ruiz Headhunter & Talentist

6.3 LA PÁGINA DE EMPRESA EN LINKEDIN

Las empresas pueden tener páginas en Linkedin si al menos uno de sus empleados figura en esta red social y crea esa página. Las páginas de empresa son muy parecidas entre sí y contienen información descriptiva y breve sobre la naturaleza de la empresa y sobre los productos que ofrece. Veamos los elementos que componen una página de empresa:

- **Logo:** este es el único logo en redes sociales que puede tener formato apaisado, no es necesario tener una versión cuadrada del logo.
- **Imagen de cabecera:** intenta utilizar una imagen que sea alegórica de lo que haces. Puede funcionar una foto de tus instalaciones, de la fachada de la sede si es un edificio representativo, del equipo o, sencillamente, un montaje con el *claim* o la propuesta de valor que te representa.
- **Descripción:** se trata de un texto breve que debería describir las actividades más importantes de la empresa o su visión sobre el modelo de negocio que mantiene. Si va a utilizar Linkedin para la internacionalización de tu empresa o para vender en otros mercados, recuerda que puedes redactar esta descripción en varios idiomas. Elige uno como predeterminado y el resto aparecerá en función del idioma en el que tu visitante tenga configurado como idioma de preferencia.
- **Actualizaciones recientes:** estas páginas pueden irse actualizando con contenidos periódicos formando un *timeline*. Los usuarios de Linkedin pueden "seguir" a la página de una empresa para recibir estas actualizaciones en sus muros de novedades.

A la hora de crear tu página de empresa en Linkedin, hay un par de aspectos más que debes considerar.

- **Datos básicos:** un breve formulario te permite detallar el tipo y tamaño de la empresa, la URL de su web, el sector en el que se ubica, el año de creación, su localización geográfica, el idioma predeterminado de la página, etc.
- **Especialidades de la empresa:** este otro formulario resulta interesante, ya que las especialidades que aquí figuren ayudan a que quien busque una empresa como la tuya en el buscador de Linkedin acabe encontrándote entre quienes ofrecen estos servicios.

- **Grupos:** si tu empresa ha creado un grupo de debate, puedes añadirlo aquí.

Si eres el administrador de una página de empresa en Linkedin, tendrás acceso a dos apartados interesantes:

- **Análisis**: te permite consultar información acerca del tráfico que está recibiendo tu página. Verás, por ejemplo, cuántas veces se han visto los contenidos que hayas sumado en el apartado de Actualizaciones y cuántas interacciones ha generado cada uno, verás cómo evoluciona el número de seguidores y visitantes que tenga tu página y algunos datos demográficos sobre sus perfiles profesionales. Incluso podrás ver una breve comparativa de qué resultados están obteniendo otras empresas similares a la tuya, una hábil argucia para empujarte a usar los formatos publicitarios que te ofrece Linkedin para incrementar la visibilidad de tu página de empresa.

- **Notificaciones**: una vista rápida a cuantas recomendaciones, comentarios, artículos compartidos y menciones ha tenido tu página en el día en curso, en la semana en curso o en el mes actual.

Las páginas de empresa en Linkedin son una buena manera de agregar los diferentes perfiles profesionales de las personas que ocupan cargos en la organización en un mismo lugar, ya que a ojos del visitante, la página nos muestra también qué personas trabajan allí y qué grado de relación tiene el visitante con cada uno de ellas.

Los grados de relación nos muestran si tenemos algún contacto nuestro en esa empresa (aparecerá un 1 bajo la foto de esta persona) o si uno de nuestros contactos tiene un contacto allí (aparecerá un 2 en ese caso).

6.4 PAUTAS DE CONTACTO

Hay varias maneras de contactar con otros usuarios en esta red. Y algunas son más eficientes que otras. En primer lugar, localizaremos a la persona a la que queremos contactar. Puede ser que sepamos su nombre y que aparezca en el buscador o puede ser que queramos saber quién ocupa un cargo determinado en una empresa concreta y usemos el buscador de Linkedin para localizar la empresa y ver en la página de empresa qué cargos están en Linkedin con un perfil personal.

Si localizamos su perfil, debemos decidir si lo queremos incorporar a nuestros contactos o si sencillamente necesitamos enviarle un mail o llamarle. En el segundo caso, podemos comprobar si esta persona ha hecho pública su información de contacto en su perfil y utilizarla. En el caso de que queramos incorporar a esa persona a nuestros contactos en Linkedin tenemos varias maneras de hacerlo.

- **Usando el botón de "Conectar" que figura junto a la foto de esa persona**. El receptor de nuestra petición recibirá un mensaje en Linkedin (y por email), que deberíamos intentar personalizar para demostrar que realmente tenemos un interés en su atención. Personalizar este mensaje es muy importante. El mensaje que escribe por defecto Linkedin ("Me gustaría añadirte a mi red profesional en Linkedin") no significará gran cosa para la persona que reciba el mensaje. Es más, muy posiblemente habrá recibido muchos mensajes así de huecos. Que acepte nuestro contacto o no dependen en parte de lo que escribamos aquí. Es un error muy común no tomarse la molestia de redactar unas líneas.

Una precaución importante, esta opción de personalizar el mensaje no aparece en las aplicaciones para móviles de Linkedin. Los contactos realmente importantes que requieran esa personalización sería aconsejable hacerlos pues a través de la web de Linkedin, no desde las apps móviles.

Linkedin intenta evitar que la red se convierta en una petición constante de contactos masivos que acaben siendo un engorro para las personas que reciban esos contactos, por eso recomienda que se contacte a personas que se conoce por otros medios, de ahí el formulario que solicita qué tipo de relación anterior se ha tenido con ese otro profesional.

- **Pidiendo a un contacto común que nos conecte**. A medida que vamos haciendo contactos, Linkedin nos puede mostrar cuántos grados de separación nos unen a otro usuario. Podría pasar que el sujeto A esté interesado en contactar al sujeto C. Al entrar en el perfil público de C, la herramienta nos dirá si tenemos algún contacto en común. Digamos que, en este ejemplo, aparece un contacto B común a ambos. La mejor manera de contactar a C será pedirle a B que nos presente en Linkedin. De esta forma, y siempre que B acceda, C recibirá un mensaje de B donde nos presenta y le explica por qué queremos contactarle.

  Si bien un contacto directo o un contacto recomendado acaban siendo contactos igual de válidos, un contacto recomendado será más creíble y, normalmente, recibido con mayor interés. Como en la vida misma. No es lo mismo que se nos presente un desconocido a que nos presente un amigo común. No debemos pues tener reparos en pedirle a nuestros contactos de confianza que nos presenten a sus contactos. Este juego forma la parte más interesante de la red social.

  Para hacer contactos con esta vía, necesitamos localizar el perfil de la persona a la que queremos contactar y fijarnos en el apartado "Cómo estás conectado" que figura en la columna derecha de Linkedin. Allí podremos comprobar qué contactos tenemos en común. El enlace "Obtener una presentación" nos permitirá elegir a cuál de esos contactos en común querríamos pedirle esa presentación y redactar un breve texto explicando la intención de nuestro contacto. Ten presente que muy posiblemente la persona a la que quieres contactar verá también el mensaje que escribas a la persona la que pides que os presente.

  Esta es una de las mejores maneras de contactar a perfiles que intuyamos que reciben muchas peticiones de contacto. Pero caben un par de precauciones. La primera es elegir bien a la persona a la que pedimos la presentación. Si no estamos convencidos de que nos conoce bien, la pondremos en el compromiso de tener que decirnos que no o bien de que la presentación que nos haga no sea demasiado eficiente. La segunda, es tener un motivo claro para pedir ese contacto. Realizar esta petición a un tercero sencillamente por coleccionar un contacto más no es una buena opción.

El criterio para hacer un contacto debería ser claro en todos los casos. Pedir a alguien que forma parte de nuestros contactos sólo por si acaso no parece motivo suficiente y, en cierto modo, desvirtúa la utilidad más importante de esta red que es tener el contacto a mano de quien en un momento dado puede ser cliente, proveedor, colaborador o quizás futuro empleado.

Pero de la misma manera que para hacer un contacto deberíamos tener un motivo, ¿cuál es la política a seguir para aceptar un contacto o no? Hay varias maneras de hacer, todas igual de válidas, elige la tuya:

- **Política abierta**: todos bienvenidos. Muy común entre quienes aspiran más a vender que a comprar, al recibir un contacto genérico, de los que no especifican el motivo del contacto, quien recibe la petición podría ver en quien quiere incorporarle a su red a un potencial cliente. Por lo tanto, cualquier contacto es bienvenido y no molesta. Esta política tiene la ventaja de engrosar rápidamente nuestro número de contactos en Linkedin y también con ello la posibilidad de poder establecer contactos con más gente, dado que incrementamos las posibilidades de tener un contacto de segundo grado con más gente, lo que facilita que les podamos contactar directamente o a través de una petición a un contacto común.

- **Política selectiva**: casi todos bienvenidos. Es seguramente la manera de actuar más guiada por el sentido común. Asumimos que estamos en una red para hacer contactos y solemos aceptar a casi todos, pero hay algunos perfiles que quizás no nos convenzan. Por ejemplo, por un criterio geográfico –¿de verdad quiero contactos de continentes en los que no tengo ningún interés profesional?– o un criterio cualitativo –no aceptar contactos de perfiles sin foto o sin detalles–. Por eso es tan importante tener nuestro propio perfil lo más pulido posible. Suelen rechazarse también en esta política aquellos contactos que, a priori, no parecen tener nada que ver con nuestra actividad profesional.

- **Política restrictiva**: si no te conozco, no te acepto. Seguramente nuestro interés en Linkedin no es tanto contactar o ser contactados como conocer qué se cuece en nuestro sector e indagar acerca de quién en quién. Es posible que usemos Linkedin para abrir una vía más de contacto con nuestros clientes, pero no para conseguir nuevas ventas, por lo que somos muy restrictivos. No nos apetece en absoluto figurar entre los contactos que tengan personas que apenas conocemos o con las que no hemos tenido una relación de confianza. Quizás por nuestra posición o cargo recibimos muchísimos contactos y nos cuesta un tiempo decidir a quién aceptamos, así que no solemos hacerlo fácilmente.

¿Puede eliminarse un contacto una vez hecho? Claro que sí. Una de las causas más comunes para que alguien decida eliminar un contacto es el abuso de los mensajes privados. Aceptamos un contacto que a primera vista parece interesante y nos sorprende con mensajes que no nos interesan, la mayoría de ellos seguramente para promocionar servicios o eventos y en absoluto personalizados. Podemos ignorar el mensaje, claro, y podemos eliminar el contacto. Para hacerlo, entremos en la sección "Red" de Linkedin, donde figura el enlace "Borrar contactos" y un menú por orden alfabético. Basta con seleccionar aquellos nombres que ya no queremos que figuren en nuestra red para eliminarlos. Los borrados no reciben ninguna notificación de nuestra decisión.

Si bien los contenidos que compartimos en Linkedin no tienen la visibilidad de los que compartimos en Twitter o en Facebook, por ejemplo, ser exageradamente prolífico con la emisión de contenidos también podría causar que alguien decida eliminarnos de sus contactos.

6.5 USO DE CONTENIDOS EN LINKEDIN

Linkedin está haciendo esfuerzos por convertirse en un espacio de conversación, y no solo de contactos profesionales. Muy posiblemente, su estrategia de crecimiento pasa por que los usuarios permanezcan más tiempo en la red y entren más a menudo. Favorecer la conversación es una buena manera de conseguir ambas cosas. Una mayor permanencia en la red y un mayor *ratio* de conversación incrementa las posibilidades publicitarias de Linkedin y, por lo tanto, una de sus vías de ingresos. Eso explica, por ejemplo, que hace ya un tiempo Linkedin eliminara la posibilidad de que nuestros *tweets* se mostraran directamente como aportaciones en Linkedin. Sin embargo, si puedes compartir en Twitter las actualizaciones que hagas en Linkedin si en tu perfil has indicado cuál es tu usuario. Para hacerlo, despliega el menú que aparece junto al botón "Compartir".

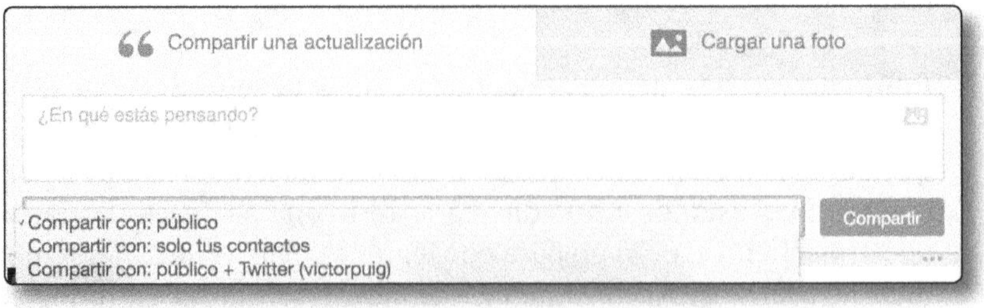

Como hemos visto en redes sociales como Twitter, los usuarios de Linkedin disponen igualmente de un muro de novedades, donde aparecerán aquellas aportaciones que hagan los usuarios con los que están en contacto. En el mismo muro, se suman las actualizaciones de los perfiles –si alguien añade un nuevo empleo o curso puede optar por que su actualización se comunique a los demás– o los artículos recomendados o compartidos que los usuarios hayan visto en su muro. Un Recomendar o un Compartir en Linkedin equivale a un *retweet* en Twitter.

Aportar contenidos en Linkedin es una buena manera de conseguir visibilidad para nuestro perfil profesional en esta red y de incrementar la notoriedad de nuestra marca personal, lo que lograremos si los contenidos que aquí volcamos resultan especialmente interesantes para los profesionales con los que estamos en contacto. Hay que tener la precaución de intentar reproducir en Linkedin sólo aquella información que sea profesionalmente relevante. Un blog sobre un hobby o un comentario sobre nuestras vacaciones no aportará gran cosa aquí o incluso podría ser mal visto. En nuestra estrategia en redes sociales debemos considerar Linkedin como un espacio puramente profesional. Algunas claves útiles:

- **Aporta valor**: si la información que compartes es realmente útil, tu perfil ganará enteros. Ya hay mucha gente repitiendo las mismas noticias y generando ruido, no querrás hacer eso en una red como Linkedin.
- **Los enlaces funcionan**: tus comentarios en el muro se verán más y tendrán más interacción si son breves, claros, directos y aportan un enlace para quien quiera saber más. Pero aporta tu visión. Los titulares con enlaces son mejores en Twitter, en Linkedin muestra tu interpretación de esa información.
- **Mejor en horario laboral**: dado que Linkedin es una red profesional, es más consultada en horario laboral. Una actualización por la mañana se verá más que una a media tarde. Y mejor un lunes que un sábado. Si estás leyendo este libro en fin de semana, olvida este último punto. Hay más gente como tú, no te preocupes.
- **Las llamadas a la acción funcionan**: pide explícitamente que se pulse en el enlace de tu actualización, deja una pregunta abierta y pide respuestas, solicita que se comparta tu contenido si se está de acuerdo.
- A la hora de publicar una actualización, puedes elegir si quieres hacerla visible a todo el mundo, que es la opción más normal, o sólo a tus contactos, quizás para comunicar una acción especial que esté haciendo tu empresa. Ambas opciones aparecen en el menú junto al botón "Compartir".
- **Las imágenes y los vídeos funcionan**: Aparecer en el muro de Linkedin es una competición por la atención de los que allí navegan, usa anzuelos visuales atractivos.

De la misma manera que los usuarios pueden publicar contenidos para compartirlos en el muro con sus contactos, las empresas pueden también publicar novedades, que llegarán a sus seguidores y que permanecerán en la página de empresa en Linkedin. En este caso, es muy recomendable publicar periódicamente información relevante que publicite la marcha de la empresa. Es común usar estas actualizaciones para incluir enlaces a los últimos artículos del blog corporativo, las notas de prensa, los lanzamientos de nuevos productos, nuevas campañas de marketing, resultados económicos, casos de éxito o comunicaciones referentes a nuevos fichajes o cambios en la estructura del equipo, por ejemplo. Las páginas de empresa en Linkedin posicionan en Google y, si actualizas novedades de vez en cuando, incrementarás las opciones de ganar visibilidad en el buscador más importante del mundo. Las páginas de empresa permiten insertar vídeos como novedades. Puede ser buena idea incluir aquí tu vídeo corporativo o una entrevista a tu portavoz. Revisa tu canal de Youtube, quizás localices vídeos que quieras mostrar también en Linkedin.

Próximamente, Linkedin abrirá para todos los usuarios una funcionalidad de **Publicaciones Largas** que ahora sólo está disponible para algunos usuarios, en un sistema que llama **Pulse**. Está nueva manera de compartir contenidos convierte tu perfil de Linkedin en un blog profesional en el que puedes escribir artículos que incorporen textos extensos, fotos o vídeos. Las últimas Publicaciones se incorporan a tu perfil como una caja más, y permiten a los usuarios que las ven suscribirse a tus contenidos. Puedes ver ejemplos de este tipo de publicaciones y navegar por los contenidos que ya se han generado en este formato en Pulse, que también implica nuevos datos en la analítica para medir la interacción que conseguimos con este formato de contenidos realmente interesante. Puedes ver este tipo de contenidos en la dirección https://www.linkedin.com/pulse/.

6.6 PARTICIPACIÓN EN GRUPOS

Además del intercambio de mensajes privados entre usuarios o de los contenidos públicos que conforman el muro inicial, los usuarios de Linkedin pueden mantener conversaciones públicas colectivamente en los Grupos. Esta fue una de las funcionalidades más utilizadas en Linkedin en un principio, pero la dificultad de mantener los grupos realmente activos con contenido interesante ha desacreditado un poco esta costumbre. Pese a todo y tal y como ocurre en muchos otros ámbitos, la funcionalidad de la conversación en Grupos sigue siendo interesante si los miembros que conforman el grupo lo son y si existe un dinamizador, el encargado de mantener vivo el debate y de aportar nuevas ideas a su grupo. Sigue siendo motivo de prestigio ser quien mantiene un grupo activo donde los usuarios participan, de la misma manera que es motivo de prestigio ante los otros miembros del grupo ser quien aporta los temas más debatidos. Si vas a ser tú quien dinamice un grupo, recuerda que plantear preguntas siempre genera más participación que aportar un dato o una explicación.

Otro buen motivo para indagar acerca de grupos a los que vincularse es que la calidad de los contactos que podemos hacer allí es alta. No en vano, veremos qué opinan, aportan, comentan y debaten los miembros del grupo antes de decidirnos a contactarlos, de la misma manera que nuestras aportaciones en el grupo podrían muy fácilmente aportarnos peticiones de contacto de los otros miembros.

Cualquier usuario puede crear grupos –si bien es cierto que debe preocuparse de que luego tengan conversaciones, un grupo vacío es peor que no tener grupos– o unirse a los grupos públicos y abiertos en marcha. Para crearlo, podemos, por ejemplo, ir al apartado Grupos de nuestro perfil de usuario, ubicando el cursor en este bloque aparecerá el botón "Gestionar" y encontraremos el formulario para crear un grupo. Para dar de alta un nuevo grupo podremos decidir el logotipo que usaremos, el nombre del grupo, el texto de resumen que aparecerá en el directorio de grupos, una descripción,que debería enfocarse en explicar los temas principales que se debatirán en el grupo, una web si queremos vincularla y el correo electrónico de quien será el administrador. Si tú creas el grupo, en principio debería ser tu email. Una decisión interesante que hay que tomar en este mismo formulario es si vamos a permitir que cualquier persona que encuentre el grupo en Linkedin pueda participar, o si requerimos que el administrador apruebe la petición de ingreso, que es la opción recomendable. Si queremos mantener ese grupo restringido a unos pocos usuarios por algún motivo en especial, podemos eliminar las opciones de que el grupo aparezca en el directorio –lo que estaremos haciendo es similar a un grupo secreto en Facebook– o bien de que los miembros del grupo puedan invitar a nuevos miembros. Así, diferenciamos entre un Grupo Abierto o un Grupo solo para miembros.

La manera más fácil de localizar grupos en los que participar es utilizar el buscador de Linkedin, con el selector de búsquedas en el apartado Grupos. Si los resultados son demasiado numerosos –hay casi 14.000 grupos sobre *social media*– podemos intentar con búsquedas más detalladas, filtrar por idioma o, mejor aún, ver en qué grupos están participando aquellos miembros de nuestra red de contactos que sepamos que son especialmente brillantes en un campo concreto. Es muy posible que si ellos tienen interés en unos grupos, estos resulten igualmente interesantes para nosotros. Tampoco está de más lanzarles un mensaje privado para conocer su opinión sobre un grupo en el que están. Es compartida la percepción de que incluir grupos en nuestro perfil es más fácil que participar de veras en ellos.

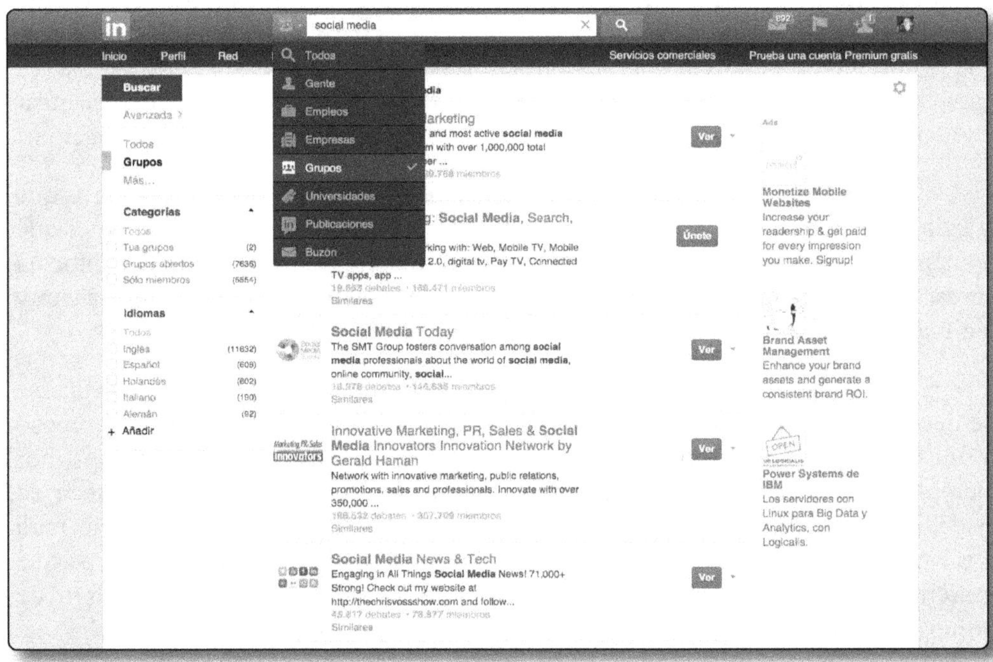

6.7 OTRAS REDES PROFESIONALES: XING Y VIADEO

Si entramos en el espacio de las redes sociales eminentemente pensadas para el entorno de los contactos profesionales, encontraremos en seguida tres redes sociales prácticamente idénticas, pero cuya influencia cambia mucho de un mercado a otro. Se trata de **Linkedin**, **Xing** y **Viadeo**.

Parece bastante evidente que Linkedin domina ampliamente en casi todas partes, excepto Alemania y los países de habla alemana, donde **Xing** es muy potente y en Francia, lugar en el que **Viadeo** es predominante y presume de tener 10 millones de usuarios. Ha hecho movimientos para posicionarse en China, donde asegura tener 25 millones de usuarios. Es pues recomendable tener también perfiles en estas otras redes sociales profesionales si nuestro ámbito de actuación tiene que ver con esos mercados. Si pretendo exportar a Alemania o si busco oportunidades laborales allí, es muy posible que me sea más sencillo hacer contactos allí en Xing que en Linkedin.

Los usuarios van a querer estar allí donde tengan más oportunidades de contactar con su entorno y los más avezados no tendrán reparo en repetir su presencia en dos o tres de estas redes si tienen una necesidad muy urgente de conseguir contactos, pero dado que en nuestro entorno la presencia de Linkedin es la predominante y la única que mantiene una tendencia al alza, todo parece indicar que ni Xing ni Viadeo amenazan su liderazgo en el medio plazo. En el *VI Estudio sobre el uso de las redes sociales en España de la IAB*, Linkedin figura en el quinto lugar de las redes sociales más utilizadas, con un 31% de usuarios de redes sociales que tienen presencia allí y, de ellos, un 35% asegura haber incrementado el uso de esta red en los últimos 12 meses. Ni Viadeo ni Xing aparecen entre las quince primeras.

6.8 20 CONSEJOS CLAVE EN LINKEDIN

1. Cuidar tu perfil en Linkedin es la mejor manera de cuidar tu Reputación Personal Online. Cuidado con los perfiles desactualizados o sin detalles y, casi peor, precaución ante la ostentación de títulos ampulosos o la mención de proyectos en los que apenas participaste.

2. Los perfiles completos y con nuevos contactos regularmente recibe un mejor trato por parte del buscador de Linkedin, especialmente si el extracto y las especialidades tienen palabras clave comunes y afines a tu especialidad.

3. Elegir bien la foto y redactar un buen extracto son los factores clave, sin los que no funcionará nada más. Tómate el tiempo de elegir bien y de redactar ese texto lo mejor que puedas, incluyendo aquellas palabras clave que definan lo que haces. Por supuesto, muchísimo cuidado con la ortografía.

4. A la hora de compartir **contenidos** en Linkedin, recuerda **focalizar 100%** en contenidos profesionales que tengan relación con tu labor. Podrías considerar Linkedin como tu Twitter profesional, pero ten en cuenta que una frecuencia de mensajes demasiado alta erosionará tu credibilidad en esta red. Lo más prudente es no sobrepasar uno o dos mensajes diarios.

5. **Comunica tu perfil o la página de tu empresa en Linkedin:** si tienes un blog, no olvides el enlace a tu perfil en esta red y asegúrate de que el *plug-in* que uses para facilitar que tus lectores compartan tu contenido incluye también el botón de Linkedin. Si estás enviando currículum, incluye la URL de tu perfil junto a tus datos de contacto. Si tu perfil en Linkedin es importante para ti, incluye un enlace en la firma de tus correros electrónicos o incluso en tus tarjetas de visita.

6. **Se puede ser creativo con tu perfil en Linkedin si tu trabajo implica creatividad:** Hay humoristas con fotos muy graciosas, redactores con unos extractos sublimes que son casi “micro-relatos”, fotógrafos que usan su foto de perfil como una demostración de su capacidad técnica. Pero si tu profesión no es así, no intentes pasarte de original, es muy posible que eso no sea bien recibido en Linkedin.

7. **Personaliza siempre el mensaje de contacto:** Será mejor recibido si contextualizas por qué te interesa ese contacto, qué tenéis en común o que pretendes ofrecer. Es difícil, por no decir muy improbable, tener dos oportunidades para contactar a alguien. Si no acepta tu primer contacto, lo has perdido en esta red.

8. **Cuidado con las recomendaciones cruzadas:** Es normal que si alguien te hace una recomendación para que la luzcas en tu perfil de Linkedin, te sientas en cierto modo impelido a hacer lo mismo y recomendarle a él. Es casi *netiqueta* o buenas formas en la red. Dos precauciones al respecto. Si todas tus recomendaciones son cruzadas, parecerá que la has pedido expresamente, con lo que pierden un poco de credibilidad, y si recomiendas a alguien, queda muy feo reclamar al recomendado haga lo mismo por ti.

9. Parece que ya pasó ese tiempo en el que profesionales y empresas se sentían obligados a crear grupos y a invitarte a participar en ellos por aquello de que a más gente en el grupo de Linkedin más prestigio para la empresa. Cuidado con caer en el error de crear un grupo y lanzarte a invitar a todo el mundo. Más vale ser selectivo y acertar.

10. Los mensajes "seudopublicitarios" son mal recibidos y aún más en una red como Linkedin, donde si envías un mensaje privado es porque esa persona en algún momento se acercó a tu red de contactos. Tienes un nuevo blog, has publicado otro libro o tu empresa organiza una charla, felicidades. Mejor en el muro con una Actualización –eso sí es recomendable– que enviando un mensaje privado a todos tus contactos.

11. **Crear un Grupo debería ser un acto bien meditado**: debemos asegurarnos de que seremos capaces de proponer bastantes temas de conversación interesantes para los participantes, no sólo para nosotros, dedicarle varias horas semanales a la moderación y dinamización de los participantes e invitar a nuevos miembros que pensemos que realmente están interesados. Una forma rápida de quemar a tus contactos es invitarles a grupos en los que no están interesados.

12. De la misma manera, participar en un grupo ajeno si sólo vamos a hablar de nosotros mismos o de las ofertas de nuestra empresa será inmediatamente percibido como un abuso por parte de los demás participantes del grupo. En un entorno profesional como es Linkedin, todo lo que significa una inversión de tiempo –participar en un grupo lo es– se hace esperando un retorno. Es mejor poner nuestras expectativas en aportar valor al grupo para ganar credibilidad, reputación o marca personal que intentar usar grupos ajenos para vender nuestros servicios descaradamente.

13. **¿Necesitas incorporar un nuevo miembro a tu equipo?** Puede ser una buena idea anunciarlo antes en Linkedin, tanto como una actualización en tu perfil como en la página en Linkedin de tu empresa. Los primeros candidatos en llegar serán los que están interesados en lo que haces o los que ya te conocen y, posiblemente, tus contactos puedan sugerirte nombre interesantes.

14. Conseguir interacción en Linkedin es más difícil que en otras redes. Ten paciencia, sé constante y observa qué tal han funcionado tus publicaciones para aprender cuáles han encajado mejor. Si usas la página de empresa, la parte de analítica te será útil. Recuerda que los textos breves con enlace funcionan mejor que los párrafos largos.

15. Como en todas las otras redes, la forma más eficiente de conseguir interacciones es también interactuar con el contenido ajeno. Cuando veas en Linkedin una actualización interesante, coméntala o compártela.

16. Usar imágenes y vídeos en tus actualizaciones de Linkedin es una buena manera de conseguir más interacción, y por tanto, más visibilidad. No siempre es fácil encontrar recurso gráficos para ilustrar conceptos de negocio. Evita ser el enésimo que usa la imagen de las dos manos encajando o la del supuesto profesional reflexionando con una mano en la barbilla.

17. Publicar en Linkedin puede ser una buena manera de incentivar la participación de tu equipo en la empresa. Invítales a proponer textos, ideas, conceptos que puedan alimentar el perfil de la empresa. Proporciona unas directrices claras en cuanto a estilo y líneas editoriales para evitar disonancias.

18. Nunca está de más que compruebes qué tal se ve tu perfil en el móvil, donde la imagen de cabecera no aparece y los textos se muestran bastante más reducidos.

19. Si eres una empresa que vende a otras empresas, Linkedin puede ser un gran aliado dada su facilidad para contactar a profesionales y potenciales clientes. Puedes obtener más ventajas bajo pago a través de Linkedin Ads, que podría facilitarte la exposición de tu oferta al sector profesional que elijas. Todos los detalles en la página de Linkedin para publicidad https://www.linkedin.com/ads/ Si en lugar de anuncios prefieres promover tus contenidos en Linkedin para que lleguen más lejos, previo pago, verás cómo hacerlo en https://business.linkedin.com/marketing-solutions/get-started.

20. Una curiosidad, si quieres, puedes descargar todo tu historial en Linkedin, con todos los datos de tu actividad en esta red. Lo puedes solicitar en https://www.linkedin.com/settings/data-export-page.

7

INSTAGRAM

Instagram es una red social que nació en octubre de 2010 cuyo funcionamiento se basa en la publicación de fotografías tomadas, casi siempre, con un teléfono móvil. En su origen no tenía una versión web, sino que funcionaba únicamente para móviles del modelo iPhone de Apple. Un tiempo después apareció Instagram para móviles con sistemas operativos Android (abril 2012) o Windows (octubre 2013), lo que propulsó el crecimiento en usuarios de esta red. Desde noviembre de 2012 los usuarios de Instagram disponen también de un perfil tipo web, no sólo para móviles. En abril del mismo año, la empresa fue adquirida por Facebook, lo que en principio generó muchos recelos por parte de los usuarios debido a la política de cesión de derechos intelectuales que hacen los usuarios a favor de Facebook, una política que finalmente no aplica a los contenidos que se suban o que se hubieran subido ya a Instagram.

Instagram cuenta con 300 millones de usuarios activos al mes a fecha de diciembre 2014, según reza su página en la Wikipedia http://en.wikipedia.org/wiki/Instagram Las primeras experiencias de Instagram como soporte publicitario, al estilo de Facebook Ads o Twitter para empresas, se limitaban hasta agosto de 2015 a publicaciones patrocinadas y sólo eran posibles en Estados Unidos (desde noviembre de 2013) y Reino Unido (desde septiembre de 2015). Instagram ha abierto su plataforma publicitaria muy recientemente, en agosto de 2015, lo que abre un interesante campo de posibilidades y nuevos usos.

7.1 ¿CÓMO FUNCIONA?

El funcionamiento de Instagram es sencillo. Se activa la aplicación en el móvil, se toma una foto –sea con la misma aplicación de Instagram, sea con la funcionalidad de la cámara del móvil e importando luego esta foto a Instagram–, se le aplica o no un filtro –uno de los motivos de la popularidad de Instagram es que permite mejorar o trucar una foto de forma muy sencilla, simplemente eligiendo uno de los filtros que proporciona la misma aplicación– se le añade o no un texto y se publica la foto.

Instagram imita en cierta manera el funcionamiento de redes sociales como Twitter. El usuario puede seguir a otros usuarios y ser seguido, lo que permite ver las fotografías en un "muro" que las ordena en orden cronológico inverso (las más recientes de aquellas que hayan publicado los usuarios a los que sigues aparecen antes). Pueden comentarse las fotos de los demás añadiendo texto y pueden usarse *hashtags*, que al ser *clicados*, nos llevarán a ver cualquier otra foto cuyo autor haya etiquetado con la misma palabra, sigamos a esos autores o no. Instagram cuenta también con un ***buscador***, un poco burdo, que nos permite localizar usuarios o fotografías en cuya descripción se haya usado la palabra que buscamos. Desde junio de 2013 también pueden subirse vídeos a Instagram, siempre y cuando tengan una duración máxima de 15 segundos.

A partir de la aparición de Instagram surgieron centenares de aplicaciones para móviles que pueden combinarse con esta red social, Desde las que nos dan más filtros a los editores de fotografía (por ejemplo Snapseed) y las páginas web que nos permiten tener un cierto control estadístico de cómo se están viendo nuestras fotos, como Iconosquare.

7.2 ¿QUÉ USOS PUEDE HACER UNA EMPRESA DE INSTAGRAM?

Esta red social nos puede ayudar especialmente si nuestro modelo de negocio pasa por la oferta de un catálogo de productos especialmente atractivo a nivel gráfico, si nuestra marca quiere vincularse a un territorio concreto, por ejemplo, las cervezas que se vinculan a la música o a la forma de vida mediterránea y usan imágenes de este estilo de vida para vincular su producto a estos conceptos. Instagram es una red muy interesante para promocionar destinos turísticos, que es uno de los usos más evidentes. Las imágenes de los atractivos de cada lugar son una pieza clave en su dinamización en redes sociales.

Instagram puede ayudarnos también a mostrar el lado más humano de la empresa: empleados, equipos, clientes, etc. Puede utilizarse eficientemente para mostrar nuestro nivel de creatividad. No es imprescindible fotografiar el producto constantemente, podemos explicar el relato de la marca, de la empresa o de su equipo a través de imágenes.

Cualquiera de estos usos puede combinarse con dinámicas que son comunes en otras redes sociales. Podemos organizar concursos en nuestro propio perfil, por ejemplo, pidiendo *likes* a las fotos o comentarios a una imagen concreta. Podemos organizar concursos que impliquen los perfiles de los usuarios, por ejemplo, pidiéndoles que publiquen fotos con un *hashtag* determinado y premiando a las mejores. Podemos organizar encuentros de usuarios, citar a *instagramers* en una localidad para invitarles a tomar fotos y compartirlas mientras se conocen entre ellos. A menudo es buena idea utilizar Instagram para la retransmisión en directo de eventos a través de imágenes o de breves vídeos.

Las posibilidades son muchas, y la recompensa de un buen trabajo en Instagram es grande. Es en Instagram donde se produce mayor *engagement* para las marcas, entendiendo *engagement* como la respuesta por parte del usuario en la foto, sea con un comentario o con un "Me gusta". Un estudio de Forrester otorgaba a Instagram 58 veces más *engagement* que Facebook y 120 veces más que Twitter[8].

Ese poder de interacción se basa en la calidad de la imagen. Subir una foto a Instagram es muy fácil, pero obtener una buena foto no es tan evidente y que sea útil para la estrategia de tu proyecto ya no es tan evidente.

Algunas **pautas para conseguir interacción** con tus fotos en Instagram:

- Las imágenes con caras generan más comentarios; los retratos son importantes. No en vano, los *selfies* (hacerse una fotos de uno mismo) se han convertido en un fenómeno cultural.
- Las imágenes claras generan más "Me gusta" que las imágenes oscuras y las que tienen tonos dominantes azules funcionan mejor que las aquellas en las que domina el rojo.
- Las imágenes de usuarios utilizando un servicio o producto funcionan mejor que las imágenes cuyo contenido es únicamente el producto.
- No olvides publicar en fin de semana. Estadísticamente recibirás más visualizaciones y más posibilidades de interacción.

8 Fuentes:
http://blogs.forrester.com/nate_elliott/14-04-29-instagram_is_the_king_of_social_engagement
http://www.businessinsider.com/instagram-engagement-rates-up-to-50-times-higher-than-twitter-socialbakers-finds-2014-12

- Las fotos con filtro suelen tener más interacción que las fotos sin filtro. Pero no abuses del retoque.

- Elige bien cuándo publicas cada foto. El 50% de los comentarios se producirán en las primeras 6 horas tras la publicación. Te ayudará estar atento a herramientas de estadística como Iconosquare para descubrir en qué horas de qué días de la semana consigues mejores resultados.

- La longitud del texto que añadas a la foto no parece tener un impacto en *engagement*, pero si el contenido de lo que digas[9].

7.3 CREANDO UN PERFIL EN INSTAGRAM

Los elementos clave para crear un perfil en Instagram son parecidos a los que ya hemos descrito para redes como Twitter, por ejemplo:

- **Avatar**: una imagen que servirá como nuestro sello, nuestro logo. Es la que aparecerá en nuestro perfil junto a nuestro nombre y la que aparecerá también en el muro de nuestros seguidores junto a nuestro nombre de usuario. A diferencia de otras redes sociales, el avatar de Instagram es circular y es también muy pequeño. Ten en cuenta pues que necesitas una imagen con la que identificarte que funcione en este formato tan peculiar.

- **Nombre de usuario**: como en Twitter, ha de ser breve y no contener espacios.

- **Nombre**: un poco más extenso, aquí si puedes usar espacios, caracteres especiales.

- **Biografía**: Breve texto de 150 caracteres que debe ser descriptivo acerca de quién eres y qué haces. Debes explicar quién eres y para qué vas a utilizar Instagram. Hay marcas, por ejemplo, que dedican cuentas en esta red sólo para sus productos o únicamente para sus eventos. Si el uso que vas a hacer de esta red no es evidente para tu marca, usa la biografía para orientar a tus posibles seguidores acerca de qué tipo de contenidos les vas a ofrecer aquí.

9 Fuentes:
http://www.quicksprout.com/2014/08/01/how-to-increase-instagram-engagement-by-182/
http://sproutsocial.com/insights/5-instagram-stats/

- **Página web**: ten en cuenta que este será el único enlace "*clicable*" que puedas usar. Las URL que incluyas, por ejemplo, en las descripciones de tus fotos no funcionarán como enlaces. Si vas a hacer un uso corporativo de esta red, lo más normal es que uses la URL de la *home page* de tu empresa. Si vas a manejarte en un blog, aprovecha este espacio para incluir su dirección. Pero si vas a usar Instagram para un uso muy concreto quizás quieras ir cambiando la URL de tu perfil. Por ejemplo, una marca que use Instagram para hacer concursos quizás quiera aprovechar este enlace para vincularlo al *site* específico sobre sus concursos, sobre su catálogo o sobre una gama de productos concreta. Lo importante es que recuerdes que esta URL será la única en esta red social que podrá dirigir al usuario hacia una página web. Ya ves que Instagram no es la red ideal para derivar tráfico. Tus tácticas y acciones en esta red deben estar pensadas para funcionar en el entorno de Instagram.

7.4 CALIDAD DE LAS FOTOS: APLICACIONES RECOMENDABLES

Puesto que Instagram es una red que se basa en el atractivo de las imágenes, es de vital importancia tener claro que es preferible publicar pocas imágenes pero muy buenas que inundar la red de fotos mediocres. Sin lugar a dudas, un error que se paga caro en Instagram es empezara subir fotos de baja calidad o sin interés. Quien caiga en esa equivocación perderá seguidores a gran velocidad. Por el contrario, una imagen impactante, creativa, interesante o divertida tiene muchas posibilidades de llegar mucho más allá de tu círculo de seguidores. Si los que tengas le otorgan un "Me gusta", tu imagen muy posiblemente llegará más lejos.

Hay al menos **tres maneras** de que una buena foto llegue lejos a través de tus seguidores sin salir de Instagram:

- Las fotos con muchos comentarios o muchos *likes* llaman también la atención en el *timeline* del usuario, más allá del contenido de la imagen. Las buenas imágenes, las divertidas o las curiosas, generan comentarios, y cuando una imagen tiene varios comentarios es más fácil que recopile más. Cuesta mucho más ser el primero en comentar una imagen que añadirse a una conversación en marcha.

- Cuando un usuario hace un "Me gusta" o un comentario a una imagen, esta imagen aparece en su registro de actividad. Cualquier usuario de Instagram puede entrar en el apartado" Actividad" de la aplicación. Muchos lo hacen a menudo para ver qué nuevos seguidores tienen, quién ha comentado o hecho un *like* a su foto. Pero el apartado de "Actividad" también recoge lo que han hecho recientemente aquellas personas a las que seguimos. Eso quiere decir que, viendo qué imágenes gustan a las personas a las que sigo, descubro nuevas imágenes interesantes y nuevas personas a las que seguir. Por lo tanto, los *likes* y comentarios que recopiles te otorgan cierta visibilidad entre las personas que siguen a los usuarios que te siguen a ti.

- El buscador de Instagram ofrece imágenes por defecto, es decir, antes de que escribas una búsqueda. Son sugerencias de fotos que Instagram considera que te pueden gustar, en función de las personas a las que sigues o de las imágenes con las que has interactuado. Por lo tanto, si tus imágenes consiguen un buen nivel de interacciones tienen más posibilidad de aparecer en estas imágenes sugeridas y ser así descubiertas por usuarios que aún no te siguen.

Así pues, es básico saber elegir qué fotos publicar y saber también mejorar esas fotos tanto como podamos. Para mejorar las fotos que ya tienes dispones de tres recursos básicos: los filtros del propio Instagram, la funcionalidad de retoque de Instagram y también cientos de aplicaciones de tratamiento gráfico que puedes instalar en tu móvil, muchas de ellas además son gratuitas. Pero el arma indispensable, la mejor herramienta a tu disposición es tu criterio. Si tu foto es una porquería, aplicarle muchos filtros y retoques sólo conseguirá una porquería retocada. Abusar constantemente de los retoques no es una política que te sirva a largo plazo. Y además, consumirás más tiempo con cada foto.

Una vez hecha esta aclaración, hablemos de los filtros y las aplicaciones. Uno de los motivos que explican el rápido crecimiento de Instagram como red social es que el usuario puede de forma muy sencilla darle un toque creativo a sus imágenes usando los filtros que Instagram te ofrece. Una vez seleccionada en la aplicación la foto que quieres publicar, Instagram te permite retocarla de dos formas: o bien alterando uno o varios parámetros de la foto a mano con una sencilla barra de herramientas que te permite alterar la luz de la imagen, su brillo, contractes, estructura, calidez, saturación, color, atenuación, sombras y la nitidez.

O bien aplicando a la foto uno de los 27 filtros que la aplicación ofrece. Si tienes dudas acerca de cuál usar, puedes ir aplicando unos u otros antes de subir la imagen para ver cómo queda. Los filtros más usados son:

- **Lo-Fi**: incrementa el contraste y las sombras, ideal para primeros planos con detalles –como las fotos de comida, los retratos o las fotos que han quedado sobreexpuestas.

- **X-Pro II**: parecido al anterior, pero incrementa el contraste del centro de la foto y deja los bordes un poco más oscuros, por lo que realza el motivo central de la imagen. Usado con motivos de naturaleza donde el detalle central es lo más llamativo.

- **Valencia**: al contrario de los anteriores, este filtro difumina un poco los colores y añade luminosidad a la foto, haciéndola parecer un retrato antiguo. Ideal pues para añadir un toque histórico a edificios o retratos. Un efecto con un toque romántico.
- **Mayfair**: muy utilizado por marcas, este filtro realza el centro de la imagen añadiendo calidez al color y matiza los bordes de la foto. Admite miles de usos y es una opción segura en casi todos los casos.
- **Rise**: añade un toque dorado a las fotos, suavizándolas pero añadiéndoles luz. Si tu foto ha quedado oscura, prueba con *Rise* para que los detalles se vean un poco más.

Personalmente, a mí también me gusta el filtro Hefe y lo uso a menudo en mis fotografías. Incrementa la temperatura de color y el contraste haciendo que los tonos cálidos se vean más brillantes, y oscurece los bordes de la imagen. Viene a ser una versión suave del filtro Lo-Fi.

El peligro más evidente de usar filtros es abusar. Los filtros deberían tener un valor estético y, muy a menudo, la mejor opción es no usar filtros si la foto es buena. Usar filtros en todas tus fotos, o usar repetidamente los mismos, es como contar el mismo chiste muchas veces. Las primeras tiene gracia, luego ya no.

Si con los filtros puedes alterar tus fotos pulsando un botón, los más creativos querrán quizás jugar con más opciones. Para ellos existen en Internet cientos de aplicaciones que te permiten retocar y modificar las imágenes de tu móvil de forma sencilla. Es cuestión de probar algunas y ver con cuáles te sientes más cómodo. Algunas de las más recomendables en mi opinión son:

- **Snapseed**: propiedad de Google, una de las mejores herramientas de edición de imágenes para tu móvil. Permite retocar la foto hasta límites sorprendentes. Modificar detalles y transforma la imagen o bien aplicar filtros diferentes a los que te ofrece Instagram. Las posibilidades son tantas que el peligro es abusar de ellas.

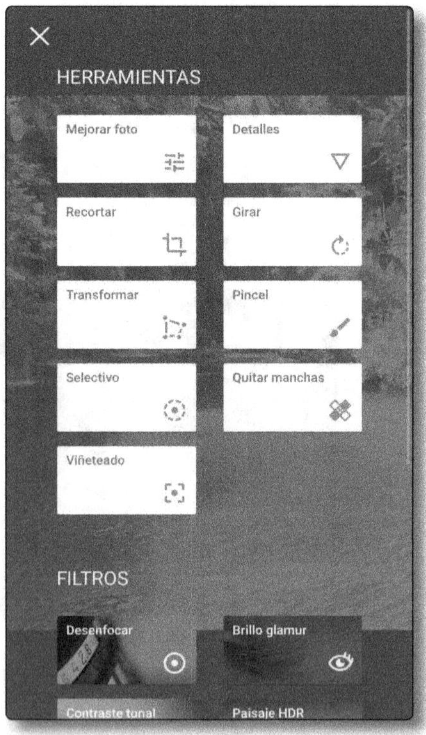

- **Photopad**: de la sencilla aplicación de eliminar los ojos rojos de los retratos a alterar el color de la imagen. Sencilla pero efectiva.

- **Instacollage**: sencilla aplicación que nos permite elegir varias fotos y componer con ellas una sola imagen. Ideal para mostrar varias fotos diferentes de un mismo objeto, o diferentes platos de un menú, o quizás diferentes colores de un mismo objeto. Podemos combinar de 2 a 14 fotos en una misma imagen con diferentes tamaños y posiciones para cada una ellasy exportar el resultado a Instagram.

- **HDR FX Pro**: HDR son las siglas de High Dynamic Range, un proceso de fotografía que equilibra las partes más claras y más oscuras de las imágenes para conseguir un realismo sorprendente. Muy adecuada para fotos de acción o de paisajes.

- **Quick**: permite añadir texto sobre las imágenes de forma sencilla y con una colección de tipografías interesante. Una de las mejores maneras de vincularte a un concepto sería utilizar fotografías relacionadas con ese ámbito y añadir una breve frase o unas palabras motivantes. Por ejemplo, un experto en Yoga podría elegir fotografías de piedras en equilibrio o de olas en un mar tranquilo y añadir palabras como "Respirar es aprender" sobre ellas.

- **Adobe Photoshop Xpress**: la versión para móviles del conocido software de edición gráfica. Requiere más paciencia que las aplicaciones habituales, por lo que es recomendable para quienes ya se sienten cómodos con programas de este estilo.

- **VSCO Cam**: añade funcionalidades y capacidad de edición a la cámara de tu móvil con esta aplicación, que añade filtros diferentes a los de Instagram con un toque más artístico.

- **Hipstamatic**: más divertida que práctica, convierte la cámara de tu móvil en una cámara clásica para darle un toque vintage a tus fotos. Muy resultona y muy sencilla de utilizar.

- **Hyperlapse**: Interesante novedad proporcionada por Instagram, que permite hacer breves vídeos tipo *timelapse*, es decir, tomar fotos en intervalos regulares de tiempo para componer un vídeo con ellas, consiguiendo un efecto cámara rápida que puede ser interesante para mostrar procesos. Por ejemplo, cómo se usa una herramienta o cómo se prepara una receta o qué recorrido sugerimos en una exposición, edificio o visita. Útil para eventos, por ejemplo, para mostrar cómo se mueven los asistentes al llegar o como se llena una sala de conferencias.

7.5 GALERÍA Y LÍNEAS TEMÁTICAS

Hemos comentado ya algunos detalles acerca de cómo tratar cada una de las fotos, hablemos ahora las líneas editoriales que deberíamos cubrir. Si en otras redes sociales es muy importante mantener una coherencia temática en los contenidos, en Instagram esta coherencia es aún más importante. Tengamos en cuenta que cada usuario en Instagram dispone de lo que en la aplicación se llama “Galería”, es decir, el mosaico que forman todas sus fotos. En la pantalla de un móvil, esta galería muestra todas las fotos publicadas por un usuario en una cuadrícula que tiene 3 fotos de ancho por tantas de alto como se hayan publicado.

Bien, esa galería debe mantener una cierta coherencia, tanto estética como temática. Todas nuestras fotos deben tener estilos similares y mantenerse en un tema concreto. El reto además es hacerlo sin perder la creatividad. La intención es conseguir que tus fotos sean reconocibles, que tengan tu estilo, que sean coherentes con la imagen de marca que quieres mantener.

Los usuarios de Instagram que acumulan más seguidores son los que ofrecen un tipo de imágenes coherentes, que los fidelizan a base de imágenes que, siendo diferentes y creativas, mantienen ese estilo y esa coherencia temática. Juntas varios temas en una sola cuenta de Instagram sólo es recomendable si esos temas tienen puntos en común. Pongamos un ejemplo teórico y uno práctico.

Si somos los responsables de una cuenta corporativa en Instagram, debemos plantearnos antes de nada para qué vamos a estar en esta red, qué queremos conseguir y luego ver qué líneas editoriales nos son útiles. Por ejemplo, imaginemos que trabajamos para una empresa industrial, que a priori tiene poco glamour en cuanto a la fotografía. Una de las líneas estratégicas de la empresa es ganar cuota de mercado a través de nuestros esfuerzos en I+D. Bien, podemos tirar de ese hilo en Instagram. Publicaremos fotos de nuestros laboratorios, de nuestros avances en I+D, de nuestro equipo humano en ese ámbito, imágenes de nuestros logros, vídeos de menos de 15 segundos que muestran cómo se aplican nuestros avances o casos de clientes que ya los utilizan. Mostramos nuestra maquinaria en movimiento, nuestras instalaciones. Todos los textos de las fotos describen los procesos y los avances. Además, esas fotos tendrán siempre que sea posible una tonalidad más bien metálica, azulada, han de respirar la pureza de la mecánica y la ciencia. Usaremos cuando sea preciso filtros que enaltezcan los colores claros, los reflejos metálicos. Esa debería ser nuestra galería.

¿Te parece raro? Pues hay en Instagram casi medio millón de fotos con el hashtag #Industry, más de un millón y medio con #technology, más de un millón con #tech, 80.000 con #proceso, más de 30.000 con #industria. Seguro que no son los temas más populares, no hablamos de perros, gatos y comida, pero no queremos llegar a todo el mundo. Queremos llegar a aquellos a los que interesa lo que hacemos. Como en todas las redes sociales, tener millones de seguidores sólo es útil si vendes a millones de personas. No es el caso de este ejemplo. Cuidado, no estoy diciendo que las empresas industriales en general tengan que usar Instagram. Sólo muestro que incluso en aquellos casos en los que la actividad de la empresa no es fotogénica, cabe el uso de esta herramienta siempre y cuando la estrategia lo justifique y los objetivos estén claros.

7.6 ALGUNOS CASOS REALES EN INSTAGRAM

Vichy Catalan https://instagram.com/vichycatalan/ muestra una clara coherencia en su galería de Instagram. El producto aparece siempre vinculado a formas de consumirlo. Las imágenes con claras, frescas, predominan los fondos claros y los tonos verdes y azulados. En verano, el producto (agua mineral con gas natural) se vincula a frutas, a aromas y a momentos de consumo veraniegos.

VICHY CATALÁN
vichycatalan
Vichy Catalán Perfil oficial de Vichy Catalán, estamos en Instagram para compartir una forma de ver (y de beber) Vichy Catalán. Comparte también tu #momentovichy
grupovichycatalan.es
672 posts
5,226 followers
1,701 following
¡Enhorabuena!
VICHY CATALAN
VICHY CATALAN

VICHY CATALAN
VCH
VCH
VCH

Estrella Damm https://instagram.com/estrelladamm/ se vincula al estilo de vida mediterráneo. Instagram es una proyección de sus exitosas campañas televisivas, donde la juventud, la música, el ocio en la playa y el mar son claves. La belleza de los cuerpos jóvenes es otro factor al que quiere vincularse la marca. Todo ello conforma la galería de esta cerveza en Instagram.

La cuenta de **Heineken España** https://instagram.com/heineken_es/ en cambio quiere vincularse con el territorio de la música y dedica su cuenta en esta red social a la cobertura de los conciertos donde la marca aparece como patrocinador. Además, ni siquiera la marca de cerveza hace las fotos, sino que se las confía a un miembro influyente de la comunidad que actúa a modo de embajador y que "firma" las fotos. Las cuentas de estas embajadoras son también un ejemplo de esa coherencia creativa que funciona tan bien en Instagram. Puedes ver las cuentas de las autoras de las fotografías de estas capturas en https://instagram.com/bertabernad/ y https://instagram.com/rosnavelle/.

7.7 PAUTAS DE INTERACCIÓN EN INSTAGRAM

Como en las redes sociales más importantes, en Instagram cuenta tanto lo que publicamos como lo que hacemos hacia otros usuarios. Si en las páginas anteriores hemos hablado de las fotos en Instagram, veamos ahora modelos de relación con otros usuarios que puedan sernos útiles para crecer en esta red.

- **Seguir a usuarios**: sirven aquí pautas similares a las que hemos comentado en Twitter, ya que el esquema de seguidores y seguidos funciona de manera muy parecida. Tras crear nuestro perfil en Instagram y publicar algunas imágenes que demuestren cómo será nuestra galería, nuestra primera misión será iniciar seguimientos a otros usuarios. Debemos tener claro con quién nos gustaría relacionarnos, a quién queremos impactar, y a quién puede interesar lo que nosotros hacemos.

  Los dos métodos más sencillos para localizar usuarios a los que seguir son el propio buscador de Instagram y los perfiles de los primeros usuarios que detectemos. Con el buscador hemos de ser pacientes, no es ningún prodigio técnico. Habrá que buscar términos clave con los que nos relacionamos, ver quién está publicando fotos sobre ellos, y entrar en los perfiles de estos usuarios para ver si se ajustan a lo que buscamos, sobre todo, en cuento al idioma o zona geográfica y afinidad temática.

  Como en otras redes sociales, estos usuarios suelen encontrarse también entre ellos, así que una vez localicemos a un usuario al que seguir, podemos ver a quien sigue él y quién le sigue a él para localizar nuevos usuarios a los que seguir nosotros. Como ocurre también en Twitter, la información sobre a quién seguimos y quién nos sigue es pública. No desestimes echar un vistazo a los perfiles de tus seguidores para descubrir esas relaciones y usarlas en tu favor, ellos no tardarán en hacer lo mismo contigo.

  Por supuesto, presta atención a tus seguidores y, en la medida de lo posible, sígueles también a ellos. Esto es una práctica recomendable, sobre todo, al principio para estabilizar una base de seguidores sobre la que crecer. Si alguien te sigue a ti, seguramente tú deberías seguirle a él, espacialmente, si viendo su perfil intuyes que esa persona está entre tu público objetivo.

- ***Likes* o "Me gusta" de las fotos**. Una excelente pauta de relación en Instagram es ser generoso con los "Me gusta" que otorgues a las fotos de otros usuarios. Piensa que cada corazón que dejes en una foto es también un guiño a ese usuario, una manera sutil de dejarle ver que existes en Instagram y que te interesas lo que hace. Sé generoso, pero actúa con cabeza, sobre todo, si gestionas el perfil de una marca. En ese caso, haz *likes* que realmente tengan sentido para las líneas editoriales de la marca. Recuerda que tu actividad queda registrada y es pública. Tus seguidores pueden ver qué *likes* o comentarios has hecho si entran el apartado "Actividad" y seleccionan "Seguidos". De la misma manera que tu galería ha de ser coherente, tu comportamiento en cuanto a *likes*, comentarios y seguimientos también debería guardar cierta coherencia.

Recuerda igualmente que si en cualquier foto de Instagram *clicas* sobre el número de "Me gusta" que figura bajo la foto podrás acceder al listado de las personas que han hecho ese *like*. Esta información puede serte útil de varias maneras. La primera y más evidente es que al hacer "Me gusta" en una foto, tu cuenta aparecerá en ese listado y será visible. La segunda es que si encuentras una foto interesante, *clicando* en el número de *likes* puedes detectar usuarios que también han considerado buena esa foto. Otra manera de detectar a quién seguir.

- **Comenta las fotos de otros.** Esta es seguramente la pauta de interacción más importante, además de seguir a otros usuarios. Comentando una foto consigues varias cosas. La primera y más importante es demostrarle al autor de la foto que te ha interesado su contenido. La segunda es que cualquier persona que vea la foto puede ver también potencialmente los comentarios que haya recibido, y uno de ellos será el tuyo. Digo potencialmente porque Instagram muestra en el muro apenas tres comentarios y para ver el resto hay que *clicar* en un enlace, el que normalmente dice "Ver los X comentarios" donde X es el número total de comentarios recibidos.

  Comentar las fotos nos ayuda a fidelizar a los usuarios con los que hablamos y nos puede ayudar a ganar visibilidad ya que nuestro perfil aparecerá siempre como firma de nuestro comentario. Pero estas interesantes ventajas sólo lo serán si el comentario vale la pena, si realmente aportamos algo. Inundar las fotos ajenas de comentarios que se limiten a decir "buena foto" nos hará parecer más bien lo contrario, un usuario con ganas de hacerse notar a costa de las fotos ajenas. Como siempre en las redes sociales, cada contenido, cada interacción, debería aportar valor a los demás, no ser sólo un subterfugio para nuestro beneficio. Así, son bienvenidos normalmente aquellos comentarios que elogian un aspecto concreto de la foto, que la comparan con otras o que dejan constancia de que tenemos un interés genuino por ese contenido. Por supuesto, aprovechar los comentarios para hacernos publicidad sin más suele ser muy mal recibido y suele generar que el usuario no sólo deje de seguirnos si lo hacía, sino incluso que nos bloquee. Bloquear a un usuario significa que aunque te siga, no verá ninguna de tus fotos.

- **Mencionar**. Como ocurre en Twitter, si en cualquier comentario incluyes el nombre de un usuario precedido por una @, a ese usuario le llegará un aviso. Puedes utilizar esta funcionalidad para demostrar que realmente estás integrado en tu comunidad y para fidelizar a tus seguidores. Por ejemplo, imagínate que ves una foto en el perfil del usuario A que te recuerda a otra que viste en el usuario B. Puedes dejar un comentario en la foto de A del estilo "muy buena foto! Has visto las de @B? Son parecidas a las tuyas, seguramente te gustarán". Estas haciendo varias cosas al mismo tiempo: dejar un comentario en A, citar a B, conseguir que entre ellos se conozcan en Instagram si les apetece y demostrar que estás pendiente de tus seguidos o seguidores.

- **Regram**. Esta interacción consiste en "republicar" una foto ajena para integrarla en tu galería, siempre dejando constancia de quién es el autor original. Un *regram* en Instagram es lo mismo que un *retweet* en Twitter. Esta funcionalidad no existe en la aplicación de Instagram, necesitas una aplicación para poder hacerla. Una de las más comunes es "Repost for Instagram" y la puedes encontrar gratis en iTunes. Dado que el autor original recibirá una notificación de que has "regrameado" su foto, puede considerarse el *regram* como una de las formas de interacción que más puede gustar a tus seguidores. Una precaución, abusar del *regram* te hará parecer una cuenta vacía que sólo vive de las cuentas de los demás y eso no te interesa. Un uso lícito, bien visto e interesante del *regram* es, por ejemplo, "regramear" la foto ganadora de un concurso o "regramear" una foto que alguien ha publicado de uno de tus productos.

No olvides permitir las notificaciones de la aplicación de Instagram en tu móvil para recibir avisos de las interacciones que reciba tu perfil. Así podrás estar al tanto de los *likes*, menciones y nuevos seguidores que recibas.

7.8 YA PUEDES MANEJAR INSTAGRAM DESDE HOOTSUITE

Desde agosto de 2015, la herramienta de gestión de redes sociales Hootsuite permite incorporar perfiles de Instagram. Esto facilita enormemente las labores de interacción o de búsqueda de perfiles interesantes y resulta especialmente interesante para el de seguimiento de los *hashtags* o de las menciones, al poder usar la funcionalidad de Hootsuite de tener las búsquedas listas en columnas diferentes. Podrás ver de un vistazo los contenidos que te interesen, sin tener que cambiar de búsqueda en la aplicación para móviles de Instagram.

Con esta integración también podrás programar tus publicaciones en Instagram para que vayan siendo publicadas el día y la hora a la que prefieras. Pero no te confíes, programar publicaciones de Instagram en Hootsuite no es tan sencillo como programar *tweets*. El último paso es la publicación de la foto que siempre tendrás que hacerlo desde el móvil, por ahora. Eso significa que necesitarás también la aplicación de Hootsuite en tu móvil.

Si ya usas Hootsuite para tus otras redes sociales, integrar Instagram es una gran idea. Así podrás tener todos los datos de interacción en una única herramienta. Si usas la versión Pro de Hootsuite para la gestión de redes sociales en equipo, podrás ver también qué personas de tu organización han publicado o contestado comentarios en Instagram.

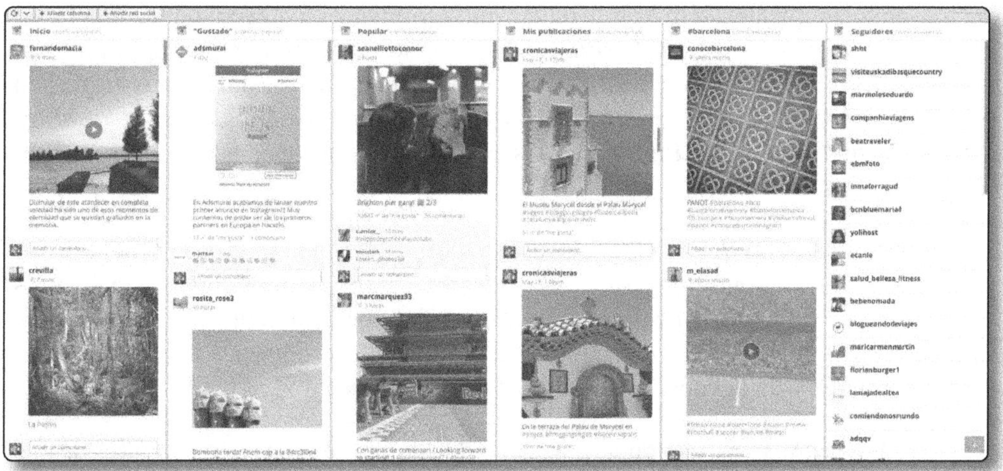

Si tienes especial interés en hacer esos seguimientos de usuarios, *hashtags* o interacciones centrándote en una zona geográfica concreta definida por un radio de X kilómetros alrededor del punto que prefieras, puedes recurrir a un *plug-in* para Hootsuite que se llama Vidpiq. Si usas la versión profesional de Hootsuite te saldrá gratis. De lo contrario, te costará unos seis dólares al mes.

Tienes todos los detalles en la página de Hotsuite https://hootsuite.com/es/pages/landing/instagram/

7.9 INSTAGRAM Y EVENTOS: LOS IGERS

Se conoce como *instagramer* o *Iger* al usuario activo de Instagram. Aunque ese término es aplicable a cualquier usuario, normalmente se entiende por *instagramer* aquel usuario que además de ser muy activo en esta red, ha conseguido un número de seguidores y de interacción importante que le convierte en una persona influyente en un campo temático concreto o en esta red social en particular. Por ejemplo, algunos *instagramers* de reconocido prestigio entre la comunidad de contenidos relativa a los viajes podrían ser @maldemar, @mytravelgram @ovunno, @kainxs o @misshedwig. En moda podríamos considerar *Instagramers* influyentes a usuarios como @isabelitavirtual o @lovelypepa. @nicanorgarcia es un referente básico en arquitectura y fotografía de espacios urbanos, así como @isasaweis lo es en moda, belleza y estilo de vida. Otros más "multitemáticos" podrían ser @ hectormerienda. Un *instagramer* influyente que no esconde su relación con las marcas es @philgonzalez. Un ejemplo de creatividad lo tenemos en @defreds en la mezcla de textos e imágenes o en el genial @ajubany en fotografía. Si se trata de gastronomía te gustará @mikeliturriaga, que también es un reconocido *bloguero*. Muchos *instagramers* usan *hashtags* que les identifican con su entorno más inmediato. Por ejemplo, #igerscat (usuarios de Instagram de Cataluña) o #igersbcn (usuarios de Barcelona) o #igermad (de Madrid). Algunos de ellos generan *hashtags* concretos que sólo usan ellos y que les permiten así agrupar sus fotografías por temas o conceptos.

El fenómeno *Igers* sigue la estela del fenómeno *bloggers* o del de los *youtubers*, usuarios que por su creatividad y su facilidad para conectar con otros han acumulado una audiencia considerable y fiel. Precisamente por ello reciben invitaciones a eventos, demostraciones de productos o propuestas comerciales por parte de marcas y de agencias. El fenómeno *Igers* está en alza.

Uno de los sectores donde es más fácil la comunión entre los intereses de una corporación y los *Igers* es el turismo. Siendo Instagram uno de los lugares predilectos donde publicar contenidos de viajes, las agencias de marketing online o directamente los responsables de destinos turísticos suelen organizar encuentros de *Igers* donde se les invita a conocer las bondades de una zona concreta. Es una forma eficiente de promover el destino entre usuarios interesados en viajes y de generar cientos de fotografías interesantes por parte de usuarios influyentes en una ventana de tiempo reducida. En este tipo de promociones es importantísimo definir bien qué *hashtags* va a utilizar el grupo e insistir en que los *Igers* los usen, dado que de esta forma, el usuario que encuentre una de esas fotos podrá fácilmente ver muchas más de los otros participantes del evento siguiendo ese *hashtag*. El uso adecuado de los *hashtags* en tus fotos es básico para captar audiencia y conversación, elige bien cuándo quieres unirte a un hashtag que ya funciona y cuando quieres crear uno tuyo para agrupar tus fotos en un concepto. Es común usar *hashtags* propios para las fotos relativas a un evento, a una gama de producto, a una novedad, quizás a una delegación territorial de tu empresa. En el apartado sobre la relación con *blogueros* de este mismo libro tienes una metodología para incluir a este tipo de usuarios influyentes en tus tácticas de comunicación y marketing online.

7.10 INSTAGRAM COMO PLATAFORMA PUBLICITARIA

Como decíamos en la introducción de este capítulo, Instagram ha abierto sus usos publicitarios a todos los mercados muy recientemente, por lo que este modelo seguramente evolucionará en breve. Lo que tenemos hasta ahora es que los formatos publicitarios se limitan a fotos promocionadas. En Estados Unidos también se pueden promocionar vídeos.

El usuario distinguirá qué fotos son las promocionadas con un aviso que aparece en la esquina superior derecha de la imagen, donde se ubicará el aviso "Sponsored". El usuario que se encuentre con contenido promocionado en su muro podrá interactuar con él como haría con cualquier otra foto. Así pues, por el momento, la inversión en publicidad en Instagram sólo servirá al anunciante para que su foto promocionada llegue mucho más allá del círculo de sus seguidores.

7.11 20 CONSEJOS CLAVE EN INSTAGRAM

1. **Añade siempre que sea pertinente una descripción textual a tu foto:** para explicar qué representa, para darle un contexto, para definir por qué la publicas. No hace falta que sea un texto muy extenso, unas pocas frases deberían servir. Instagram te da como límite 2.000 caracteres, demasiado extenso incluso. Aprovecha este texto para explicar la foto, el contexto, la historia que hay detrás, el cómo se hizo.

2. **Añade hashtags o etiquetas a la descripción de tu foto:** aquellas palabras que creas que alguien pudiera usar para localizar una foto como esa deberían ser etiquetas. Pero elígelas bien: hay quienes añaden decenas de etiquetas a sus fotos que no son en realidad relevantes para su audiencia. Captar tráfico por acumularlo no suele ser una estrategia inteligente. Se trata de llegar a quienes estén interesados en tu oferta, que tu público objetivo te acabe encontrando. Mi recomendación es usar cinco *hashtags* como máximo en cada foto. Usar más muestra cierta ansiedad por hacerse notar.

3. **Cuida tu comunidad**: sé generoso con los "Me Gusta" a fotos ajenas, comenta en las mejores, "regramea" algunas.

4. **Elige bien la foto que vas a publicar:** Instagram es una comunidad creativa que premia la calidad, no vale cualquier imagen. Ten en cuenta que la foto se verá en un móvil. Los formatos de medios y primeros planos funcionan mejor que las fotos que sean difíciles de entender en una pantalla pequeña.

5. **No abuses de los filtros**: una mala imagen con un filtro seguirá siendo una mala imagen.

6. **Puedes administrar tus filtros**: Instagram añade nuevos filtros cada cierto tiempo y si al final tienes muchos en la aplicación a veces no es fácil elegir el que más te interesa. Para administrar filtros, inicia el proceso de subir una foto y en el momento de elegir el filtro haz correr la lista hasta el final. Encontrarás el botón de "Administrar", *clicando* en él obtienes una lista de todos los filtros pudiendo seleccionar cuáles quieres y cuáles no. Elimina los que no uses nunca y así mantendrás un número manejable de filtros en tu aplicación de Instagram.

7. **Mantén un estilo uniforme en tu galería de imágenes:** los cambios de estilo penalizan en términos de seguidores.

8. **Mide los resultados de tus acciones**: los "Me gusta" y los comentarios te guiarán acerca de qué es lo que mejor encaja en tu comunidad. Ganarás tiempo con herramientas gratuitas como la web http://iconosquare.com/.

9. **Con Iconosquare también podrás saber con qué filtros han conseguido más *likes***: podrás tener una nube de *tags* de las etiquetas que más utilices o detectar quién ha dejado de seguirte. Verás qué nuevos seguidores has ganado con cada foto y quiénes se han aburrido.

10. **Usa los comentarios en fotos ajenas cuando realmente tengas algo que aportar:** los mensajes vacuos, el autobombo y la publicidad encubierta están muy mal vistos en Instagram.

11. **Ocurre lo mismo con las menciones:** añadir menciones a otro usuario en los textos de tus fotos incrementa su *engagement*. Pero, cuidado, abusar de esta táctica te hará perder seguidores rápidamente si los citados interpretan que les estás acosando o utilizando en tu favor.

12. **Juega con las aplicaciones para Instagram:** inserta texto en las imágenes, localiza nuevos filtros, mejora la cámara de tu móvil con funcionalidades extra. Sé creativo y mantente actualizado.

13. **Nunca está de más tener ciertas nociones de composición o de fotografía**: hoy cualquier *smartphone* dispone de una cámara estupenda y con los filtros podrás solucionar algunos errores, pero tener una buena

galería de fotos en Instagram requiere también talento y nociones básicas de cómo manejarse en fotografía. Recuerda que desde finales de agosto de 2015 Instagram permite usar formatos diferentes en las fotos. Ya no tienen por qué ser cuadradas, puedes optar por formatos alargados o apaisados (retrato o paisaje). Estos nuevos formatos aparecerán también en Facebook si compartes tus fotos de Instagram en esta otra red.

14. **Publica también algún vídeo:** recuerda que tienes apenas 15 segundos y que el sonido no será lo más importante. Piensa en un proceso, un saludo o un panorama.

15. **No olvides la promoción cruzada con tus otras redes:** da a conocer cuál es tu usuario de Instagram también en tu cuenta de Twitter o en Facebook y, por supuesto, en tu página web o en tu blog.

16. **Publica regularmente**: es más recomendable publicar dos o tres imágenes por semana que subir diez imágenes seguidas y luego no actualizar el contenido en varios días. Una de las formas más rápidas de perder usuarios es publicar muchas imágenes seguidas. No abuses de la paciencia de la audiencia.

17. **Agradece y contesta los comentarios que recibas:** son un premio y un privilegio. Se dan 99 "Me gusta" por cada comentario, así que gestiona bien los que recibas.

18. **Averigua en qué momento del día y qué días de la semana captas más *engagement***: para esto puedes utilizar herramientas como Iconosquare o bien probar a publicar en diferentes momentos. En una cuenta turística publicamos por error una foto a la una de la mañana en lugar de a la una de la tarde y descubrimos que funcionó muy bien. Ahora publicamos alguna foto a media noche cada semana y las estadísticas siguen creciendo.

19. **No olvides "geolocalizar" tu foto:** al tomarla, el móvil almacena las coordenadas de dónde estás en ese momento e Instagram te pregunta si quieres añadir la foto a tu mapa. Hazlo a no ser que estés en tu casa (nunca es bueno revelar datos personales como tu dirección). Añadir un lugar a la foto incrementa las posibilidades de *engagement*.

20. **Si ya no estás en el lugar donde tomaste la foto, puedes alterar esa geolocalización:** una vez has publicado la foto en Instagram, selecciónala, *clica* en la opción "Editar" y verás que bajo tu nombre de usuario aparece el enlace "Agregar ubicación".

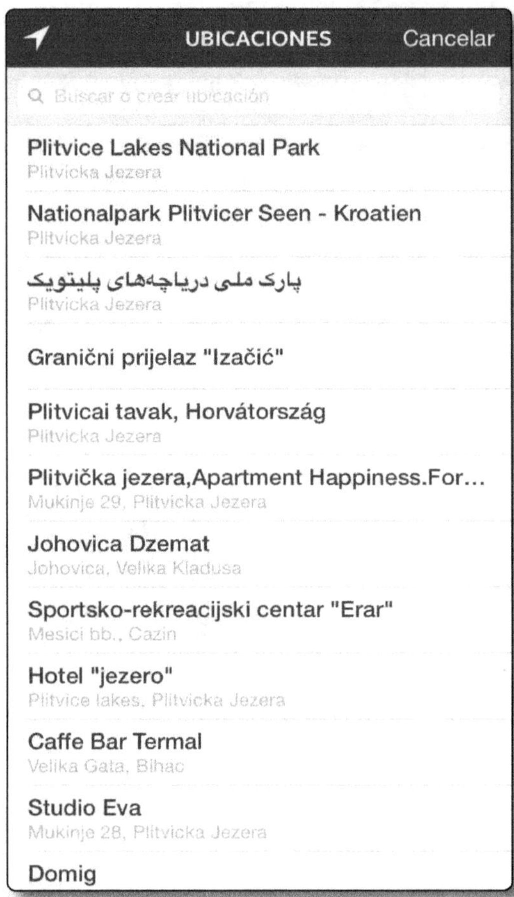
UBICACIONES
Cancelar
Buscar o crear ubicación
Plitvice Lakes National Park
Plitvicka Jezera
Nationalpark Plitvicer Seen - Kroatien
Plitvicka Jezera
پارک ملی دریاچه‌های پلیتویک
Plitvicka Jezera
Granični prijelaz "Izačić"
Plitvicai tavak, Horvátország
Plitvicka Jezera
Plitvička jezera,Apartment Happiness.For...
Mukinje 29, Plitvicka Jezera
Johovica Dzemat
Johovica, Velika Kladusa
Sportsko-rekreacijski centar "Erar"
Mesici bb., Cazin
Hotel "jezero"
Plitvice lakes, Plitvicka Jezera
Caffe Bar Termal
Velika Gata, Bihac
Studio Eva
Mukinje 28, Plitvicka Jezera
Domig

8

PINTEREST

Pinterest nació en marzo de 2010 y es otra red social basada en la imagen. En este caso, más que publicar imágenes propias, se trata de recopilar en nuestro perfil imágenes que ya están en Internet, las hayamos subido a nuestra web o blog, o las hayamos encontrado en otras páginas web. Pese a su aparentemente corta vida, el tráfico y el número de usuarios de Pinterest creció como la espuma durante los primeros años y se ubicó en tercera posición entre las redes sociales más utilizadas en Estados Unidos en 2012.

Puede explicarse esta red social a través de la analogía con los tableros de corcho donde colgamos fotos con chinchetas. El usuario crea tableros temáticos en su perfil y a medida que recorre páginas en Internet, si tropieza con algún elemento gráfico que le interese (fotos, infografías, vídeos) puede fácilmente seleccionarlos y añadirlos a sus tableros. Al hecho de añadir una foto se le llama "pinear", ya que "*pin*" es la palabra en inglés para las chinchetas. El usuario de Pinterest podrá "pinear" sin complicación a través de un botón que ha de instalar en su navegador de forma muy sencilla.

Así pues, el usuario de Pinterest al registrarse en esta red recibe instrucciones muy sencillas acerca de cómo añadir el botón de "pinear" en su navegador, puedes hacerlo desde Pinterest o buscando la extensión pertinente de tu navegador favorito.

Cuando el usuario está en una página web que le interesa, ve una imagen que quiera guardar y la pulsa, Pinterest le muestra en ese momento únicamente las imágenes de la página que estaba visitando, pudiendo el usuario hacer clic sobre la imagen que quiere coleccionar. Puede añadir un "Me gusta" a la foto o un texto. Esa fotografía pasará a formar parte del tablero que el usuario de Pinterest prefiera de entre los que haya creado. Si cualquier otro usuario ve esa foto en el tablero de nuestro protagonista, podrá premiarla con un *like*, "repinearla" para añadir a su tablero o bien *clicar* en ella. El enlace le llevará a la página web original donde se encontró esa foto la primera vez.

Cada usuario puede crear tantos tableros como guste y será él quien decida el nombre, el tema y el contenido de cada tablero. Y a medida que acumule imágenes o vídeos en sus tableros –las haya localizado en otros tableros de Pinterest o en cualquier página web– podrá igualmente añadir un comentario a cada foto o vídeo. Habitualmente, los usuarios suelen respetar el mismo comentario que ya tenía la foto si la encontraron en Pinterest, o bien añadir algún detalle de por qué les gusta tanto esa imagen como comentario al incorporarla a sus tableros.

Como en otras redes sociales, los usuarios pueden seguir a otros usuarios de Pinterest y ser seguidos a su vez. Las imágenes más recientes de aquellos usuarios a los que seguimos conforman el muro inicial de contenidos que veremos al entrar en Pinterest con nuestro nombre de usuario y contraseña. Pinterest está vinculado con Twitter y Facebook de dos maneras: en lugar de registrarnos desde cero en esta red podemos "loguearnos" con nuestros datos de Twitter y Facebook. Y podemos vincularnos también a estas otras redes para que se publique en ellas lo que publicamos en Pinterest. Es común entre algunas empresas tener las cuentas vinculadas, de forma que cada nuevo *pin* se anuncia en Twitter o en Facebook.

8.1 LA METÁFORA QUE GUSTA A LAS CHICAS

A fecha de enero 2015, hay en el mundo casi 73 millones de usuarios de Pinterest, y de ellos el 85% son mujeres[10]. No solo ello, son ellas quienes "pinean" el 92% de los contenidos. No hay ninguna otra red social donde haya tanta diferencia a favor del público femenino. Pinterest es una red colonizada por completo por ellas.

Y aunque los porcentajes en nuestro entorno no son tan dispares, arrojan una ventaja importante también a la hora de contactar con usuarias femeninas. Los últimos datos de la IAB en España dicen que usan Pinterest el 9% de los usuarios de redes sociales y que este porcentaje está en ascenso. Los porcentajes varía según los sexos: el 13% de las mujeres que usan redes sociales en España usan Pinterest, mientras que el porcentaje es del 5% para los varones. Podríamos decir que hay tres mujeres por cada hombre en Pinterest y sería casi cierto para el caso de España. Ellas también son mayoría en Instagram y Facebook. Podemos añadir que en nuestro mercado, Pinterest es la sexta red mejor valorada, con la misma puntuación que Twitter y una décima por encima de Linkedin.

10 Fuente: http://expandedramblings.com/index.php/pinterest-stats/

8.2 FOTOS PROPIAS Y FOTOS AJENAS EN PINTEREST

Técnicamente hablando, la imagen no pasa de un lugar a otro, ni se incumple ningún copyright. Pinterest actúa como un recopilador de imágenes a través de la dirección URL de la imagen, sin moverla a ningún servidor. Dado que conserva la URL original, si alguien *clica* en una foto de un tablero va en realidad a la web original desde la que se "pineó" la imagen.

Por ejemplo, digamos que Laura es una usuaria de Pinterest a la que interesan la moda y los gatos. Visitando una web veterinaria, gatosyvets.com, ve una foto de un gato de angora, *clica* en el botón de Pinterest de su navegador, "pinea" la foto y la añade a su tablero "gatos espectaculares". Esther es una amiga de Laura, a quien sigue en Pinterest, que ve la foto del gato en Pinterest: *clica* sobre ella para saber más y su navegador la lleva a gatosyvets.com.

Así como en otras redes sociales o blogs, usar imágenes de las que uno no es autor o no tiene los derechos de autor puede generarnos una mala imagen o incluso problemas legales, en Pinterest es todo lo contrario. Lo normal es acumular fotos ajenas que nos resulten interesantes. Como esas fotos conservan el *link* a la fuente original, se entiende que para quien subió esa foto a una web o a un blog es una ventaja que su imagen se vea "pineada", ya que eso incrementa sus posibilidades de recibir tráfico web sin coste alguno.

Usar las imágenes e infografías como gancho para captar tráfico es seguramente el uso más común de Pinterest en las empresas. Si tenemos imágenes atractivas, nosotros mismos deberíamos "pinearlas" para así tenerlas en nuestro perfil en Pinterest y facilitar que nuestros seguidores las vean, quieran también incorporarlas a sus tableros y así nos otorguen visibilidad ante sus seguidores.

Localizar contenido en Pinterest para incorporarlo a nuestros tableros es sencillo, hay formas diferentes:

- En nuestro muro inicial veremos los contenidos que han pineado los usuarios a los que seguimos.
- Podemos recurrir al buscador de Pinterest que, aunque no es ninguna maravilla, nos puede ayudar a descubrir contenidos, temas y usuarios.
- Podemos usar las "Sugerencias" que propone Pinterest, dándonos a elegir entre 100 temas que van actualizándose con la actualidad. Basta con elegir aquellos temas que nos parezcan mejor para que Pinterest nos cree un nuevo "*feed*" de inicio, un nuevo muro inicial con contenidos de esos

temas de usuarios a los que no seguimos y que podemos descubrir aquí. Si ese muro inicial no te convence, puedes deshacerlo y volver al muro que conforman los usuarios a los que sigues.

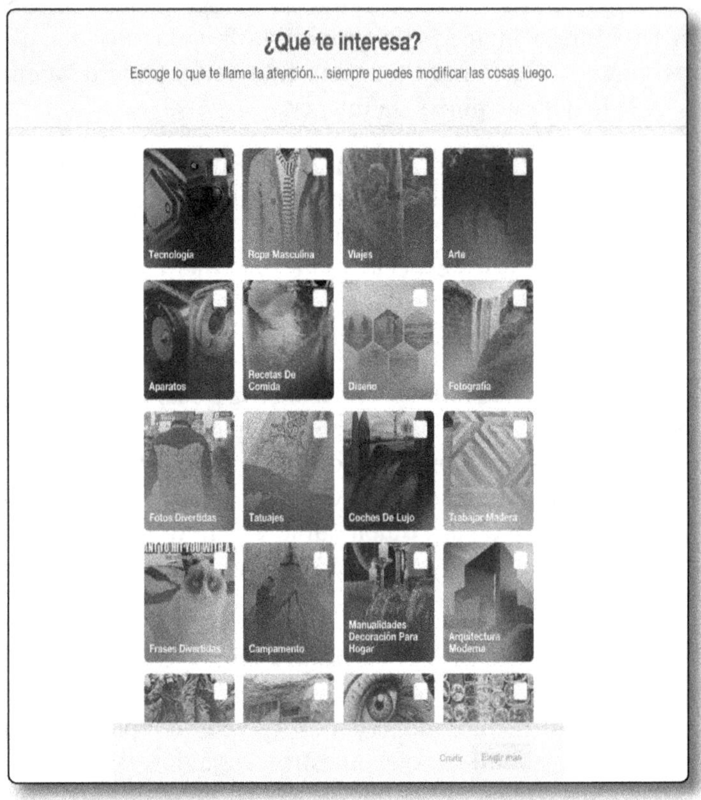

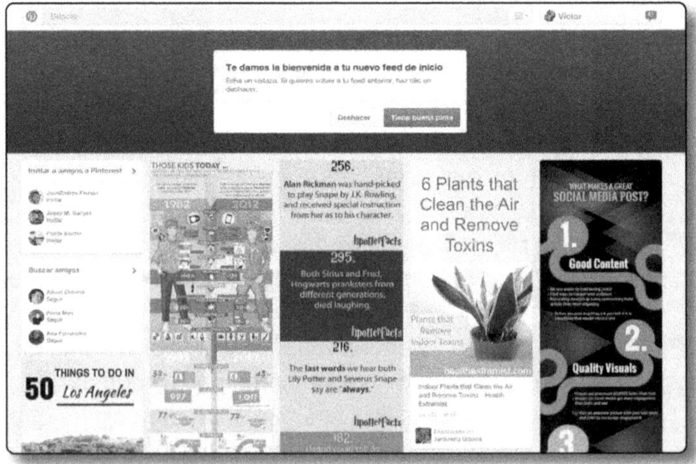

- Por supuesto, si localizas un usuario interesante a quien seguir, puedes ver a quién sigue él. Ese hilo seguramente te llevará a nuevos usuarios interesantes. Simplemente mira su perfil en Pinterest y *clica* en el número de seguidos que allí figure para ver quiénes son.

8.3 USOS BÁSICOS: BLOGS, CATÁLOGOS, DESTINOS TURÍSTICOS

Aunque puede haber muchos usos distintos en función de la imaginación que se tenga, hay dos claves de uso. La primera es facilitar que la comunidad de Pinterest divulgue nuestras fotos en sus tableros para captar tráfico a nuestra web cuando otros usuarios *cliquen* en esas fotos. La segunda es ser nosotros "curadores" o "editores" de contenido, actuando como almacén de material de calidad relativo a los temas que nos interesen, mostrando que tenemos un criterio que nos convierte en expertos en ese tema.

Así, un uso muy común es "pinear" las imágenes de nuestra propia web y/o blog, para que los seguidores que tenemos en Pinterest puedan verlas y distribuirlas. También podemos "pinear" el catálogo de un *e-commerce* –siempre y cuando las imágenes sean atractivas–, con la esperanza de que sean los usuarios de Pinterest quienes hagan circular por esta red nuestras imágenes y así captemos tráfico entre quienes puedan estar interesados en ese producto.

Pinterest puede ser una herramienta interesante para cualquier negocio que se apoyen en imágenes atractivas y aún conseguirá mejores resultados si se dirige predominantemente a un público femenino. Además del *e-commerce*, son frecuentes los usos de Pinterest en sectores como la moda, el turismo, el maquillaje, los complementos, las técnicas de fotografía, el arte, el diseño y los deportes. También son tremendamente populares los contenidos vinculados al cine, los famosos, las mascotas y las recetas.

Así, lo usos principales de Pinterest para empresas podrían resumirse en:

- **Crear notoriedad de marca**: si los componentes visuales de tu modelo de negocio son interesantes, si lo que hace tu marca o tu producto puede explicarse en imágenes, Pinterest puede ayudarte a consolidar esa imagen de marca.

- **Derivar tráfico a una web:** dado que cada pin conserva el enlace a la imagen original, "pineando" las fotos de tu web o tu blog puedes conseguir cierta cuota de tráfico desde Pinterest a tu web. Eso es especialmente interesante si tienes nuevas fotos interesantes a menudo, como suele pasar con los blogs de viajes, de recetas o de tendencias de moda.

- **Dar a conocer un catálogo:** sin lugar a dudas y como ya hemos mencionado, Pinterest es ideal si tienes una tienda online. Cada foto de cada producto puede ser un buen pin, siempre y cuando esas fotos sean atractivas. Un *e-commerce* de moda, de zapatos, de complementos o de artesanía puede tener en Pinterest un buen aliado. Si las fotografías son interesantes, si consigues captar usuarios afines, podrías incluso convertir ese tráfico en ventas usando Pinterest como un escaparate virtual más.

- **Vender directamente desde Pinterest**: en junio de 2015 Pinterest anunció el lanzamiento de la venta directa en su red social. Aquellos artículos a la venta con un precio visible en azul o un botón azul donde se lee "Buy it" podrán adquirirse directamente mediante una aplicación de comercio electrónico, es decir, podrás vender directamente desde Pinterest. Como suele ocurrir, esta novedad se ha activado primero para usuarios residentes en Estados Unidos, sólo para algunas marcas y sólo a través de un par de plataformas de *e-commerce* concretas. De momento, no se sabe cuándo estará disponible en otros territorios.

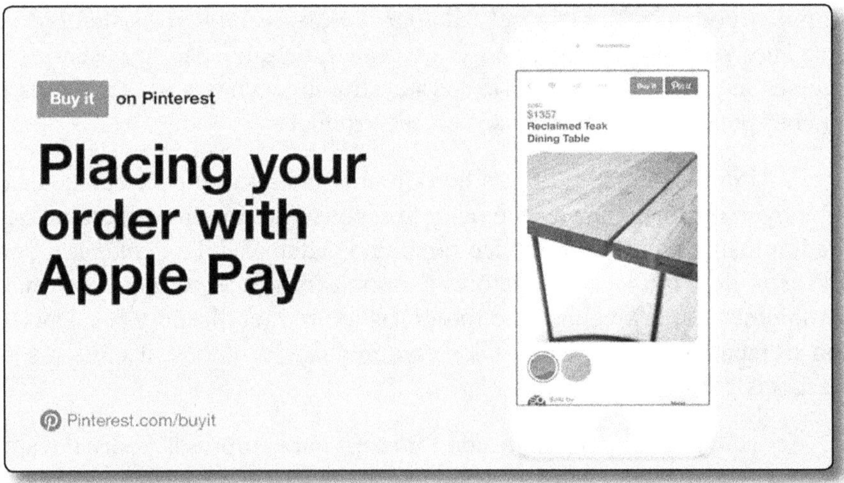

- **Vincular tu marca a un territorio temático:** otro buen uso de Pinterest es convertirte en un agregador de imágenes que tengan que ver con un concepto, una idea, un territorio temático concreto. Por ejemplo, un centro de Yoga podría sumar a sus tableros sobre las instalaciones y las posturas de esta técnica otras fotos de paisajes orientales o que inspiren calma y armonía con la naturaleza.

- **Repositorio de contenido** y **documentación:** puedes usar Pinterest para distribuir conocimiento en tu empresa, creando tableros que enlacen a documentos, informes o referencias interesantes que quieras que tu equipo tenga a mano. Una buena manera de hacer esto es motivar a los miembros de tu equipo para que localicen y compartan esos contenidos útiles para todos. Para este uso es ideal crear **Tableros colaborativos**, donde varios usuarios diferentes de Pinterest puedan volcar pines. Un ejemplo de tablero colaborativo es "Recomienda un libro" del usuario Quelibroleo, donde cualquiera puede subir contenidos.

- **Geolocalizar información:** puedes utilizar tableros mapa, que añaden coordenadas a los contenidos si estos están dados de alta en la red social Foursquare. Por ejemplo, en un mismo tablero puedes agrupar fotos de las diferentes delegaciones territoriales de la empresa y con la funcionalidad de mapa tenerlas agrupadas geográficamente. Puedes señalar puntos geográficos donde tienes clientes o que has visitado.

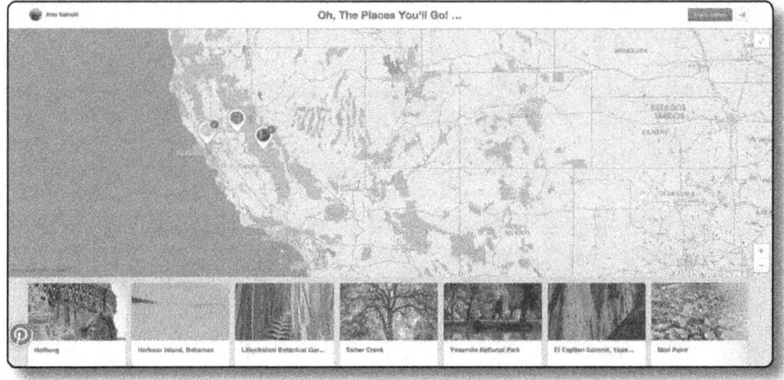

- **Concursos y promociones**: puedes aprovechar Pinterest para publicitar allí concursos y promociones que tengas en tu blog o en tu página web o puedes generar un concurso en Pinterest y aprovechar los mejores contenidos que se generen para reflejarlos en tu blog o web. En esta segunda opción, lo más común es invitar a los usuarios a buscar o publicar fotografías y etiquetarlas con un *hashtag* concreto que sea afín a la campaña. Haciendo una búsqueda por ese *hashtag* pueden premiarse las aportaciones más originales o creativas. Una segunda opción, o una opción complementaria a la primera, es pedir a los participantes que nos citen en la descripción de los *pins* con los que participan en nuestro concurso. Para citar a un usuario en Pinterest basta con incluir su nombre de usuario de esta red con el símbolo @ delante, de la misma manera que haríamos para citar a alguien en Twitter. Así puedes, por ejemplo, promover un concurso donde los usuarios suban a Pinterest una foto con tu producto, usando el *hashtag* que les propongas en tu campaña y citando el nombre de usuario de tu marca en esta red social. Cada participante estará comunicando sus contactos con su participación al subir una nueva foto.

- **Posicionarte como experto:** similar al campo anterior, puedes utilizar Pinterest para demostrar cuánto sabes sobre un tema concreto. Uno de los usos más comunes y recomendables es utilizar Pinterest para distribuir infografías. Tanto en Pinterest como en otras redes funciona muy bien cualquier contenido que resuelva preguntas que empiezan por "Cómo…". Genera infografías que ayuden a los demás a hacer mejor las cosas que tú sabes hacer tan bien y triunfarás en Pinterest. Veremos algunos detalles más en el siguiente punto.

Puedes combinar varios de estos motivos en un solo perfil de Pinterest. Por ejemplo, la delegación española de Decathlon usa en un mismo perfil (https://www.pinterest.com/decathlones/) tableros de ofertas y productos, sus blogs temáticos y consejos de vida saludable basados en el deporte.

Gallina Blanca se apoya en Pinterest para derivar tráfico a su blog de recetas, como puedes ver en https://www.pinterest.com/gallinablanca/

Y Desigual deriva tráfico desde Pinterest a su *e-commerce* a través de fotos del catálogo de sus productos ordenados por tipos, públicos objetivos, temporadas y campañas:

Como verás con más detalle en el apartado de Métricas, Pinterest también te permite medir resultados con su apartado de Analytics. Allí verás que tal están funcionando cada uno de tus *pins*, a cuanta gente estás llegando y cómo están interactuando con tu contenido. Lo más interesante de mirar regularmente la parte de analítica de Pinterest es, cómo no, tener una idea clara de qué contenidos están gustando más a tus seguidores para generar más contenidos parecidos y así mejorar el uso que de Pinterest está haciendo tu proyecto.

Puedes aprovechar mejor las ventas de Pinterest en tu negocio si te das de alta como empresa en https://business.pinterest.com/es. Las empresas pueden optar también por publicitarse en esta red, promocionando los contenidos que quieran hacer más visibles dentro de esta red.

8.4 CREAR INFOGRAFÍAS Y DINAMIZARLAS EN PINTEREST

Si tu modelo de negocio no está vinculado al uso de imágenes atractivas y si en tu estrategia no figura vincularte a una imagen de marca o un territorio de conceptos que no tenga una traducción evidente a imágenes de calidad, puedes optar por prescindir del uso de Pinterest para tu proyecto o bien puedes apoyarte en infografías para demostrar que eres un experto en un campo concreto.

Una infografía no deja de ser una imagen que describe un proceso o que resume una información concreta, mezclando imagen, texto y gráficos. Puedes dar consejos acerca de tu sector, de tu experiencia, puedes explicar casos de éxito o hacer listados de lo que debe hacerse o conviene evitar a la hora de enfrentarse a un problema. Las infografías son comunes, por ejemplo, entre consultores, agencias y entre quienes se dedican al marketing online o a procesos de ingeniería sencillos de describir.

Puede parecer complejo, pero en Internet tienes recursos gratuitos que te ayudarán a generar infografías con poco esfuerzo. Ten sólo una precaución: este tipo de herramientas son muy utilizadas y podría ocurrirte que tus infografías se parezcan excesivamente a otros cientos de infografías por usar los mismos colores o recursos gráficos. Si estás convencido de que tus infografías son interesantes en tu estrategia, considera invertir un poco en que un buen diseñador te prepare algo del todo personalizado.

En todo caso, para iniciarte y probar hasta qué punto este recurso puede serte útil, aquí tienes diez herramientas online para generar infografías:

- http://www.easel.ly/: ofrece un sinfín de plantillas gratuitas para que actualices los datos, basta con elegir cuál se adapta mejor a lo que quieres explicar. La opción Pro, de pago, te ofrece plantillas menos vistas.

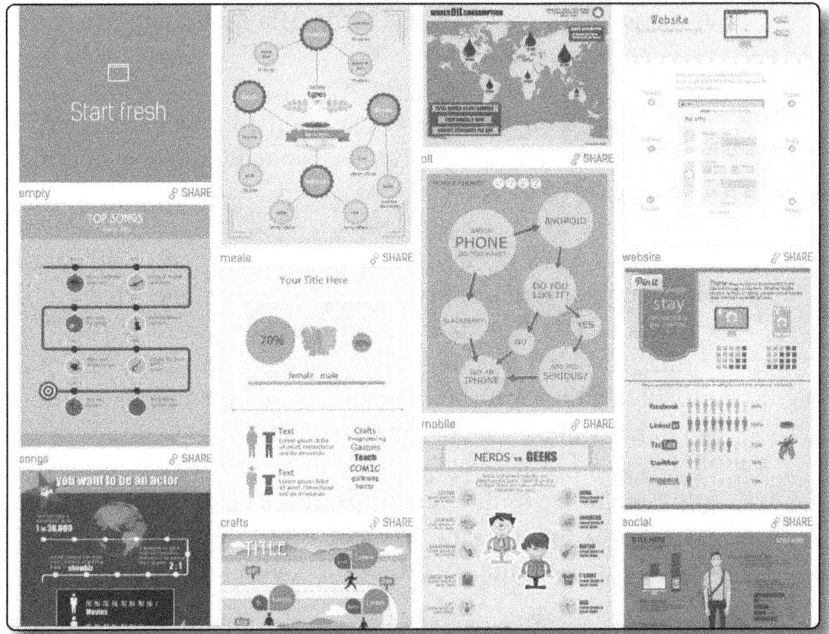

- http://piktochart.com/: otra de las más conocidas. La ventaja es que su versión gratuita dispone de muchas plantillas diferentes y el inconveniente es que deberás elegir bien para que tus infografías no se parezcan a otras tantas otras.

- https://infogr.am/: especialmente diseñada para generar gráficos y mapas. Puede serte útil si tu infografía necesita mostrar cifras, evoluciones de tendencias o referencias geográficas.

- https://venngage.com/: fácil de usar y con bastantes opciones de configuración para diferenciar tus infografías de otras. Una referencia básica en este tipo de herramientas.

- http://chartsbin.com/: basada en mapas, permite bajo registro que selecciones qué tipo de mapa quieres usar y qué datos quieres plasmar en él.

- http://www-969.ibm.com/: si lo tuyo son los gráficos y el tratamiento de datos, te gustará Manyeyes, una herramienta de IBM que te permite subir datos en varios formatos y elegir en qué tipo de gráfico quieres verlos. Es posible que primero quieras tratar los datos y luego exportar el gráfico para construir una infografía más completa con él con otra de estas herramientas.

- http://www.dipity.com/: especializada en líneas temporales, es decir, en crear infografías que quieren básicamente mostrar cómo evolucionaron una serie de hechos.

- http://www.canva.com: una de mis favoritas, no sólo para Pinterest sino también para generar imágenes interesantes que puedes utilizar luego en Facebook o en Instagram. Canva permite mezclar fotos, iconos, textos, líneas, ilustraciones o gráficos en una imagen y exportarla luego en formato PDF o imagen. Algunos de los elementos de su galería son de pago, pero apenas te costarán un dólar.

- http://re.vu/: si lo que deseas es hacer de currículum, una infografía en un formato atractivo que le de un toque diferente a la presentación de tu trayectoria académica y profesional, esta herramienta puede serte útil.

- http://www.powtoon.com/: y aquí llegamos al terreno del vídeo. Pow Toon hace vídeos tipo dibujos animados. Ideal para demostraciones de productos o para vídeos que luego puedes exportar a Youtube y "pinear" en Pinterest.

Una vez tengas listas las infografías que hayas querido generar, de lo que se trata es de comunicarlas y, en el mejor de los casos, que aquellos usuarios que las consideren interesantes quieran difundirlas. Para ello puedes recurrir a tu perfil de Pinterest.

8.5 25 CONSEJOS CLAVE EN PINTEREST

1. Si tienes una web con un catálogo o si tienes un blog y cuidas las imágenes que publicas, crea tu perfil en Pinterest y sé el primero en "pinear" tus propias fotos. Facilitarás que más usuarios de esta red las vean, las incorporen a sus tableros y te deriven tráfico web.

2. Si vinculas tu actividad en Pinterest a Twitter y/o a Facebook, ten cuidado en mantener tu estrategia a salvo. "Pinear" varias fotos seguidas en Pinterest está muy bien, pero subir esas mismas fotos igualmente seguidas a Facebook podría penalizarte si no consigues la interacción que necesitas en esta otra red. En caso de duda, desvincula estas redes o usa sólo Twitter.

3. Puedes darte de alta en Pinterest como empresa. Eso te permitirá entre otras cosas acceder a Analytics de Pinterest para ver qué resultados estás obteniendo con esta red social.

4. Si te registras como empresa, no olvides verificar tu website. Pinterest te proporcionará una línea breve de código HTML que deberás incluir en tu página web o, alternativamente, podrás descargar un pequeño archivo de Pinterest y subirlo a tu web. De esta forma la red social toma nota de cuál es tu web oficial y mide el comportamiento en Pinterest generado por tu web.

5. Si vas a usar Pinterest para promocionar una tienda, has de saber que una de las informaciones que puedes añadir a tus *pins* es el precio del producto. Eso sí, mantén esta información actualizada.

6. Interactúa y permanece atento a las interacciones que recibas. Pinterest te notificará *likes*, nuevos seguidores y comentarios recibidos. Contesta e introduce en tu rutina dedicar un tiempo a localizar nuevos usuarios y *pins* a los que seguir o con los que interactuar de forma proactiva.

7. Los usuarios de Pinterest pueden ser muy eclécticos y generar tableros de temas muy distintos. Recuerda que puedes seguir determinados tableros de usuarios concretos si los demás tableros que esos usuarios hayan creado no son de tu interés.

8. Dado que Pinterest es una red eminentemente visual, debes cuidar los detalles de diseño. Asegúrate de que cada uno de tus tableros cuenta al menos con cinco fotos, porque así quien visite tu perfil verá que todos los huecos para imágenes de tu perfil están ocupados.

9. Como cada tablón tiene una imagen más grande que sirve de cabecera, asegúrate de que tus mejores fotos están presidiendo así cada tablero. A la hora de elegir la imagen de portada de cada tablero, busca una fácilmente reconocible en formato pequeño, que sea sencilla pero llamativa y, si es posible, con un solo color predominante. Debes elegir una foto representativa del tablero que invite a querer más como esa.

10. Que Pinterest sea visual no quiere decir que el texto no tenga cabida. Puedes generar imágenes a partir de textos breves. Piensa una frase llamativa y conviértela en una imagen interesante con aplicaciones gratuitas como http://quozio.com/. Aquí tienes algunos ejemplos.

11. De la misma manera que vimos que había aplicaciones extra para mejorar tus fotos en Instagram, también hay aplicaciones para crear mejores imágenes y publicarlas en Pinterest. Una que puede ayudarte a crear mapas, frases, usar filtros en tus fotos o a añadir palabras sobre las imágenes y tener así contenido más creativo es http://pinstamatic.com/.

12. Una buena práctica es no hacer público un tablero hasta que lo tengas del todo listo. Puedes ir agregando fotos a un **tablero secreto** y hacerlo público cuando lo tengas completo o, al menos, con las cinco fotos iniciales que se verán en ese tablero al entrar en tu perfil.

13. Recuerda que el buscador de Pinterest es deficiente, pero muy utilizado. Ubica las palabras clave que definan tu negocio tanto en los nombres de los tableros –puedes usar hasta 20 caracteres para nombrar cada tablero– que vayas a utilizar como en las descripciones de las fotografías que "pinees". Piensa también en usar esas palabras clave en las etiquetas o *hashtags* que puedes añadir a tus fotos y, como siempre, no abuses con el número de etiquetas.

14. **Cuidado con las descripciones demasiado largas de cada *pin*:** son difíciles de leer en el móvil. Sé concreto con las descripciones para

competir mejor en el buscador gracias a los detalles. No es lo mismo "sandalia" que "sandalia de verano turquesa con lazo". Pinterest te da un espacio de 500 caracteres como descripción de cada *pin*. Usarlos todos es casi siempre innecesario.

15. No olvides recurrir a la APP para móviles de Pinterest a fin de tener un mayor control sobre las interacciones que estás consiguiente en esta red.

16. Nunca está de más echar un ojo a la categoría de **Contenidos Populares** que te proporciona Pinterest. Así podrás descubrir nuevos contenidos o usuarios interesantes a los que seguir.

17. Si te limitas en Pinterest a recopilar material ajeno, aporta al menos un criterio claro, una idea que pueda ser útil a los demás, y que ese criterio sea coherente con lo que ofreces como profesional o como empresa. Sé creativo con los textos y etiquetas que añadas a cada una de esas imágenes.

18. ¿Quieres saber cuándo otros usuarios de Pinterest "pinean" fotos de tu blog o de tu web? Puedes utilizar aplicaciones gratuitas como http://pinalerts.com/ para recibir notificaciones que te avisen de estos *pins*.

19. Puedes facilitar que los usuarios "pineen" las imágenes de tu página web o de tu blog proporcionando en tu misma página **un botón** que les invite a ello. En la página https://business.pinterest.com/es/pin-it-button tienes las instrucciones para crear uno. Si tienes un blog, seguro que tu *plug-in* de *social media* incorpora Pinterest entre las redes en las que promocionar tu contenido. Hay infinidad de *plug-ins* para Wordpress que te ayudarán a incluir un botón de Pinterest en tu blog.

20. Los pies de foto de tu web o blog se convierten por defecto en los textos que aparecerán en los *pins* que hagan tus visitantes. Eso no quiere decir que el usuario de Pinterest no pueda cambiar tu texto, pero si se lo das hecho tienes más posibilidades de que use tus mismas palabras.

21. Los tableros que conforman tu perfil en Pinterest pueden ordenarse a tu gusto. Ubica primero aquellos que tengan contenidos más recientes o de temporada, por ejemplo, rebajas de tu *e-commerce*, ofertas de última hora o los últimos post de tu blog. Simplemente entra en tu perfil y arrastra cada tablero a la posición que quieras darle.

22. Como en otras redes sociales, es más interesante gotear contenido a lo largo de varios días que subir varias imágenes de golpe. Dependerá de cuál sea tu estrategia. Puede ser buena idea subir un *pin* al día varios días a la semana.

23. Un truco: funcionan mejor los *pins* alargados en vertical. Ocupan más espacio en el muro de novedades de tus seguidores y si la imagen es atractiva, consiguen buenos resultados. Nuevamente una buena noticia si vas a usar infografías.

24. **Recurre a la promoción cruzada**: de la misma manera que en tu perfil en Pinterest informarás de cuál es tu página web, en tu página web deberías comunicar cuál es tu perfil en Pinterest. Una buena manera de hacerlo puede ser publicar en tu web cuáles han sido las fotos más "pineadas" de tu perfil en esta red social o de tu web.

25. Puedes aprovechar la descripción de un *pin* para incluir una llamada a la acción. Invita al usuario a que *clique* en la imagen para llegar a tu web o a la página de campaña que estés promocionando en ese momento.

9

SLIDESHARE

Slideshare es una red social básicamente ideada para el intercambio de documentos, especialmente en formato de presentación (Powerpoint o PDF), aunque la red admite también formatos como Word, Open Office o archivos TXT. La recomendación es usar siempre PDF. De esta manera, te aseguras de que las fuentes de texto que elijas serán las mismas en las que se verá el documento. **Slide** es como se conoce a cada página de un archivo para presentaciones y ya sabiendo que *share* significa compartir, queda clara la vocación de esta red social.

Estamos ante una red pensada para la relación entre profesionales, para empresas que quieren vender a empresas y presentan catálogos o explicaciones de sus servicios y productos; o bien para profesionales que quieren posicionarse como expertos o especialistas en ámbitos concretos y que quieran demostrar sus conocimientos con estos documentos. Es habitual que congresos y eventos tengan también perfiles en Slideshare para reunir lo expuesto durante sus charlas. De esta manera, los asistentes al evento pueden encontrar todas las presentaciones utilizadas en un único punto.

Esta red se fundó en 2006 y en 2015 ya cuenta con 70 millones de usuarios y más de 17 millones de documentos, siendo una de las 100 webs más visitadas del mundo. Slideshare pertenece a Linkedin desde mayo de 2012. Las facturas de las cuentas Premium las emite Linkedin siendo ésta una de las redes sociales donde puedes integrar tus presentaciones también, como veremos cuando hablemos de esta otra red. El principal competidor de Slideshare es http://issuu.com, quizás más orientado a revistas y libros que a presentaciones.

9.1 LA RED DE DOCUMENTOS

En un entorno como Internet, donde aún pesa mucho la voz de cada uno sobre lo que dice ser, es importante poder reforzar la certeza de nuestras afirmaciones mostrando lo que de veras sabemos hacer. Si bien en Internet también tiene un peso creciente la opinión de terceros acerca de nuestras capacidades, poder crear y distribuir documentos confiere credibilidad si el contenido lo merece.

En una cultura cada vez más visual como es Internet, Slideshare es un expositor de lo que somos capaces de hacer a la hora de crear un discurso con este tipo de documentos. Si lo que decimos aporta valor, si es interesante y si gusta a los demás, veremos cómo nuestro documento recibe un número creciente de visitas, de recomendaciones o de descargas (si hemos ofrecido la posibilidad de que quienes estén interesados en el documento descarguen una copia).

Es pues muy importante asegurarse de la pertinencia y de la calidad de los documentos a compartir.

Algunos ejemplos de contenido recomendable a compartir en Slideshare serían:

- Presentaciones acerca de tu visión sobre el campo en el que eres experto, por ejemplo, las que hayas usado en tus charlas y conferencias.
- Manuales que ayudan a resolver problemas concretos, que responden preguntas sobre tu campo o negocio.
- Presentaciones con casos de éxito, qué ha hecho tu empresa que haya funcionado especialmente bien y que pueda ayudarte a captar nuevos clientes.
- Presentaciones que explican cómo funciona un producto o servicio.
- Catálogos de productos, si están convenientemente descritos y explicados. Un catálogo puramente publicitario no te ayudará.
- Portfolios de trabajos anteriores, de clientes que han confiado en ti. Tu presentación corporativa, la que explica qué es y qué hace tu empresa, debería estar en Slideshare.
- Libros en PDF con informes y análisis de datos (libros blancos o *whitepapers*).
- Infografías que hayas desarrollado.
- Modelos de archivos o plantillas de documentos que quieras compartir: hojas de cálculo para un aspecto concreto de tu sector, contenidos clave de un informe determinado, etc.

- Apuntes, material usado en docencia y presentaciones orientadas a la formación.
- Currículum en formatos creativos.

9.2 USO DE LOS METADATOS EN SLIDESHARE

Si bien en un documento Powerpoint, Keynote, PDF o Word caben muchos contenidos, los buscadores no son capaces de identificarlos. Para los motores de búsqueda, estos documentos son invisibles o, con suerte, identificables quizás por el nombre del archivo.

Cuando subimos uno de estos documentos a Slideshare, la red nos ofrece un pequeño cuestionario para que su buscador pueda saber de qué va ese documento: título, tema, descripción y palabras clave, además del idioma, son esenciales para que si alguien busca en Slideshare contenidos como el que nosotros ofrecemos, nuestro documento aparezca.

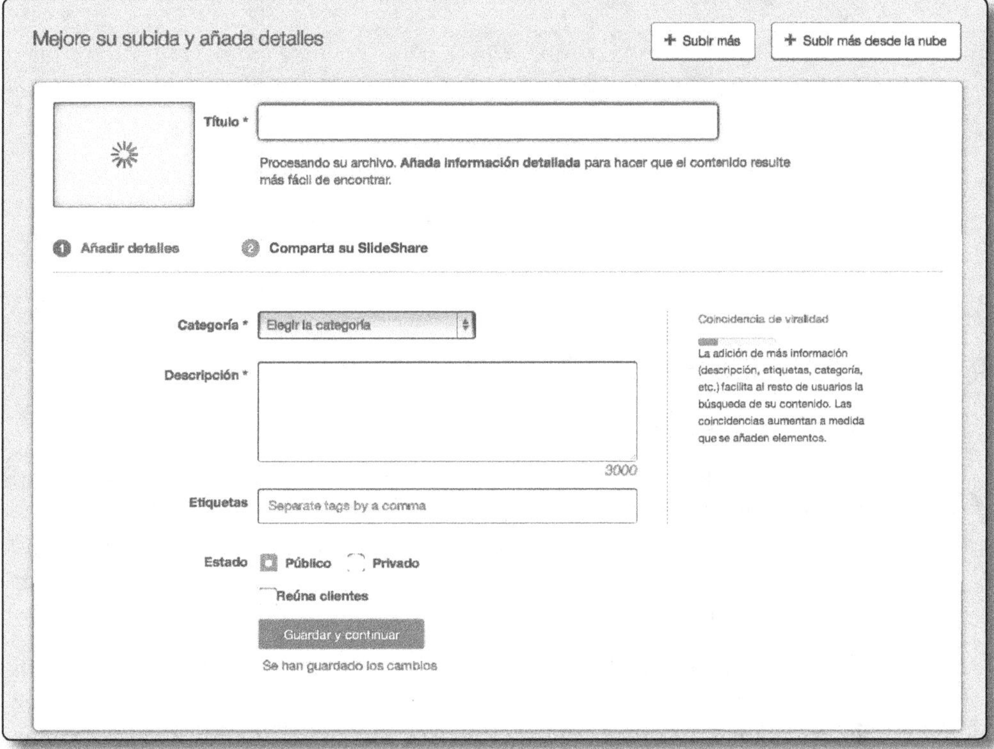

A estos campos de información que describen los datos contenidos en los archivos se les llama **metadatos**.

Es esencial pensar bien qué *metadatos* usaremos para que nuestros documentos tengan el máximo de visibilidad. Además, al incluir la opción "Autor", los *metadatos* quedan como firmados. Aparecerán nuestro nombre y el de nuestra empresa allí donde vaya a parar el documento.

Si bien estos *metadatos* que incluimos en Slideshare ayudarán al buscador de esta red social, los documentos en sí mismos deberían también contener **metadatos descriptivos** para que el documento sea localizable en la mayoría de los buscadores de Internet. No es en absoluto difícil incluir estos metadatos. Basta con seleccionar la opción adecuada. En Word y en Powerpoint podemos añadir *metadatos* seleccionando Archivo/Propiedades del documento. En Keynote, la opción para incluir metadatos está en el "Inspector", seleccionando la pestaña Documento y la opción Spotlight.

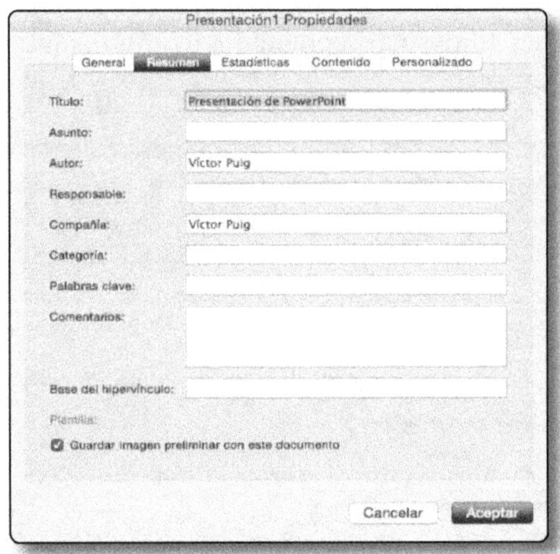

Algunas notas acerca del uso de *metadatos* en Slideshare:

- Piensa en palabras clave, siempre. ¿Qué tres o cuatro términos definen tu contenido? Si tú tuvieras que buscar en Google o en Slideshare un contenido como el de tu documento ¿qué palabras usarías? Asegúrate de que estas palabras aparecen en todos los campos siguientes. Pocas palabras, pero importantes.
- El **título ha de ser breve y llamativo**. Piensa que, por muy original que seas, habrá ya en Slideshare más documentos como el tuyo, así que intenta destacar con el título: conciso, directo al grano. Si incluye una frase por ejemplo del estilo "Cómo conseguir…" mucho mejor.

- La descripción del documento. No te quedes en dos frases de rigor, aquí si puedes extenderte un poco más, pero recuerda mantener el foco en esas palabras clave. Ten en cuenta también que Slideshare convertirá en texto "buscable" los contenidos de tus *slides*. No sirve de nada usar palabras clave en la descripción o en las etiquetas si luego no están en tu contenido.

- **Etiquetas**: ¿he dicho ya palabras clave? Bien, pues aquí van de nuevo, es importante que incluyas como etiquetas aquellas palabras que crees que alguien usaría en un buscador si quisiera localizar un contenido como el tuyo.

9.3 USOS ESTRATÉGICOS DE SLIDESHARE

¿Para que podrías usar Slideshare en tu estrategia de *social media*? Aquí van algunas sugerencias.

- **Posicionamiento de marca:** como hemos comentado, distribuir contenido original que demuestre que eres un experto en tu campo es uno de los objetivos más comunes en el uso profesional de redes sociales. Slideshare es seguramente donde más podrás demostrar lo mucho que sabes sobre un campo, ya que aquí se trata de compartir documentos entre profesionales.

- **Captar datos de contacto con una cuenta Pro:** Slideshare es una red con modelo de negocio *freemium*, esto es, usarla es gratis, pero hay opciones avanzadas que nos ofrecen más posibilidades a cambio de un precio. Las opciones *premium* figuran en el siguiente enlace: http://www.slideshare.net/business/premium/plans. No es el objeto de este libro comercializar la opción *premium*, pero aquellas empresas que no deseen ver publicidad ajena alrededor de sus documentos quizás quieran estudiar esta opción, que ofrece la ventaja adicional de ofrecernos más información acerca del consumo de nuestros contenidos, así como personalizar un poco mejor la página de nuestro perfil.

  Lo más interesante es que puede utilizarse la opción gratuita y sin embargo invertir en una funcionalidad *premium* vinculada a un contenido concreto. Por ejemplo, por una tarifa mensual módica, podemos hacer a través de Slideshare que aquellos usuarios que quieran descargarse una de nuestras presentaciones tengan que dejarnos sus datos de contacto antes, dándonos permiso para contactarles más adelante. Es una forma de conseguir datos de contacto (*leads*) a cambio de la descarga de contenidos y utilizar esos datos para convertir en clientes a aquellos que han mostrado interés por nuestros contenidos.

Ese formulario para captar datos puedes ubicarlo al principio de tu presentación, al final o en medio, en la página que tú consideres. Por ejemplo, si compartes un PDF de 50 páginas, ubicar el formulario en la primera página puede hacer que el usuario sea reacio a darte sus datos si no ha comprobado que el archivo le interesa y si pones el formulario al final perderás a aquellos que no han tenido paciencia de ver entero tu PDF. Una buena opción es ubicarlo alrededor de la página 10. Así quienes lo descarguen lo harán por genuino interés, lo que significa más posibilidades de que un uso eficiente de sus datos de contacto por tu parte los convierta en clientes de tu empresa. También puedes ubicar ese formulario sólo cuando alguien opte por descargarse tu archivo. Es también una muy buena opción.

- **Inserción de presentaciones y documentos en webs y blogs***:* una muy interesante posibilidad que ofrece Slideshare es que podremos incluir muy fácilmente nuestros documentos en una web o en un blog. Igualmente, podemos incluir en nuestros blogs presentaciones ajenas e invitar a que terceros utilicen las nuestras.

  Tal y como hemos visto en el caso de Youtube, en las páginas de Slideshare que muestra un documento aparece un botón que dice "*Embed*". *Clicando* sobre él, obtenemos unas líneas de código HTML. No hace falta ni siquiera saber cómo funciona el lenguaje HTML, basta con copiar las líneas y pegarlas en el post de un blog para que aparezca la misma presentación, visible desde el *post* del blog y con un enlace a la página de Slideshare que ofrece la visualización de ese contenido y el enlace al perfil del autor. A incluir presentaciones de este modo en páginas web y *blogs* se le llama "*embeber*" (una adaptación dudosa del término inglés *embed*, incrustar o insertar).

  Si tenemos un blog y tenemos documentos que nos gustaría poder ofrecer desde el blog, este método es seguramente uno de los más sencillos y rápidos, lo que explica que los blogueros que hablan habitualmente de temas relacionados con comunicación sean usuarios también de Slideshare. Puedes ver un ejemplo de un documento de Slideshare "embebido" en un blog en http://zinkdo.com/reputacion-online-ciudades/.

- Recuerda terminar tus presentaciones con una llamada a la acción, es decir, pidiéndole al usuario que haga algo. Puede ser desde una llamada comercial –si hemos hecho esto que has visto por nuestros clientes, podemos hacerlo por ti– o puede ser un simple "Contáctanos para saber más". Los enlaces dentro de la presentación siguen funcionando en Slideshare: aprovéchalos para derivar a los usuarios a tu web o tu blog. Y en la sección de Analytics de Slideshare puedes medir cuántos clics ha habido en los enlaces de cada una de tus presentaciones. Cuidado: los links en Slideshare sólo funcionarán a partir de la cuarta Slide de tu presentación...

9.4 PAUTAS DE SEGUIMIENTO

Slideshare sigue aquí una pauta parecida a la de Twitter. Verás más fácilmente los contenidos de aquellos usuarios a los que sigues y, de la misma manera, es más fácil que vean tus presentaciones aquellos que te siguen a ti en Slideshare. Así que debes construir tu red de contactos y empezar a hacer esos seguimientos. Piensa qué te interesa: expertos en tu campo, otros profesionales parecidos a ti o que trabajan en el mismo sector, instituciones educativas o formativas que tengan que ver con tu campo de interés, clientes, competidores u otros oradores con los que has coincidido en un congreso.

Una buena pauta es buscar en Slideshare a cualquier contacto profesional que hagas, de la misma manera que lo buscarías en Linkedin. Es una manera sutil de mostrar interés por los contenidos de ese contacto y una invitación sutil a que ellos te sigan a ti.

La página inicial de Slideshare, una vez estés identificado con tu nombre de usuario y contraseña, te mostrará la sección "Tendencia en tu red", que muestra la actividad reciente de tus contactos. Es una buena manera de identificar contenido que pudiera interesarte, ya que ha despertado el interés de los usuarios con los que estás en contacto y de identificar también a quién seguir

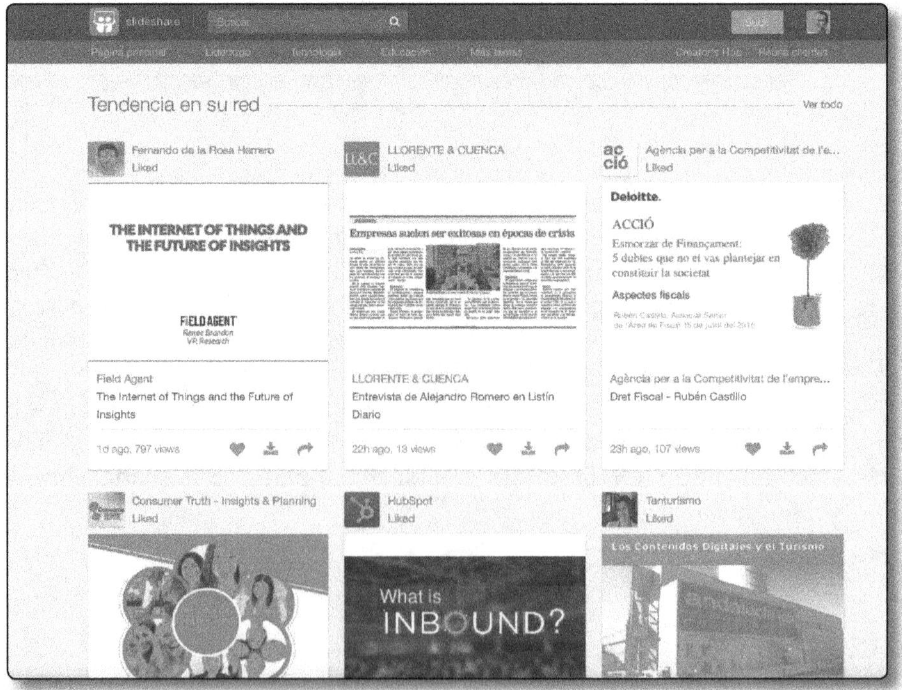

9.5 20 CONSEJOS CLAVE EN SLIDESHARE

1. Tómate un tiempo para ver presentaciones ajenas en Slideshare. No sólo encontrarás contenidos interesantes sobre el tema que prefieras, sino que aprenderás qué funciona y qué no funciona en una presentación. Fíjate en cómo estructuran la información en cada *slide*, en el diseño o en la tipografía.

2. Sé generoso con los *likes* y los comentarios de aquellas presentaciones ajenas que te hayan gustado, interactúa. Es una manera de construir tu red de contactos en esta red y de agradecer a quienes se han tomado el esfuerzo de compartir lo que saben.

3. Busca a tus contactos profesionales en Slideshare tal y como lo harías en Linkedin. Síguelos e invita a tus contactos en Twitter o Facebook a seguirte también en Slideshare.

4. Hacer una buena presentación no es fácil, pero el esfuerzo vale la pena. Comparte documentos que hayas revisado concienzudamente y que estés seguro de que aportan calidad.

5. Una vez subida tu presentación, no olvides promocionarla, publica el enlace que lleva a tu presentación en tus otras redes sociales: un título llamativo en Twitter, una breve descripción en Linkedin o quizás una entrada en la página de Facebook de tu empresa. Recuerda que cuantas más visualizaciones tenga tu presentación, más visibilidad tendrá en Slideshare, así que conviene promocionar tus presentaciones en tus otras redes sociales.

6. A veces vale la pena hacer dos versiones de un mismo Powerpoint: una versión para ser utilizada en su discurso que tenga más peso en la imagen, ya que el contenido lo aportarás oralmente, y una segunda versión con más texto, para ser compartida en Slideshare, de manera que sea comprensible por alguien que no puede escucharte y sólo ve el archivo que estás compartiendo.

7. Tu presentación estará compitiendo con millones de archivos, así que afina tu creatividad. Necesitas un título llamativo e interesante, necesitas una primera **slide** atractiva de la misma manera que un libro necesita una buena portada.

8. Evita que todos los documentos de tu perfil parezcan iguales, eso es un error común en aquellas empresas que tienen unas directrices muy estrictas con el formato de sus documentos y sólo consiguen que todas las portadas sean parecidas. Recuerda que estamos en una red visual, el diseño es importante Un estilo coherente es aconsejable, una repetición de la primera página de tus presentaciones no lo es.

9. El contenido que compartas dirá mucho de ti, cuídalo. En Slideshare encontrarás cientos de presentaciones acerca de cómo hacer presentaciones eficaces, por ejemplo, esta http://www.slideshare.net/jessedee/you-suck-at-powerpoint o esta página de Slideshare http://www.slideshare.net/ss/creators/tips-and-tricks y en la bibliografía de este libro tienes algunas referencias.

10. No olvides incluir *metadatos* tanto en el archivo que vayas a subir a Slideshare como en la descripción del mismo en esta red social. Aunque puedes ser generoso con las palabras clave, intenta centrarte en aquellas que realmente definen el contenido de tu documento.

11. Convierte tus documentos a PDF y asegúrate, antes de subirlos a Slideshare, que el PDF que has generado contiene los *metadatos* que describen el contenido. En caso de tener que alterarlos puedes usar el programa Adobe Acrobat. La versión 5 de este programa genera *metadatos* de los documentos PDF en formato XML. Estos *metadatos* en XML son rastreables para los buscadores.

12. Si quieres asegurarte de que un documento está subido a Slideshare en un momento concreto, por ejemplo, un minuto antes de que subas al escenario de un congreso a usar tu presentación. Es aconsejable que lo subas con antelación y dejes el documento en "Privado". Es más rápido pasarlo de Privado a Público que subirlo desde cero.

13. Si tu contenido es bueno y gusta, es aconsejable que permitas la descarga desde Slideshare. Al fin y al cabo, lo que quieres es el máximo de audiencia para tu archivo. Si permites que los interesados lo tengan a mano en sus ordenadores más se acordarán de ti.

14. Si usas la funcionalidad de Captar Datos a través de la opción de pago que te ofrece Slideshare, es importante que expliques en el formulario para qué vas a usar esos datos. Se trata de un pacto: te permito que descargues este archivo si me das tus datos que sólo usaré para tal o cual cosa. Si el usuario no está seguro de lo que vas a hacer con su email o su teléfono, será raro que te los facilite.

15. Una buena manera de tener a mano buenos consejos sobre cómo usar las redes sociales está en la *home* de slideshare.net. Verás que al final hay una sección llamada "Trending in Social Media" con las presentaciones que están acumulando más visualizaciones en esta red social y que tratan acerca del uso de las redes sociales.

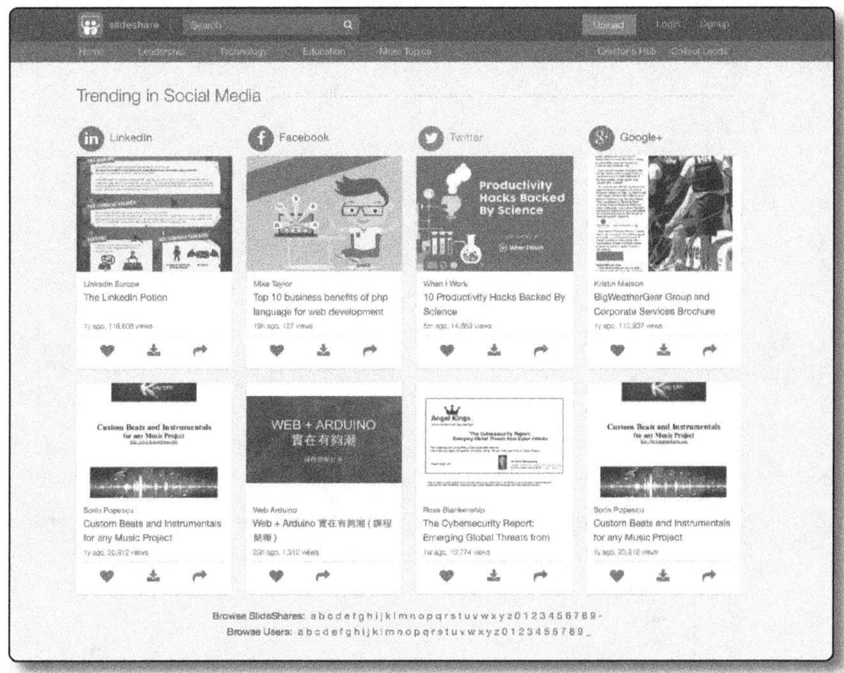

16. **No olvides medir:** hablaremos en más detalle de Métricas en el capítulo correspondiente de este libro, pero te avanzo que tener un ojo puesto en cuáles de tus presentaciones son las más vistas –interesante la lista de Top 5 de tus presentaciones– y cuáles acumulan más *likes* es una buena manera de ver no sólo qué contenido funciona mejor, sino también de observar qué hiciste para promocionar las presentaciones más vistas para repetir las buenas prácticas. Visita la sección de "Analytics" de Slideshare y observa los datos de cada presentación o del global de tus archivos compartidos.

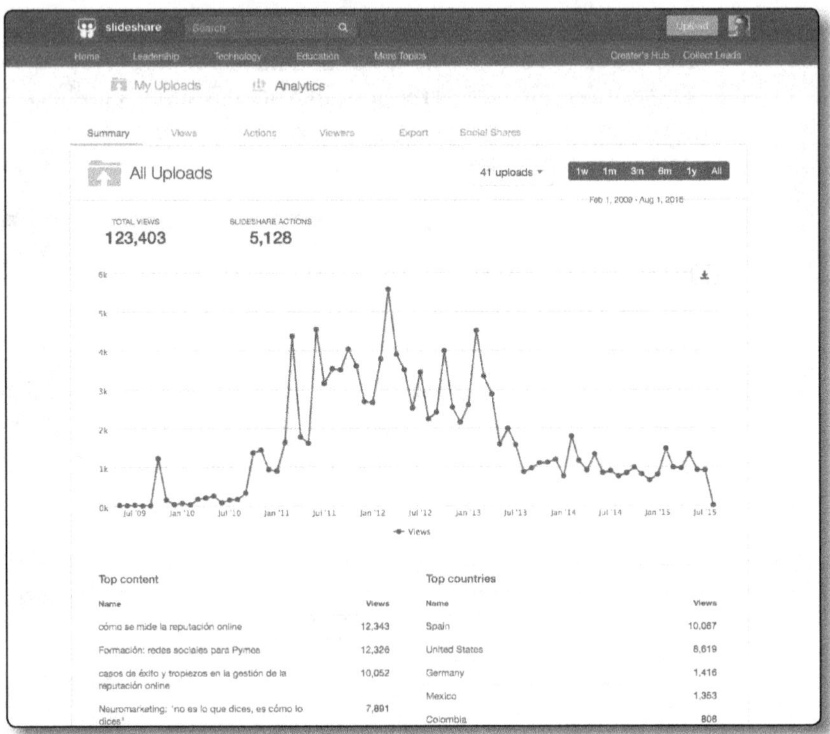

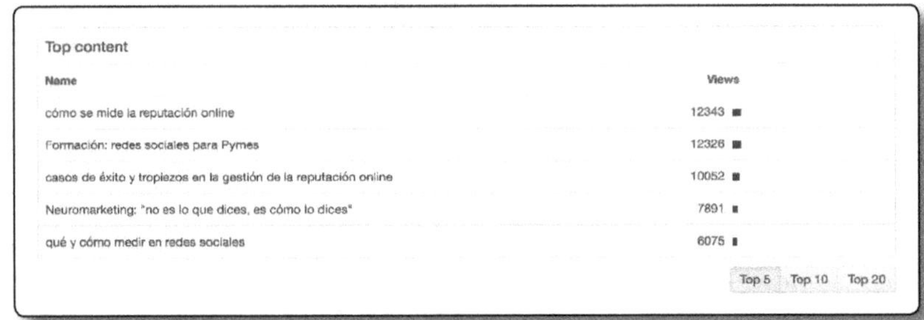

Top content

Name	Views
cómo se mide la reputación online	12343
Formación: redes sociales para Pymes	12326
casos de éxito y tropiezos en la gestión de la reputación online	10052
Neuromarketing: "no es lo que dices, es cómo lo dices"	7891
qué y cómo medir en redes sociales	6075

Top 5 Top 10 Top 20

17. **Atiende a las preguntas y comentarios**: Slideshare no es la red donde más conversación encontrarás, no está diseñada para eso. Pero recuerda que cualquier usuario puede comentar tus presentaciones. Permanece atento a ese *feedback*, agradece los comentarios y contesta las preguntas si se plantean.

18. Puedes insertar en tu perfil de Linkedin aquellas presentaciones que tengas en Slideshare, y asignarla a etapas concretas de trayectoria profesional. Basta con ir a la lista de "Mis Cargas" y *clicar* en el botón "Añadir en Linkedin" que aparece al seleccionar una de tus presentaciones.

19. Puedes crear enlaces desde tu web o tu blog a una *slide* concreta de una presentación tuya en Slideshare, añadiendo el número de página al final de la URL. Por ejemplo, este link te llevará a una de mis presentaciones: http://www.slideshare.net/victorpuig/10-errores-a-evitar-en-tu-reputacin-online y este *link* te llevaría a la página 62 de la misma presentación http://www.slideshare.net/victorpuig/10-errores-a-evitar-en-tu-reputacin-online/62.

20. Si tras leer este capítulo te das cuenta de que quieres mejorar alguna de tus presentaciones de Slideshare, quizás para incluir un link o para cambiar la portada, ten en cuenta que puedes subir una segunda versión de tu presentación a Slideshare mejorando la que ya tienes y manteniendo así la misma URL. Este es un buen truco ya que puedes actualizar tus archivos sin que pierdas la dirección web que quizás otros hayan usado para enlazarte y manteniendo así también en marcha cualquier "embebido" que hayas hecho tú mismo o cualquiera de tus lectores. Sólo tienes que ir a la página de tu presentación, *clicar* en el botón "Editar" y luego seleccionar la opción "Volver a subir"

10

GOOGLE +

En el momento de redactar estas líneas, si hay una red social con un interrogante sobre su futuro esa es Google+. Tanto por los últimos movimientos de la empresa del buscador más importante del mundo como por su escaso uso por parte de los usuarios, todo indica que este será un invento más de Google que no llegará a buen término a no ser que nos sorprendan con una vuelta de tuerca que le devuelva interés.

Parece que Google ha entendido el claro mensaje de sus usuarios. Crear por defecto un perfil en Google+ cuando un usuario genera una cuenta en Youtube (propiedad de Google) o una cuenta de Google Mail sólo ha servido para sembrar esta red de perfiles vacíos, difícilmente borrables, que generan incomodidad y un uso nulo en muchas ocasiones. Cualquiera podría pensar que su perfil en Google+ es el peaje a pagar por tener gratis herramientas tan interesantes como Gmail.

Si pregunto a mi alrededor, compruebo que son muchas las empresas y proyectos que únicamente usan esta red para publicar los contenidos de su blog o su web, con la esperanza de que así el buscador de Google indexe mejor tales contenidos. No están pendientes de la conversación porque apenas sucede en este entorno.

Desde que se lanzara Google+ el 28 de junio de 2011 se pasó de la ilusión por tener una alternativa seria a **Facebook**, a la incomodidad de tener que gestionar dos redes sociales tan parecidas y de allí a la indiferencia por lo que pudiera pasar en una red social con millones de usuarios que, en realidad, apenas pasan por allí. Sin embargo, muy recientemente ha habido muestras de cambios. La creación de Alphabet como paraguas que engloba a las diferentes empresas de Google y la puesta en marcha de una política más flexible en el uso de Google My Business quizás signifiquen un renacimiento de la red social Google+, algo que en todo caso está por ver.

10.1 GOOGLE Y LAS REDES FALLIDAS: GOOGLE WAVE, GOOGLE BUZZ

No hay ninguna duda de que Google es una de las empresas más importantes, creativas y competitivas del mercado mundial. Nos ha proporcionado aplicaciones que hoy son utilizadas por millones de personas en todo el mundo y parece desafiar a nuestra imaginación con los desarrollos que vemos en los noticiarios. Si primero completó **Google Maps** con imágenes de las calles del mundo y ahora avanza con coches que son capaces de prescindir del conductor, ¿qué no será capaz de hacer luego? ¿Qué habrá en sus laboratorios que nos dejará con la boca abierta una vez más?

Y sin embargo, Google parece incapaz, hasta ahora, de crear una red social realmente interesante. Google+ es un tropiezo más en una sucesión de batacazos que empezó hace ya bastantes años. Primero lo intentó con **Google Vídeo** (2005), que fue el intento fallido que llevó luego a la compra de lo que entonces era una pequeña empresa de poco más de 60 empleados llamada Youtube en 2006.

Cuando nace Twitter en 2007, Google compra una red parecida, **Jaiku** (que pese a tan japonés nombre, nació en Helsinki), pero la cierra en enero de 2012 tras un segundo nacimiento como aplicación móvil en 2009, igualmente fallido. **Google Voice** nace en 2009 pero desapareció rápidamente. Gracias a su uso los de Mountain View aprendieron a identificar órdenes de voz, un conocimiento que ahora usan en el sistema operativo para móviles Android.

Otro de esos inventos fallidos fue **Google Wave**. La idea era muy buena: cualquiera podía compartir documentos con otros creadores y trabajar en equipo. Un invento que entusiasmó a ciertas comunidades, pero que pasó bajo el radar del usuario común. Demasiado complicada, Wave nació en 2009, cerró en 2010 y eliminó sus contenidos del todo en 2012.

En 2010, justo después de Wave, llegó **Google Buzz**, de "buzz", zumbido en inglés, que si lo que pretendía era generar "ruido" como su nombre indica, lo consiguió. Vinculada a Gmail, resultaba insoportable recibir una avalancha de notificaciones cada vez que alguno de nuestros contactos hacía cualquier cosa en cualquier servicio de Google. Muy rápidamente los usuarios de Gmail desactivaron las funcionalidades de Buzz, que se disipó sin más en 2011.

Otro experimento sin éxito en Google acabó generando que un grupo de ex empleados aprovecharan lo aprendido para crear **FourSquare**.

Cuando Google lanzó **Google+,** cualquier observador mínimamente perspicaz pudo ver que la inspiración en Facebook era un poco más que evidente, incluso mejorando a la red de Mark Zuckerberg en algunos detalles. Por ejemplo, G+ permitía segmentar los mensajes a publicar haciéndolos visibles sólo a ciertos grupos de nuestros contactos, agrupados en lo que la red llama Círculos. En aquel entonces, cualquier mensaje en un muro de Facebook llegaba a cualquiera de nuestros amigos, fueran familia, compañeros de estudios o de trabajo. Obviamente, Facebook respondió enseguida con la creación de listas, en las que podemos también clasificar a nuestros contactos para dirigirles o no cada una de nuestras publicaciones.

Pese a este tipo de carrera de mejoras, Google se empeñaba en ralentizar su red, por ejemplo, impidiendo que las empresas y corporaciones tuvieran perfiles. G+ nació dirigida sólo al usuario particular. No será hasta mucho más tarde cuando permita el uso corporativo seguramente al comprobar los ingresos que a Facebook le reporta el sistema de Facebook Ads, pero esta afirmación es sólo una opinión personal y por lo tanto rebatible.

Los movimientos en las redes sociales que ha intentado Google siguen en marcha. Desde mayo de 2015 **Picasa** es **Google Photos** y habrá que ver en qué acaba. En junio de este mismo año el *link* a los perfiles de Google+ que había en el buscador se evaporó y desde julio es posible tener un perfil en Youtube sin generar al mismo tiempo otros en Google+, que en agosto deja de ser una aplicación obligatoria en los sistemas operativos para móviles Android. Parece que todos estos movimientos anuncian un triste ocaso para otra red de Google que no logra cuajar.

10.2 GOOGLE + PARA LA EMPRESA: GOOGLE MY BUSINESS

Con este panorama, ¿vale la pena crear desde cero una presencia en Google+? ¿Para qué puede servirte que tu proyecto esté en esta red? La respuesta no es evidente, pero por el momento si ya tienes esa página creada, obviamente habrá que mantenerla lo mejor posible. Una buena presencia en Google+ puede aportarte una mayor visibilidad en los buscadores de tu empresa y cierta capacidad de difusión de contenido. En mi opinión y por ahora, poco más.

En todo caso, y dada la brutal importancia del buscador de Google, interesará que tu negocio tenga una página en Google+ especialmente si se trata de un punto de venta o atención al cliente físico, ya que así te aseguras la mejor presencia posible en **Google Maps**.

Así, cuando creas una página de empresa en Google+, te ofrecen tres modalidades:

- **Escaparate**: es la opción recomendable para negocios locales y especialmente para que tu tienda, tu negocio o tu oficina aparezcan lo mejor posible en Google Maps.
- **Área de servicio**: te será útil si tu actividad económica no depende tanto de un lugar concreto como de una zona en la que trabajas. Se utiliza cuando eres tú el que se desplaza al local o vivienda de tu cliente y te servirá para delimitar en Google Maps ese círculo de x kilómetros alrededor de un punto, siendo esa área aquella en la que te ofreces a trabajar.
- **Marca**: te será útil si no coincide con tu negocio ninguna de las dos opciones anteriores, es decir, si tu actividad no depende de una zona geográfica concreta.

Los servicios que ofrece esta red de forma gratuita para las empresas se agrupan ahora bajo el nombre **Google My Business**, evolución de lo que se llamaba antes Google Local. Tienes todos los detalles en https://www.google.com/business/, una página donde te listan algunas de las ventajas de recurrir a este servicio:

- Es una buena manera de que la información que aparece en las páginas de resultados de búsqueda de Google cuando alguien busca tu empresa sea correcta y que la puedas editar, es decir, que te asegures de que tu dirección y tu teléfono de contacto sean los que tú quieras. Sólo por esto vale la pena. Cabe decir que esto no altera los resultados del buscador, pero sí los datos sobre tu empresa que aparecerán en la columna derecha de los resultados de búsqueda.

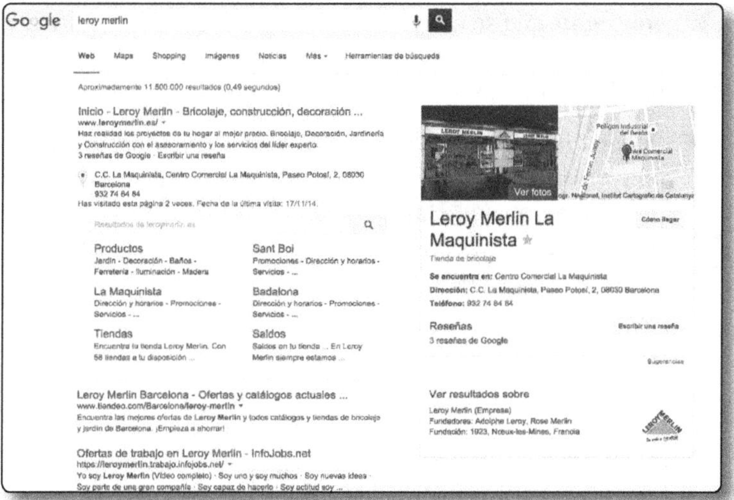

- La visibilidad que te otorga la presencia en el buscador es útil, eso está fuera de toda duda. Puedes completar esa presencia especificando el horario de atención al público o aprovechando las ventajas de Google Maps para que el usuario sepa cómo llegar desde donde haya hecho la búsqueda hasta la puerta de tu negocio.

- Esa visibilidad la tendrás también en Google Maps, es decir, no aparecerás sólo cuando alguien te busque, sino también cuando un usuario consulte un mapa de la zona en la que está tu negocio. Esto es especialmente interesante si tienes una tienda física, un restaurante o un alojamiento.

- Desde tu página en Google+ puedes ver las reseñas y opiniones que los usuarios hayan hecho de tu establecimiento en esta red social al mismo tiempo que puedes aportar tus explicaciones o tus fotografías. Al principio decía que en Google+ apenas hay conversación entre usuarios, pero esta opción abre la posibilidad de un diálogo entre empresas y clientes que puede ser interesante. Por supuesto, tienes la opción de contestar a esos comentarios en nombre de la empresa.

- La información de tu negocio aparecerá también en dispositivos móviles, una opción de nuevo interesante si tu negocio está abierto al público general en un establecimiento físico.
- Google te anima a publicar las novedades de tu empresa, es decir, a alimentar de contenidos tu página en Google My Business ya que la tienes en marcha.
- **Hay varias posibilidades de intentar fidelizar a tus clientes**: desde conseguir que se conviertan en seguidores de tu marca, al más puro estilo Facebook, hasta conseguir que te recomienden con el **botón +1** que puedes ubicar tanto en tu web como en tu página de Google+.
- Puedes incluso hablar con tu clientes, siempre a su iniciativa. Aquí las conversaciones pueden ir un poco más allá del texto en el muro para pasar a la voz con Hangouts o con GTalk.

- Hay una capa de información estadística asociada a Google My Business que te aporta luz sobre un asunto interesante: cómo te han encontrado tus usuarios en esta red. Un buen uso de estos datos te puede resultar útil para mejorar el posicionamiento en buscadores de tu web, por ejemplo. Podrás saber cuántas veces te han encontrado en Google o cuántos *clics* acaban en tu página.

10.3 GOOGLE + Y SEO: ¿MITO O REALIDAD?

Siendo Google+ propiedad del buscador, y dadas además las dificultades que hemos relatado para hacer de esta red un lugar interesante, dice la leyenda que una buena manera de conseguir mejor posicionamiento en el buscador para una web o un blog es precisamente publicar sus contenidos con el enlace correspondiente en Google+. Es decir, que si tienes un blog, por ejemplo, tendrás más posibilidades de colocarlo bien en los resultados de búsqueda de Google si publicas los extractos de tus *posts* con los enlaces al blog como contenidos en Google+.

Una búsqueda en Google con esta pregunta te llevará seguramente a una infinidad de artículos que aseguran que claro que sí, que publicar esos enlaces en Google+ mejorará el posicionamiento en buscadores de tu página web. Pero si lees más despacio verás que, en el fondo, se trata de que la información que aparezca de ti en el buscador sea más precisa, lo que puedes conseguir con **Google My Business**, como hemos explicado antes. Verás también que cualquier fuente que incremente el tráfico de tu web está aportando un poquito de relevancia a tu web, no por los enlaces o porque sea propiedad de Google, sino por que incrementa el tráfico. Pero claro, para conseguir ese tráfico tienes que cultivar muy bien tu red de contactos, darles contenido interesante y publicar regularmente, exactamente igual que en cualquier otra red social. De ahí a asegurar que hay que publicar en Google+ sólo por el SEO hay una gran distancia.

Ante las dudas que generan el futuro y la continuidad de Google+, ¿vale la pena iniciar el esfuerzo sólo por un poquito más de SEO? En mi opinión, discutible como todas las opiniones, no. Pero como mi opinión no es la de alguien que se gane la vida solo con el SEO, he preguntado a profesionales de confianza más avezados que yo y las respuestas que me han dado van en la misma línea. No hay magia de SEO en Google+, no hay atajos. Un buen trabajo de contenidos tiene una recompensa, mientras que "postear" por "postear" no consigue grandes ni pequeños cambios.

Ocurre exactamente lo mismo con el famoso botón "+1". No se trata de una solución que vaya a solucionar los problemas de SEO de una web, pero sí puede ayudar a acumular un poquito más de tráfico, de la misma manera que lo conseguirías invitando a los lectores de tu web o de tu blog a *tuitear* o publicar en Facebook un artículo tuyo que les haya gustado.

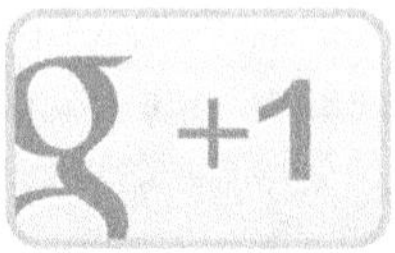

Si recurrimos a una fuente fiable del SEO como MOZ veremos que los expertos creen que el algoritmo de Google no cuenta directamente las veces que se menciona una web en las redes sociales, pero que el incremento de tráfico que de ellas se deriva tiene cierta correlación con los resultados de las búsquedas. En el estudio más reciente, Google+ contaba con el mismo peso que el total de menciones en Facebook, pero Facebook tiene más factores a tener en cuenta[11].

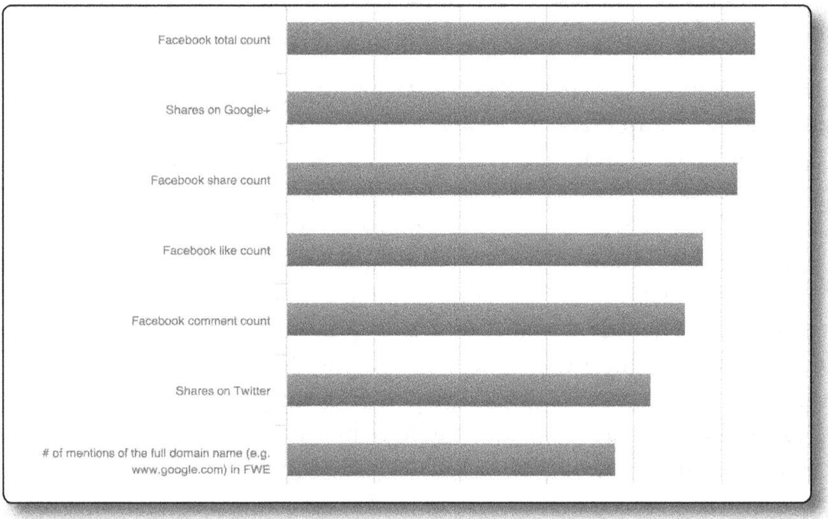

Utilizar Google+ con sentido, como hemos explicado con otras redes sociales, tiene el único riesgo de que la red deje de tener continuidad para Google. Puede ser tan válido en tu estrategia como el uso de cualquier otra red social, donde el objetivo rara vez será mejorar el posicionamiento orgánico de tu web. El objetivo de tu presencia en cualquier red social ha de pasar por tus objetivos de negocio y por adaptar el contenido a las características de cada red. Dejemos la mitología aparte.

---

11 Fuente: https://moz.com/search-ranking-factors.

10.4 10 CONSEJOS CLAVE EN GOOGLE+

1. Si vas a usar Google+ a nivel particular, trabajar bien los Círculos en los que incluyes a tus contactos te ayudará a segmentar a qué tipo de público quieres que llegue cada contenido que publiques. Puedes crear tantos Círculos temáticos como necesites. Esa facilidad a la hora de clasificar contactos para dirigir contenidos a unos u a otros es uno de los grandes atractivos de esta red social.

2. Especialmente interesante si usas G+ en tu marca personal es asegurarte de que en la configuración de tu perfil has seleccionado la opción que hace tu perfil "encontrable" ("Open to Search") en Google. Esta opción habilita que quien busca tu nombre acabe encontrando tu perfil en Google+, si lo has dotado de contenido, claro.

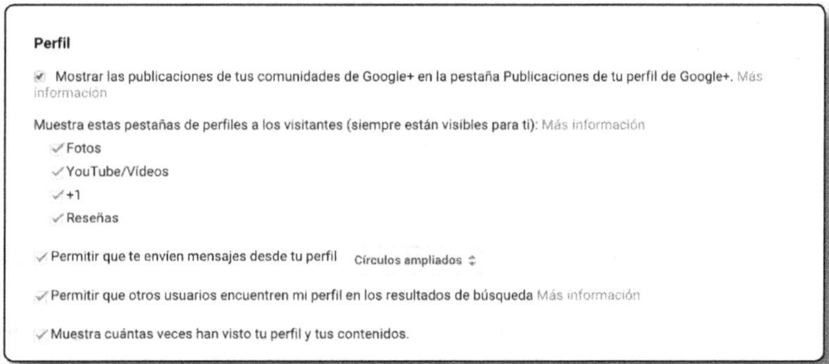

3. Como hemos visto en otras redes, aprovecha el contenido multimedia también aquí. Combina texto, imágenes o vídeos y no olvides enlazar a tu web o tu blog si es posible.

4. De la misma manera que en tu web o blog habrás añadido *plug-ins* sociales para que los lectores puedan publicar directamente tus contenidos en sus redes, asegúrate de que uno de esos botones sociales sea el famoso "+1" para así facilitar que sean los usuarios quienes prescriban tus contenidos en esta red.

5. Puedes vincular tu perfil en Google+ a una serie de direcciones web en las que publicas contenido, lo que siempre resulta interesante. Para hacerlo, entra en tu perfil, ve al apartado "Información" y edita el apartado "Enlaces". Puedes añadir perfiles en otras redes sociales, blogs de tu propiedad o páginas web en las que colaboras.

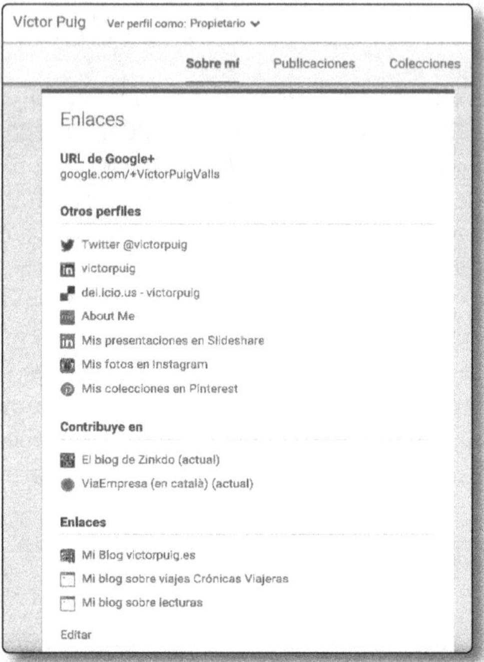

6. Por fin, puedes tener una dirección URL personalizada en Google+. Hasta hace poco, las direcciones de los perfiles en esta red eran una complicada lista de código aleatorio, pero si tienes más de 10 seguidores, más de 30 días de antigüedad en Google+ y una foto en tu perfil, podrás cambiar esa sucesión de letras y números por palabras con sentido que te faciliten publicar la dirección de tu perfil en Google+.

7. Si tienes un negocio con una instalación física, búscalo en Google Maps y comprueba si la información que allí aparece es correcta. Si existe, solicita la Administración de ese lugar. Verás enseguida como hacerlo en Google Maps, ya que el enlace "¿Eres el propietario de la empresa?" te lleva a Google My Business, que te ofrecerá la posibilidad de recibir un código de verificación en la dirección postal de ese lugar o bien te llamarán al teléfono de contacto que figura en Google Maps para darte ese código. Google trata así de asegurarse de que le cede la administración a quien realmente debe tenerla. Si tu negocio no existe aún en Google Maps, puedes darlo de alta usando Google My Business. Es sencillo y te aseguras aparecer tanto en los mapas como en los resultados de búsqueda de Google con tu información de contacto bien visible.

8. Una buena opción de uso en Google+ es participar o crear Comunidades, una funcionalidad parecida en su filosofía a los grupos abiertos o cerrados de Facebook o a los foros de debate en Linkedin. Verás un panel de Comunidades en la barra lateral de Google+. Es muy interesante saber que puedes participar en estas Comunidades tanto como usuario particular o como desde una marca, lo que abre posibilidades interesantes de ubicar contenido y establecer relaciones con quienes están interesados en los mismos temas que tu o en lo que puedas ofrecer a comunidades temáticas.

9. Otra funcionalidad diferencial e interesante vinculada a Google+ son los **Hangouts**. Un hangout, que podríamos traducir como una "quedada" o un encuentro informal, viene a ser una videoconferencia en grupo que puede reunir en una misma conversación hasta 10 usuarios diferentes, es decir, tú mismo más nueve usuarios. Puedes utilizar estas videoconferencias para atender a tus clientes en vídeo, para hacer demostraciones de producto online, para realizar debates entre expertos o reuniones a distancia.

10. Una interesante evolución de los *hangouts* del punto anterior son los **Hangouts on Air (HOA)**, en castellano **Hangouts en Vivo**. Se trata de la posibilidad de que esa videoconferencia entre varios usuarios sea accesible en directo a través de Youtube a cualquier otro usuario. Por ejemplo, podrías preparar un *hangout* de varios expertos sobre un tema que, auspiciados por tu marca, comparten sus opiniones en una videoconferencia donde ellos participan y que es abierta a la audiencia interesada en ese tema a través de la retransmisión en directo en Youtube. El público ve la videoconferencia, pero no puede participar en ella. Luego, puedes editar los mejores fragmentos de ese *Hangout en Vivo* para guardar el vídeo resultante en tu canal de Youtube. Para hacerlo necesitas tener un canal de Youtube y una página de Google+.

11

TUMBLR

Esta red social tiene amantes fieles entre quienes conocen sus entresijos y cuenta también con la indiferencia de quienes no se han adentrado en ella. Parece que no hay término medio, o te enamoras de Tumblr o no llegas a entenderla. Veamos qué es y cómo usarla. Podríamos decir que Tumblr es la manera más sencilla, rápida y simple de tener un blog –un **tumblelog**– en marcha donde acumular tanto contenidos propios como aquellos contenidos ajenos que has encontrado en Internet y que te gustaría mantener a mano en un mismo lugar, tu blog en Tumblr.

Los 249 millones de blogs que contiene Tumblr se nutren de todo tipo de contenido: imágenes, vídeos, textos, fotos, archivos de audio, enlaces a artículos interesantes, prácticamente cualquier cosa que uno encuentre en Internet lo podrá incorporar en su blog en Tumblr. Se suben a esta red 75 millones de piezas de contenido cada día.

¿Cuál es pues la parte social de una herramienta que parece pensaba para crear blogs sencillos? Pues que en Tumblr estos blogs tienen seguidores y seguidos, como en otras redes sociales. Los usuarios de Tumblr pueden seguir a otros usuarios para conformar un muro de novedades que les permite ver las últimas publicaciones de aquellos blogs que le gustan. Y si ven cualquier contenido que quieran tener aún más a mano, lo pueden "**republicar**" para así añadirlo a su propio espacio en Tumblr.

Podríamos simplificar mucho y decir que Tumblr es un Twitter de blogs. De hecho, se define a Tumblr dentro de la categoría de "microblogs". Existe desde 2007 y en 2011 lanzó su versión en español. Tumblr pertenece a Yahoo desde 2013.

11.1 LA MANERA MÁS SENCILLA DE TENER UN BLOG

Crear un blog en Tumblr es realmente sencillo. Basta tener una cuenta de correo electrónico, pensar en una contraseña y un nombre de usuario y ya tenemos la mitad del trabajo hecho. En cuanto nos registramos, Tumblr nos propone algunos temas *y tumblelogs* a los que empezar a seguir. Una vez hayamos elegido cinco –el buscador puede ayudarte–, Tumblr crea nuestro "*dashboard*", similar al *timeline* de Twitter o el Muro de Facebook, con los contenidos que hayan publicado recientemente aquellos *tumblelogs* a los que seguimos.

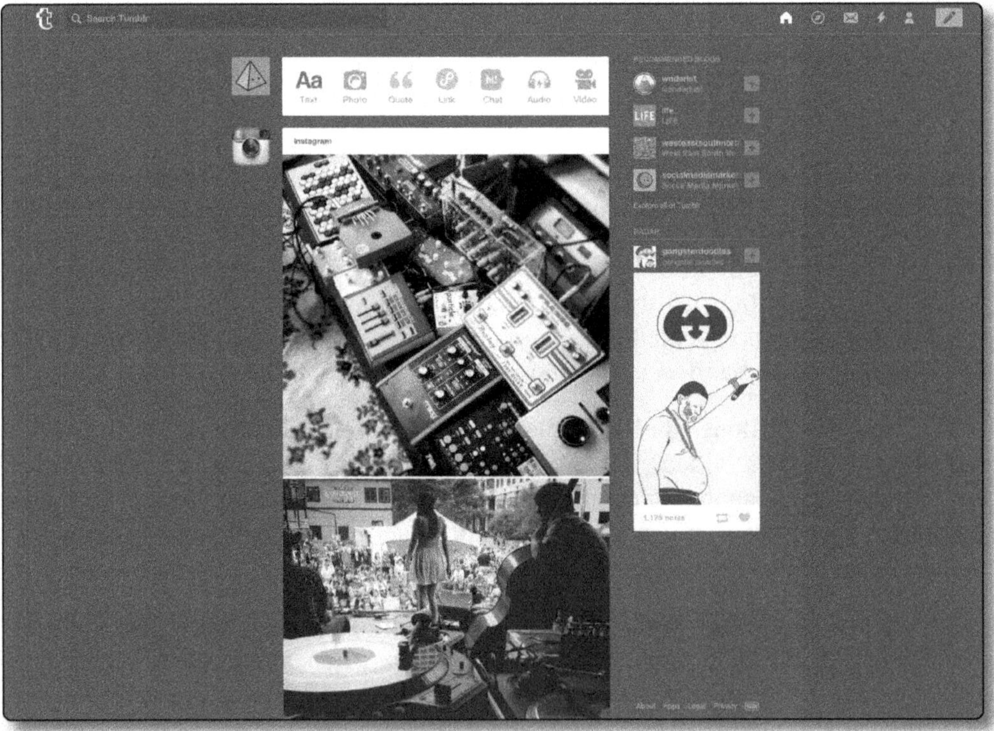

Es buen momento para darle un poco de diseño a nuestro *tumblelog*. Podemos elegir una imagen de cabecera, un avatar, un título y una breve descripción. Si vas a usar esta red a nivel profesional, servirá los elementos que ya hayas elegido para tu perfil en Twitter o tus páginas de Facebook, de este modo tu presencia en las diferentes redes sociales será coherente.

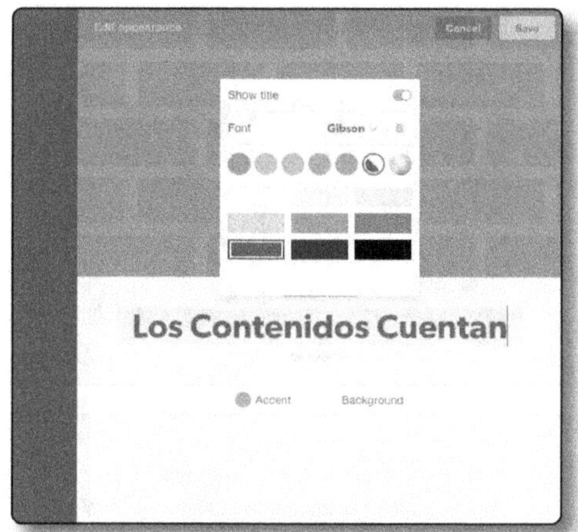

Ya tenemos listo nuestro blog en Tumblr. En apenas cinco minutos. Para publicar cualquier cosa simplemente tenemos que elegir qué formato tiene el contenido que queremos subir en el selector que aparece en el encabezado de nuestro muro.

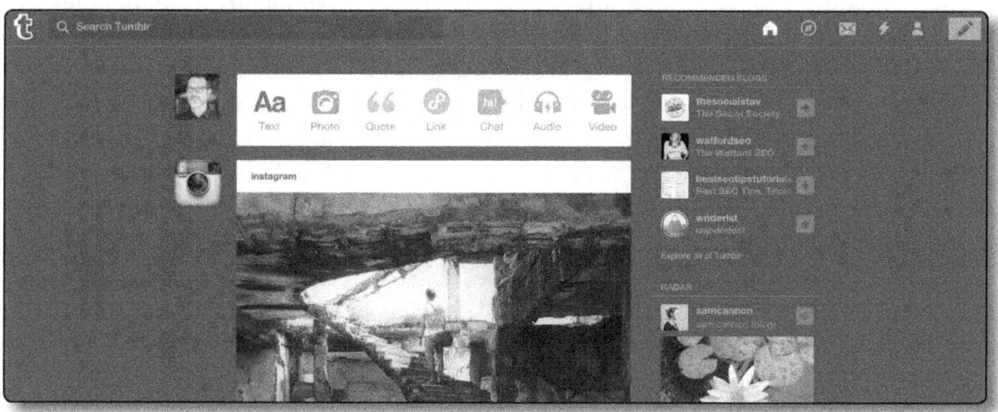

Por supuesto, en cuanto tengas listo tu blog el paso siguiente es instalarte la aplicación de Tumblr en el móvil. Es una buena manera de ver contenidos ajenos publicados en esta red y de estar más al tanto de la interacción que consigas.

Aquellos que quieran entretenerse más pueden personalizar los detalles de su *tumblelog* adaptando tipografías, colores o usando plantillas de diseño parecidas a los *themes* que existen para Wordpress. Pese a la facilidad de uso de Tumblr, esta no es una de las redes sociales más utilizadas en nuestro entorno. En el *Estudio de Redes Sociales de IAB Spain* (enero 2015), Tumblr aparece en decimosegunda posición, conocida por un 26% de los usuarios y utilizada apenas por un 4%. Estamos ante un uso minoritario pero que funciona muy bien en algunos nichos de usuarios, especialmente en aquellos vinculados a la moda, el diseño, la creatividad, tecnología, gastronomía o el coleccionismo. Cito especialmente el coleccionismo porque, al igual que ocurre con Pinterest, Tumblr es la red de quienes atesoran una colección muy particular de contenidos: quizás interesen a poca gente, pero a esos pocos les interesa mucho.

11.2 USO DE TUMBLR EN MARCAS

El uso más común de Tumblr a nivel profesional es tener un blog a coste cero y con una necesidad nula de cualquier conocimiento técnico. Si querías un blog corporativo para poder publicar fácilmente contenidos cortos, ideas, imágenes o vídeos, Tumblr es más rápido que Wordpress y también consigue ser rastreado con eficacia por buscadores como Google. Además, en Tumblr es más fácil crear un **blog**

de referencias (un blog de acumulación de contenidos ajenos que te han resultado interesantes) que en plataformas como Wordpress.

Mantener un blog en Tumblr es tan sencillo que hasta puede ser una muy buena manera de que un equipo de trabajo acumule artículos, informes o referencias interesantes de otras fuentes de Internet en un solo espacio. Si un equipo tiene acceso a la misma cuenta de Tumblr, cuando cualquier participante localice un contenido interesante podrá publicarlo allí y así almacenarlo y compartirlo. Tendrás así un repositorio de contenido en un mismo lugar y siempre online. Para agregar cualquier contenido a tu *tumblelog* puedes usar el editor, como hemos descrito antes. Y si el contenido que quieres agregar ya está en otro *tumblelog*, sólo tienes que "rebloguearla" pulsando en las dos flechas que verás formando un bucle en la esquina superior derecha del contenido, al lado del corazón que puede pulsar para dar un *like* a esa publicación si quieres.

De la misma manera que hemos visto en Pinterest, Tumblr es ideal para publicar los elementos de un catálogo, especialmente si los productos son gráficamente atractivos: moda, cocina, gadgets, etc. Por ejemplo, Sephora tiene un Tumblr muy bien personalizado en http://theglossy.sephora.com/, igual que la revista GQ http://gqspain.tumblr.com/ o la marca L'Oreal http://loreal-es.tumblr.com/.

Tumblr es especialmente interesante para ti, si tu marca, producto o servicio está muy vinculado a la creatividad. En este caso es más sencillo que tu contenido se "viralice" y acabe llegando al público que o bien prescriba tus servicios o bien esté interesado comercialmente en ellos. Tumblr se considera a veces una red de creadores.

Cabe mencionar que aunque los usuarios de Tumblr sean minoritarios en nuestro entorno, si son muy activos. Una vez tengas un grupo de seguidores, es buena idea mantener un ritmo de publicación más bien alto. Como siempre, abusar de la paciencia ajena es mala idea, pero publicar de dos a cuatro veces al día no es exagerado en Tumblr. Puedes mantener un ritmo de publicación parecido al que uses en Twitter, pero recuerda que en Tumblr funciona siempre mejor el contenido de carácter visual.

Si acabas de empezar en Tumblr y necesitas acumular audiencia o conseguir que un contenido llegue a más gente de la que te sigue, siempre puedes invertir en los formatos publicitarios que te ofrece esta red. Podrás segmentar a tu audiencia por género, localización geográfica y temas de interés. La comercialización se factura por interacciones (**CPE** o *Cost Per Engagement*). Si usas los formatos publicitarios para contenidos en vídeo lo que conseguirás es que el vídeo corra indefinidamente en bucle y arranque sólo, es decir, no necesitarás que el usuario "clique" en él para que se inicie. Otras posibilidades de la publicidad en Tumblr te servirán para promocionar tu blog y conseguir así más seguidores al incluirlo en los blogs recomendados por la plataforma.

11.3 10 CONSEJOS CLAVE EN TUMBLR

1. Usa bien las etiquetas de tus contenidos. Es la fuente más interesante para acabar siendo encontrado. Añade al contenido que vayas a publicar varias etiquetas que lo definan.

2. **Tumblr es una red más visual que textual**: mejor infografías que explicaciones, mejor textos muy cortos (*quotes,* o sea, declaraciones de apenas una frase) que textos demasiado largos.

3. Tómate tiempo para localizar usuarios interesantes a los que seguir. No sólo por enriquecer tus contactos en las redes sociales, sino también para nutrirte de contenidos que puedan ser interesantes para "rebloguearlos" en tu Tumbr. Como hemos visto en otras redes, sé generoso con los *follows*, con los comentarios y con los *likes*.

4. Una buena manera de encontrar usuarios interesantes a los que seguir es ver qué le ha gustado a quienes ya has encontrado. Si has dado con un usuario especialmente interesante entra en tumblr.com/liked/by/nombredelusuario y verás a qué le ha dado un *like* recientemente.

5. **Permite preguntas**: en el menú de configuración de tu *tumblelog* verás la opción "Permitir preguntas". Si la activas, en tu perfil aparecerá el símbolo de un sobre. Los usuarios que vean tu *tumblelog* pueden dejarte así mensajes privados. Seguramente recibirás pocos, pero nunca está de más abrir una vía de comunicación más con los usuarios si eres una marca o un profesional.

6. Si vas a publicar varios contenidos seguidos, ten en cuenta que puedes "postponerlos", es decir, programarlos para que aparezcan más tarde. Siempre es más interesante espaciar un poco las publicaciones que subir demasiados contenidos a la vez. Verás que junto al botón "Post" hay una flechita que señala hacia abajo. Esa flecha despliega un menú que te permite elegir cuándo quieres que ese contenido se publique en tu *tumblelog*.

7. Si te atreves un poco con el HTML puedes personalizar tu *tumblelog* con más cariño y añadirle funcionalidades. Por ejemplo, en la dirección http://heatherrivers.com/projects/tumblr-tag-clouds te explican cómo añadir una nube de *tags* a partir de las que hayas usado en tus publicaciones en Tumblr.

8. Una buena manera de alimentar tu perfil de Tumblr es sincronizarlo con tu perfil de Instagram, de manera que cada vez que subas una foto a Instagram ésta parezca en Tumblr. Puedes sincronizar ambas redes desde la aplicación de Instagram. Encontrarás esta opción en la configuración, apartado "Cuentas vinculadas".

9. Una forma muy sencilla de publicar en Tumblr es instalar una extensión en tu navegador. Por ejemplo, la extensión "Post to Tumblr" para el navegador Chrome añade un botón con el logo de Tumblr en tu navegador. Pulsándolo envía ese contenido a tu Tumblr.

10. El buscador de Tumblr deja mucho que desear. Como en otros casos, Google es una mejor opción. Para buscar a través de Google contenidos en Tumblr, a tu búsqueda en Google añade la expresión site:tumblr.com.

12

MONITORIZACIÓN

En el capítulo dedicado a la Gestión de la Reputación Online hemos explicado que monitorizar es el primer paso de la metodología de trabajo en Reputación, y que consiste básicamente en detectar qué se está diciendo en Internet de nosotros, quién lo está diciendo y dónde lo está diciendo. En este capítulo profundizaremos acerca de cómo monitorizar y veremos más usos de esta interesante técnica.

La monitorización consiste en el uso de herramientas de rastreo de contenidos en Internet orientadas a la obtención de datos que podamos analizar para extraer conclusiones que nos permitan mejorar nuestro negocio. Desglosemos esta definición un poco más:

- Una herramienta de rastreo es un software que se dedica a buscar contenidos a partir de una serie de palabras o expresiones clave que nos interesen. Veremos que herramientas de rastreo hay muchas: las hay de uso gratuito, de uso *freemium* y las hay de pago. A riesgo de que algunas desaparezcan o de que surjan nuevas, en este capítulo tienes un listado de algunas.

- Estas herramientas recorren la red (web, blogs, medios de comunicación, redes sociales) buscando y recopilando aquellos contenidos que coincidan con nuestra búsqueda. Estos datos acumulados no sirven de gran cosa si luego no los analizamos.

- El análisis de estos datos nos debe permitir, por un lado, entender qué respuestas hemos de dar a qué contenidos, en qué espacios online deberíamos tener presencia, con qué usuarios influyentes deberíamos relacionarnos, etc. Por otro lado, lo más importante, averiguar qué está fallando en nuestro servicio, producto o negocio y cómo podemos mejorar esos fallos.

Monitorizar puede ir mucho más allá del cuidado de nuestra Reputación Online. Podemos monitorizar para detectar los movimientos de nuestros competidores, para analizar cómo se percibe una campaña de publicidad, el lanzamiento de un nuevo producto o para tener un estudio de mercado sobre qué opinan ciertos consumidores de ciertos temas. Monitorizar es tomarle el pulso a la parte de Internet que más nos interese para saber qué ocurre en la red acerca de un tema concreto.

12.1 ESCUCHA ACTIVA

A menudo se utiliza la expresión "**Escucha Activa**" como sinónimo de Monitorización, pero hay una diferencia sutil. Si monitorizar podría reducirse a la captación de datos, la Escucha Activa va más allá porque implica no sólo el análisis de estos datos sino también la adopción de una cierta pauta de interacción hacia esos mensajes recibidos. Es interesante ver la definición de la Wikipedia sobre el término de Escucha Activa, ya que añade esta interesante acepción: "La escucha activa consiste en una forma de comunicación que demuestra al hablante que el oyente le ha entendido. Se refiere a la habilidad de escuchar no sólo lo que la persona está expresando directamente, sino también los sentimientos, ideas o pensamientos que subyacen a lo que se está diciendo".

Aplicado al campo que nos ocupa, la Escucha Activa comprende pues que la respuesta que demos a esos contenidos que hemos detectado monitorizando establezca una cierta **empatía** con el emisor de esos contenidos, que entendamos por qué se dan esos comentarios (positivos, negativos o neutros) y actuemos en consecuencia. Significa algo mucho más profundo. Si de verdad tu empresa está dispuesta a escuchar, también debería estar dispuesta a efectuar cambios en su operativa, en su producto o en su comunicación, si lo que escucha le está dando pistas de qué prefiere el cliente final...

Como hemos visto al hablar de Reputación, lo primero que desea un usuario que expresa una opinión que nos afecta es ser escuchado. Hemos visto también que no siempre quien opina sobre nosotros se va a dirigir a nosotros. La monitorización nos permitirá detectar esos comentarios y la Escucha Activa nos mostrará cuándo y cómo deberíamos participar en esa conversación para que ese usuario, que quizás nos mencionaba sin dirigirse a nosotros, se sienta atendido. Es el primer paso para que una opinión negativa se torne positiva.

Pero al margen del proceso de Gestión de la Reputación, podemos querer monitorizar por otros muchos motivos. Por ejemplo:

- **Conocer la opinión de nuestro público objetivo sobre un tema que nos afecta**: podemos orientar la monitorización a detectar comentarios sobre nosotros, nuestra marca o nuestro producto, o bien sobre el campo sobre el que queremos actuar. Por ejemplo, si nos planteamos lanzar un nuevo producto al mercado quizás queramos saber antes qué percepción existe acerca de los competidores que han hecho movimientos parecidos.

- **Mantenernos alerta y avisados**: las herramientas de monitorización no son ninguna panacea en cuanto a la velocidad de detección de comentarios, pero pueden ser muy útiles para determinar qué comentarios sobre nosotros tienen más posibilidad de difusión e impacto. Localizarlos cuanto antes nos permitirá dar una respuesta antes de que el problema se extienda.

- **Detectar relaciones entre usuarios**: a través del uso de la monitorización y del análisis de los datos podemos llegar a detectar desde qué usuarios se está haciendo más hincapié en qué opiniones y podemos medir en cierta manera qué otros usuarios están amplificando el mensaje. En algunas ocasiones, es posible determinar qué intereses hay tras una opinión negativa viendo desde qué tipo de usuarios surgieron las primeras críticas y estudiando qué usuarios se apoyan en las opiniones vertidas por otros usuarios.

- **Saber dónde podemos mejorar**: A menudo una buena cantidad de comentarios de nuestros consumidores captados a lo largo del tiempo nos van a señalar con bastante exactitud qué percepción tienen esos usuarios de un aspecto concreto de nuestro negocio. Una crítica sobre un problema puede ser anecdótica, pero una tendencia creciente en críticas sobre un aspecto concreto debe alertarnos. O fallamos nosotros o falla la percepción que estamos transmitiendo. Monitorizar nos llevará a atar cabos y seguir monitorizando nos permitirá también saber si las medidas tomadas están siendo bien aceptadas.

- **Saber qué ocurre offline, sobre el terreno**: escuchando y rastreando opiniones podemos averiguar problemas que nos afectan pero que no se expresan directamente en nuestra compra. Por ejemplo, buscando opiniones sobre nuestros distribuidores, sobre nuestros vendedores o tiendas, sobre cómo de fácil o de difícil es encontrar nuestro producto en un lugar determinado.

- **Averiguar si una campaña está funcionando como esperábamos**: a veces los problemas de reputación empiezan con campañas que nos parecían muy creativas pero que están generando malentendidos o lecturas que no esperábamos. Iniciar una monitorización poco antes del lanzamiento de una campaña publicitaria nos permitirá asegurarnos de que nuestro mensaje se capta con la intención con la que lo emitimos. Incluso podemos detectar errores de nuestros proveedores. Por ejemplo, monitorizando el impacto de una campaña publicitaria de un cliente detectamos un número inusualmente alto de quejas en un país latinoamericano y analizando esas quejas vimos que la agencia local no había establecido un límite de repeticiones del anuncio en Youtube. Los usuarios se quejaban de que cada vez que querían ver un vídeo aparecía el anuncio de nuestro cliente una y otra vez. Un problema que pudimos solucionar en minutos con un email, ahorrando tanto problemas de reputación como presupuesto de medios.

- **Detectar usuarios influyentes**: las herramientas de monitorización y el análisis de los datos que de ellas obtenemos nos van a ayudar a determinar qué usuarios tienen una cierta influencia sobre otros o quiénes son los que consiguen amplificar más sus mensajes. Esto puede sernos muy útil no sólo para priorizar las respuestas a dar, sino para tomar nota de quiénes son los más escuchados en un campo concreto de cara a mejorar nuestras acciones de relaciones públicas con *influencers*, como veremos en el capítulo correspondiente.

- **Establecer o validar líneas editoriales**: si sabemos qué temas interesan más a nuestros usuarios, si hemos establecido un territorio temático que nos interesa incluir en nuestros contenidos o bien si queremos evaluar qué respuesta está teniendo un competidor con lo que está comunicando en una dirección concreta, las herramientas de monitorización pueden darnos pistas sobre qué opinión consiguen generar estos contenidos en los usuarios.

- **Compararnos con nuestros competidores**: muy a menudo y como veremos en la metodología de monitorización, la mejor manera de poner en perspectiva ciertos datos es saber también qué parámetros tienen nuestros competidores. En dos campañas de publicidad coincidentes, ¿cuál está encajando mejor en el público, cuál está generando más polémica? ¿El número de comentarios negativos que nos afecta es mayor o menor del que afecta a nuestros competidores?

- **Coordinar la respuesta online y la respuesta offline**: Aquellas empresas que disponen de un servicio de atención al cliente que normalmente utiliza el teléfono o el correo electrónico querrán seguramente incorporar las redes sociales y la Escucha Activa entre sus herramientas. En primer lugar, para que la respuesta ante un queja sea coherente en cualquier canal y, en segundo lugar, para actuar de forma proactiva y dar respuesta a un comentario aunque no se dirija directamente a nosotros, siempre que dar esta respuesta sea interesante. Saber el nivel de influencia del usuario que se queja, por ejemplo, puede ayudarnos a decidir si queremos actuar aunque no se dirija a nosotros.

12.2 ¿CÓMO MONITORIZAR? METODOLOGÍA

Abordar un proyecto de monitorización requiere tener unas cuantas ideas claras antes de empezar y ser lo suficientemente flexible para ajustar la herramienta y nuestras expectativas a medida que se reciban los primeros datos. Cometerá un error aquel que crea que por ubicar unas cuantas palabras clave en una herramienta está monitorizando bien.

Veamos una propuesta de metodología de monitorización online en 10 pasos que deberían poder ayudarte a obtener el máximo partido de tu esfuerzo monitorizando:

1. Plantea objetivos: ¿qué es lo que quieres conseguir? ¿Cuál es la pregunta a responder? Podrían ser objetivos válidos algunos de los motivos para monitorizar que hemos visto en el apartado sobre Escucha Activa. O quizás quieras responder a preguntas tales como ¿qué usuarios son más críticos con mi empresa y por qué?, ¿qué medios de comunicación alcanzan mayor difusión en Twitter cuando hablan de mi producto?, ¿cuáles son los 10 puntos que generan más críticas sobre mi empresa entre los consumidores?, ¿qué percepción tienen de mi marca los consumidores de diferentes países, en cuáles debería esforzarme más en comunicar mejor?

2. Elige indicadores: de los muchos datos que te ofrece cualquier herramienta de monitorización profesional, deberías prestar especial atención a aquellos que tengan una relación más directa con el punto anterior, los objetivos de tu proyecto de monitorización. Nunca está de más jugar con el resto de los datos e indicadores, pero centra tu atención en responder a la pregunta o preguntas que te habías planteado inicialmente.

3. ¿Qué temas son los más importantes?: antes de empezar a monitorizar deberíamos saber en qué áreas temáticas querremos agrupar los comentarios que recibamos, ya que de esta manera podremos analizar los datos con más precisión. Por ejemplo, si nuestra empresa tiene varias gamas de producto distintas (coches, motos y furgonetas) querremos saber luego si los comentarios positivos y negativos se refieren a una gama o a otra. No es lo mismo saber que nuestra empresa recibe 1.000 comentarios negativos, que saber que de ese millar, 900 se refieren a las motos. También podemos definir que los temas tengan que ver con las áreas de nuestra actividad (atención al cliente, producto, servicio post venta, campañas de publicidad, ofertas y promociones).

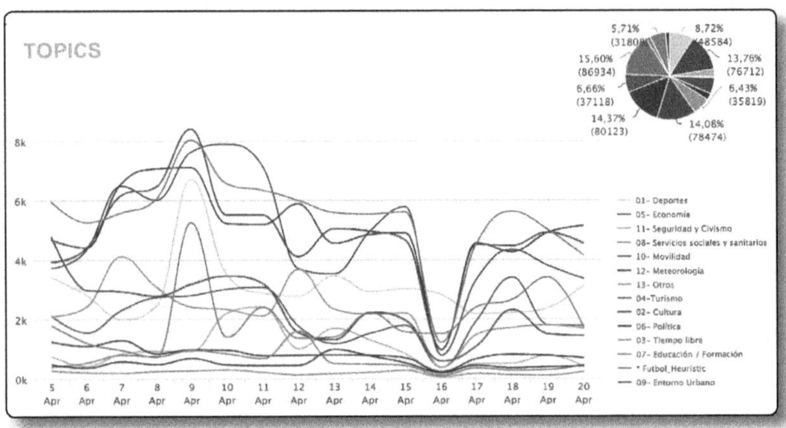

4. Crea diccionarios semánticos para elegir temas y competidores: cada uno de los temas anteriores se conforma de un conjunto de palabras clave que tenemos que decidir. En este punto podemos ser bastante exhaustivos o más generalistas en función del número de temas que hayamos definido y normalmente podremos corregir los diccionarios –añadiendo palabras, quitándoselas o cambiándolas de categoría– cuando la herramienta nos dé los primeros datos. Hay que incluir términos formales, coloquiales, nombres mal escritos, etc. Siguiendo el ejemplo anterior, cuando la herramienta detecte una mención de nuestra marca en la que figure la palabra "frenos", ¿deberíamos considerar que corresponde al tema "seguridad" o al tema "servicio posventa" o a ambos?

Además, en esta fase debes elegir si te vas a comparar con otras marcas o productos y también evaluar si los diccionarios temáticos que aplicas sirven también al suyo. Algunas consideraciones sobre este punto:

- Si vas a compararte con competidores, casi seguro que tendrás que optar por herramientas profesionales de pago. Intentarlo con herramientas gratuitas te consumirá muchas horas y pocas veces los datos serán del todo equiparables.

- A menudo estas herramientas de pago marcan diferentes tarifas en función del volumen de información que localizan. Incrementar alegremente el número de competidores a considerar también incrementará el presupuesto.

- Como le dicen a los niños abusones en el colegio, métete con los de tu tamaño. Hacer una comparativa monitorizando con competidores mucho más grandes que tú podría llevarte a frustraciones o a que tus datos se diluyan tanto entre el global de datos que no puedas extraer conclusiones. Medirte contra quienes tienen mucha menos capacidad que tú te podría situar en un escenario de irresponsable indulgencia.

- El escenario ideal es elegir tres o cuatro competidores que trabajen en un territorio parecido o igual al tuyo y que sepas que disponen de recursos más o menos parecidos.

5. Configura la herramienta: Una vez hemos hecho la planificación anterior, hay que volcarla en la herramienta que hayamos elegido. Lógicamente, este paso será diferente en cada herramienta, pero en el fondo se trata de que el software esté listo para monitorizar sólo lo que nos interesa: en qué territorio, en qué idiomas, qué palabras clave definen si un contenido debe ser incluido en nuestra selección o no y en qué diccionario temático va cada término.

Es interesante que seas tú quien pueda volcar esta información en la herramienta, sobre todo, porque si aprendes a hacerlo bien también podrás aplicar cambios rápidamente si lo ves necesario. Depender del servicio de atención al cliente de la herramienta para hacer cambios sencillos puede llevarte a retrasos y a incomodidades. Cuanto más control tengas, más rápido avanzarás. A veces este es un paso tedioso y no exento de complicaciones técnicas, aunque este tipo de herramientas está mejorando cada día a pasos agigantados. Ten en cuenta que vale la pena invertir tiempo en la configuración para evitar perder tiempo luego filtrando menciones o contenidos que no sean relevantes.

6. Empieza a medir: ha llegado el momento de empezar a recabar datos. Una vez lanzas el software para rastrear quizás tengas resultados inmediatamente o quizás debas esperar unas horas, esto depende de la herramienta. Es importante estar atento a los primeros resultados para validar que efectivamente la información que estamos recogiendo es pertinente para nuestro caso.

Si vas a monitorizar una campaña o un periodo de tiempo preciso, ten en cuenta que las dos fases anteriores y la siguiente fase pueden llevarte más tiempo del previsto. Este proceso es importante, tanto hacer los diccionarios como volcarlos en la herramienta y eliminar el "ruido" llevará días seguramente. Lo ideal es tenerlo todo listo una semana antes del periodo que te interesa medir, por si acaso. El momento de empezar a medir no coincide casi nunca con el momento del inicio de la campaña, normalmente deberá ser anterior.

7. Elimina ruido: por muy bien que hayas planificado los pasos anteriores, solo el inicio de recogida de datos te dejará ver hasta qué punto necesitas ajustes. El lenguaje humano, tan rico y polisémico, está lleno de sorpresas y pequeñas trampas que hace que monitorizar sea tan interesante. Es más que probable que cuando los datos vayan llegando compruebes que muchos de ellos no tengan nada que ver con tu marca o con lo que querías estudiar. A los resultados que no son útiles les llamamos **ruido**. Estamos en la fase de reducir el ruido todo lo que sea posible, a fin de que al final del periodo, los datos numéricos con los que trabajamos (por ejemplo, el número de menciones que tenemos en una red social concreta) sea lo más fidedigno posible.

Un par de ejemplos para ilustrar este problema. Cuando en nuestra agencia quisimos demostrar las ventajas de la monitorización con un ejemplo difícil, elegimos monitorizar las menciones de seis ciudades españolas durante el mismo periodo de tiempo. Tienes este informe en la bibliografía de este libro y puedes verlo en **http://bit.ly/zdciudad**, al que corresponden algunas de las capturas que ilustra este capítulo. Ya asumíamos que una de las dificultades sería separar las menciones de la ciudad (Barcelona, Zaragoza, Sevilla) de las menciones al equipo de fútbol de la misma ciudad (Fútbol Club Barcelona, Real Zaragoza, Sevilla Fútbol Club). Pese a que usamos todo tipo de filtros lógicos, eso es, "parametrizar" la herramienta para que ignore cualquier comentario que contenga palabras como fútbol, empate, partido, punto, jugado, pelota, balón aunque en el mismo contenido figure el nombre de la ciudad, tuvimos que filtrar a mano y eliminar de los contenidos localizados cientos de menciones del estilo "el Barcelona lo ha hecho bien" e intentar repescar contenidos eliminados como por ejemplo "el tráfico en Barcelona está fatal cuando hay fútbol".

A veces estas precauciones son previsibles, como en el caso del fútbol, y a veces no lo son tanto. La Oficina de Turismo de Bélgica en Barcelona nos encargó un estudio para saber la opinión del turista español sobre las ciudades de Valonia en comparación con las ciudades de Flandes. Fue un caso muy interesante. Ya sabíamos que la ciudad de Spa sería problemática porque se escribe igual que las facilidades de hidroterapia de muchos centros turísticos, pero filtramos menciones para que sólo eligiera aquellas en las que apareciera Spa junto a términos relacionados con las carreras de Fórmula 1, dado que muchos turistas van allí a ver estas carreras. También sabíamos que la ciudad de Brujas nos daría problemas: aquí fue más complicado separar las menciones a cuentos infantiles o los insultos. Pero lo que no vimos hasta que empezaron a llegar datos es que la ciudad de Mons se escribe igual que la abreviatura de Monseñor. Nos alarmó ver tantos contenidos referentes a la iglesia. La dificultad añadida es que la iglesia de Mons es un reclamo turístico. Aquí la norma lógica, para admitir o no un contenido rastreado, tuvo que ser bastante más elaborada.

8. Valida los diccionarios y el sentimiento: de la misma manera que los primeros resultados nos darán pistas acerca de qué ruido tenemos que eliminar, también tendremos que ver si los contenidos detectados se ubican en los diccionarios correctamente o si hemos de hacer correcciones. Por ejemplo, el término "guardia" estaba ubicado en el apartado de seguridad de "Seguridad y civismo", pero el término "guardia de tráfico" lo ubicamos en movilidad y transportes. Es importante ver qué contenidos van a parar a cada tema para validar si hay que hacer cambios en los diccionarios.

Muchas herramientas intentan también dilucidar de forma automática el sentimiento de un comentario, es decir, si la mención es positiva, negativa o neutra. La mala noticia es que estas herramientas rara vez aciertan por encima de un 50% de las atribuciones de sentimiento. Esto se debe a la riqueza del lenguaje para usar la ironía, los dobles sentidos, los juegos de palabras y hasta el sentido del humor. Pocas herramientas resisten esta prueba, por no decir que hoy por hoy, no hay ninguna que lo logre. Habitualmente, la herramienta de monitorización comparará el contenido que ha encontrado con un diccionario de palabras positivas y de palabras negativas para determinar el sentimiento. Pero encontraremos casos como, por ejemplo, que alguien diga en un *tweet* "qué fantástico es el servicio de atención al cliente que apenas ha tardado un año en resolver mi problema" y lo considerará positivo. O podemos vernos con que un usuario diga "todos las empresas del sector son un desastre, funcionan fatal, engañan y mienten menos la empresa Tal" y que este comentario sea considerado negativo para esa empresa.

Aclaremos que separar las menciones neutras de las positivas y negativas es importante. No es lo mismo que se nos mencione sin más (por ejemplo, en un directorio de empresas) a que se nos recomiende. Las prescripciones son lo importante, las menciones pueden ser interesantes para tener una referencia de si nuestra marca se conoce más o menos, pero no podemos considerar positiva cualquier mención que no sea crítica.

Por ahora, la única manera de validar el sentimiento es hacerlo a mano. La pauta habitual es ver en la herramienta sólo los comentarios negativos y comprobar si realmente lo son, corrigiendo el sentimiento de los que no lo sean y luego hacer lo mismo con los positivos. Por eso es importante que la herramienta que hayas elegido pueda hacer estas correcciones rápidamente. Algunas de estas herramientas "aprenden" a medida que se les corrige el sentimiento, de forma que a medida que se corrige a mano este dato, la herramienta supuestamente acierta más en las siguientes oleadas de contenidos. Nótese que advierto "supuestamente".

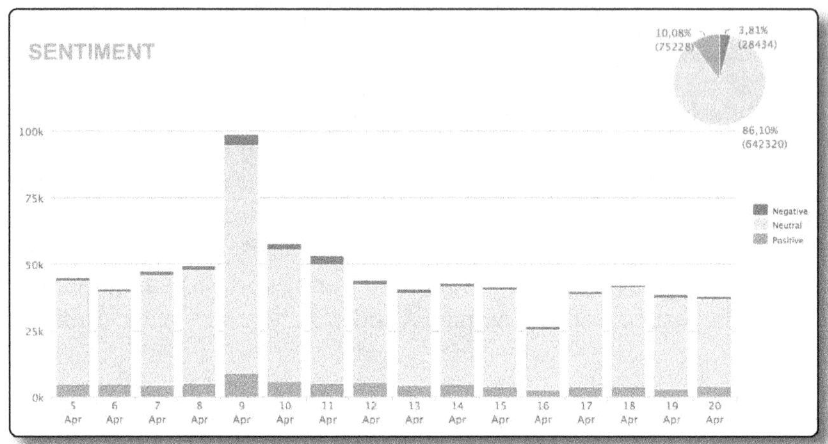

Si el volumen de menciones es enorme y humanamente es imposible validar el sentimiento de todas ellas sin invertir una cantidad irracional de tiempo, lo aconsejable es fijarse en las menciones con más impacto. Por ejemplo, podemos validar a mano el sentimiento de las quinientas menciones con más impacto, tomar nota de cuántas de ellas corregimos y en qué sentido y extrapolar la corrección al total de la muestra. Si de quinientas menciones hay 300 neutras, 50 negativas y 150 positivas, tengamos esa proporción en mente para dilucidar cuántas menciones positivas habrá en 10.000 contenidos. No es exacto, pero es factible y, sobre todo, en estos casos, lo que más valor tendrá no será tanto el número como la tendencia ¿Tenemos más o menos menciones negativas que en los últimos tres meses?

En todo caso, y antes de causar desesperación a quien quiere monitorizar, hemos de advertir que los resultados que obtengamos serán convenciones y que estas convenciones las elegimos nosotros. Somos nosotros quienes elegimos con qué términos hacemos los diccionarios, de forma que si decidimos clasificar una palabra en un tema concreto eso no será correcto o incorrecto, será nuestra convención y nos será útil para obtener conclusiones. De igual modo, asignar un sentimiento u otro es una convención. Un mismo contenido puede ser positivos para nosotros y negativo para un competidor o un contenido puede parecer muy positivo pero en realidad no afectarnos demasiado. Recordemos nuestro objetivo, la pregunta que queremos responder a través de la monitorización y decidamos temas y sentimientos en función de esos objetivos.

9. Analiza los resultados: esta es la parte más apasionante de este proceso, la que consiste en transformar los datos en información, y la información en conocimiento. Se trata de observar los resultados, de profundizar en aquellos aspectos concretos que hayamos detectado y nos hayan sorprendido. Se trata de dilucidar el porqué de esas menciones, ahora que ya sabemos dónde, quién y qué se dice de nosotros.

Tengamos en cuenta aquí que para analizar un paisaje no es lo mismo tener una foto que tener una película. Es la secuencia de informes sucesivos lo que más información nos va a dar. En el caso concreto de una crisis puntual será importante ver los comentarios casi en tiempo real, pero lo habitual en estos procesos es recabar datos y analizar periodos cortos, quince días o un mes, y entonces, observar cómo las variables evolucionan a lo largo de diferentes meses. Cruzando esos periodos de tiempo con nuestras acciones podremos saber qué impacto hemos conseguido. Si en el tercer mes hemos corregido las menciones negativas que detectamos el primer mes, el número de menciones positivas también debería subir. Si el segundo mes decidimos hacer acciones en prensa, ¿qué menciones positivas se detectan a raíz de ello en los meses siguientes? Las tendencias siempre serán más interesantes que los números. Mil menciones negativas pueden parecer muchas, pero si sabemos que los meses anteriores eran dos mil y dos meses antes eran cinco mil, validan que estamos en el camino correcto.

Muchas herramientas permiten hacer búsquedas sólo entre los contenidos que han detectado en un periodo de tiempo concreto. Vale la pena entretenerse para indagar detalles concretos, intentar averiguar la fuente original de un rumor o los usuarios que actúan sistemáticamente a nuestro favor ¿Les seguimos en las redes sociales? ¿Les agradecemos su gesto? ¿Qué mueve a nuestros prescriptores, cómo podemos conseguir más?

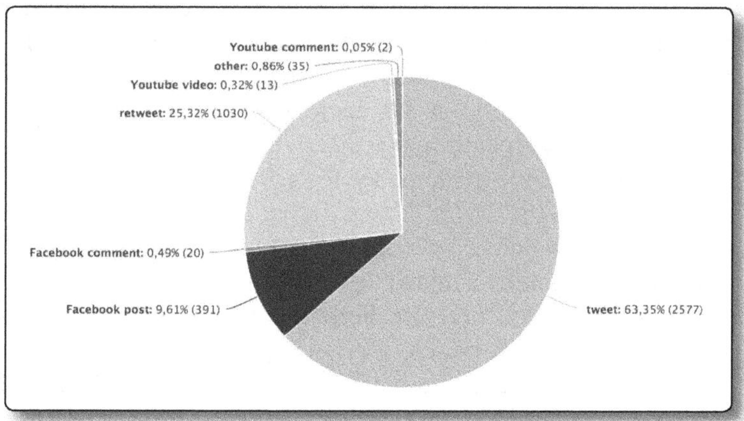

Figura 12.1. Podemos ver dónde publicamos más y qué respuestas obtenemos en cada red

10. Toma decisiones de negocio: esta es la parte más importante de todo proceso, sin la cual el resto queda en un ejercicio de gimnasia mental. Aquí se trata de decidir qué vas a cambiar a tenor de los datos, decidir qué debes mejorar y cómo vas a hacerlo. ¿Debemos comunicar de otra manera algún aspecto concreto de la compañía, podemos corregir ese detalle en el producto que genera críticas, somos capaces de batir a nuestro competidor a través de la mejora de la atención al cliente? ¿Quizás sea conveniente iniciar acciones de relaciones públicas con usuarios influyentes o incrementar nuestros esfuerzos para aparecer en prensa? ¿Las ventas que ha generado esa campaña tan polémica compensan la erosión que ha sufrido la imagen de marca? Recordemos el objetivo inicial y asumamos que si no somos capaces de aplicar lo que hemos aprendido monitorizando, lo que habremos hecho es perder tiempo y dinero. Quizás aprender, cierto, o validar que estábamos en el camino correcto, pero me atrevo a asegurar que en la mayoría de los casos de monitorización se pueden extraer conclusiones de negocio que deberían ayudarnos a tomar las decisiones adecuadas para mejorar.

12.3 ¿CÓMO ELEGIR LA HERRAMIENTA ADECUADA?

Ya hemos visto cómo monitorizar, veamos ahora algunos criterios a valorar a la hora de elegir con qué herramienta queremos hacerlo.

- **Presupuesto**: seguramente uno de los factores definitorios será ver cuánto podemos invertir para obtener los resultados que nos hemos planteado. Seamos realistas, no podemos hacer una comparativa de diez productos nuestros contra los diez de nuestros cinco competidores en cada uno de los mercados europeos y cada uno de sus idiomas a partir de una herramienta gratuita. Tengamos en cuenta que muchas de las herramientas gratuitas son en realidad *freemium*. Nos permiten usar algunas de sus funcionalidades sin pagar, precisamente para que veamos lo interesante que resultan las opciones bajo pago. La buena noticia es que cada vez aparecen más y mejores herramientas de monitorización y la competencia entre ellas reduce los costes.

- **Cobertura:** ni siquiera Google con toda su tecnología es capaz de rastrear absolutamente todos los contenidos que hay en Internet, así que asumamos que ninguna herramienta nos va a mostrar todas las menciones a nuestra marca, a no ser que sean realmente pocas. Antes de decidirse, conviene averiguar cuál es la capacidad de acción de esa herramienta en los espacios que nos interesan. Hay que presionar un poco a quienes nos quieren vender servicios para asegurarnos de que son los que necesitamos. Por ejemplo, nos llevó unas horas darnos cuenta de que una herramienta que para España funcionaba bien tenía serios problemas para rastrear redes sociales en México. Cobertura también implica la capacidad de mirar hacia atrás en el tiempo, es decir, detectar comentarios que nos interesan y que se han producido antes de que empezáramos a monitorizar. Eso es fácil hacerlo para páginas web o blogs, pero no para redes sociales cuyos contenidos son efímeros como, por ejemplo Twitter. Pocas herramientas pueden ver más allá de una semana hacia atrás en esta red. La cobertura en Facebook también suele dar problemas, dado que esta red social impone unos pagos a las herramientas que quieren rastrear sus contenidos y no todas las herramientas lo hacen de la forma adecuada. Por supuesto, ninguna debería poder rastrear conversaciones privadas.

- **Facilidad de uso:** insisto en lo idóneo de poder aplicar diccionarios uno mismo o de poder entender bien cómo busca la herramienta, de aplicar filtros para que deje de lado lo que para nosotros es ruido. Que la herramienta sea fácil de usar nos permitirá dedicar más horas al análisis que a la validación de los datos que es de lo que se trata.

- **Agilidad:** es radicalmente distinto trabajar con una herramienta que tarda horas ante cualquier cambio –de sentimiento de un comentario, de aplicación de un filtro nuevo, de eliminación de un grupo de contenidos que no resultan relevantes– que trabajar con una capaz de alterar los resultados casi en tiempo real a medida que filtramos ruido o validamos sentimiento.

- **Idiomas:** muchas de las herramientas desarrolladas en el mercado anglosajón funcionan razonablemente bien en inglés, pero no acaban de distinguir entre, por ejemplo, el catalán y el francés, o el gallego y el castellano. La mayoría son directamente incapaces de trabajar bien en euskera. Si los idiomas son importantes para tu análisis, asegúrate de que la herramienta va más allá de distinguir las direcciones IP de las fuentes de contenidos.

- **Exportando los datos:** casi todas las herramientas permiten exportar los datos a un archivo Excel, que luego podrás trabajar para generar las gráficas a tu gusto. Pero lo ideal es asegurarnos de que la misma herramienta tiene ya cierta capacidad de mostrar los datos en formatos interesantes, de que una vez hayas validado que los contenidos detectados son correctos no tengas que perder ni un minuto en visualizarlos de forma que puedas analizar las gráficas fácilmente. Es lo que se llama "cuidar el output".

- **Atención al cliente:** pese a todas las precauciones anteriores, es interesante cerciorarse también de que habrá alguien al otro lado en caso de necesidad. Si detectamos que un filtro no funciona o si tenemos problemas para extraer un gráfica, resolver el tema con un email o una llamada a un proveedor que nos atiende es siempre un consuelo. Dado que técnicamente las herramientas tienden a evolucionar en un mismo sentido, cuando no en copiarse unas a otras, será a la larga la facilidad de uso, la cobertura y la atención al cliente lo que determine cuáles ofrecen un mejor servicio.

12.4 CONTENIDOS DE UN INFORME DE MONITORIZACIÓN

Si trabajas en una empresa y vas a compartir con otros departamentos lo que has averiguado monitorizando o si trabajas como consultor o en una agencia y estás monitorizando para un cliente, querrás agrupar los datos y las conclusiones en un informe. En función de los objetivos que te hayas planteado conseguir y de los temas que más te interese medir, tu informe será muy diferente al de otros, pero ¿cuáles son los apartados que no deberías olvidar incluir? Aquí tienes algunas sugerencias:

- **Resumen ejecutivo**: las conclusiones de lo que ha pasado y lo que debería hacerse en una sola página. Debes conseguir que quien lea esta única página, dos a lo sumo, se haga una idea precisa de la situación y de tus sugerencias de actuación. No todo el mundo tendrá tiempo de leer (y entender) informes enormes.

- **Conclusiones**: un recorrido por lo que ha sucedido, por qué ha sucedido, qué se ha hecho al detectarlo, qué respuesta hemos obtenido y de qué temas hemos detectado más menciones. Aporta "literales", es decir, capturas de pantalla con las menciones más representativas o los enlaces a los *posts* de blogs o noticias en medios de comunicación a los que hagas referencia.

- **Ejemplos de contenidos**: a ser posible en una sola página por tema, recopila capturas de pantalla de las menciones positivas y negativas con mayor impacto que se refieran a cada uno de los temas que hayas decidido monitorizar.

- **Sentimiento**: gráfica y conclusiones de cómo han evolucionado las menciones positivas, negativas y neutras a lo largo del periodo que cubre tu informe. Evolución del sentimiento respecto a periodos anteriores.

- **Fuentes**: ¿dónde se han producido mayor número de menciones a lo largo del periodo?, ¿en redes sociales, en medios de comunicación, en foros, en blogs? Evolución de las fuentes respecto a periodos anteriores.

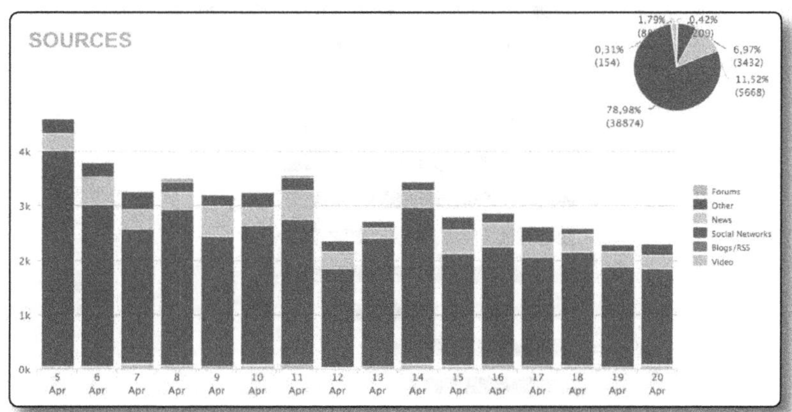

- **Redes sociales**: este será un apartado extenso que puedes dividir en varios capítulos: una comparativa del volumen de menciones en cada red social, de la evolución del número de menciones a lo largo del periodo al que haces referencia en el informe (por ejemplo, el mes anterior) y la comparativa con periodos anteriores (por ejemplo, con cada uno de los meses del semestre anterior). Desglose del sentimiento en cada red social. Desglose de cada uno de los temas que monitorizas en cada una de las redes sociales.

- **Menciones con más impacto**: ¿cuál ha sido el top 10 de contenidos sobre ti que han logrado más impacto?, ¿y cuál es el top 10 negativo, positivo y neutro?, ¿y por redes, qué top 10 tienes en Youtube, en Twitter o en Facebook?

- **Evolución de temas**: ¿cómo ha sido el volumen diario de menciones de cada uno de los temas en los que divides las menciones a lo largo del periodo de estudio?, ¿hay cambios significativos respecto a informes anteriores?, ¿a qué se deben los cambios?

- **Usuarios**: ¿quiénes son los usuarios más críticos en este periodo?, ¿y quiénes los prescriptores más entusiastas?, ¿es perceptible tu voz, la de tus canales sociales, en el informe?, ¿qué conversaciones se han generado a raíz de tu monitorización y cuál ha sido el efecto conseguido?

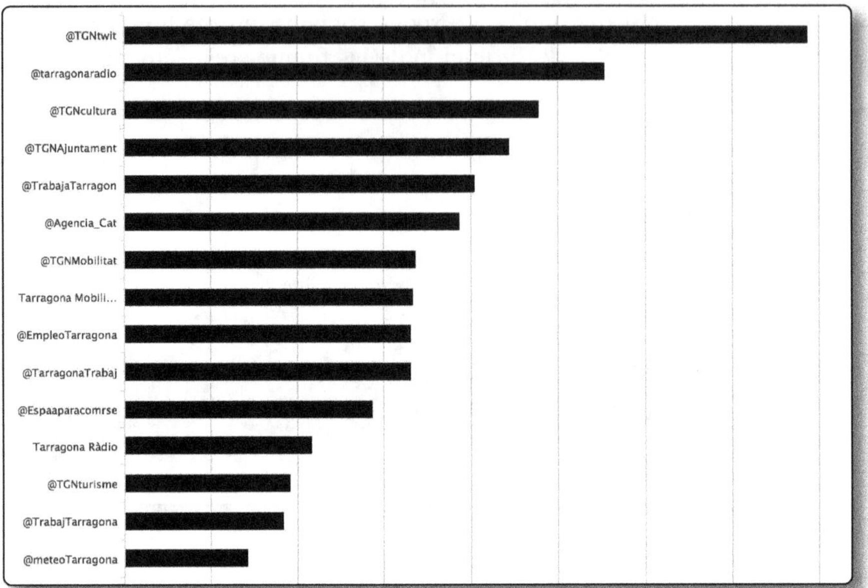

- **Próximos pasos**: ¿cuáles son las conclusiones de tu análisis, qué deberías hacer ahora?, ¿se necesitan ajustes en la herramienta, vas a cerrar nuevos temas o agrupar los que no tienen demasiadas menciones? Esta es sin duda la parte más interesante del informe.

12.5 10 HERRAMIENTAS GRATUITAS

Como hemos dicho, el mercado de las herramientas está en plena ebullición, surgen nuevas y desaparecen algunas con cierta frecuencia. Por lo tanto, al lector de estas líneas le será más útil el apartado acerca de cómo elegir herramienta que el listado que sigue a continuación, no obstante tener algunas referencias puede que sea práctico. Veamos algunas herramientas gratuitas que podrían ayudarnos, seguramente si combinamos varias de ellas:

- **Boardreader:** búsquedas en entornos relacionados con los foros.

- **BlogPulse:** es una buena herramienta para determinar quién está publicando qué en blogs. Nos muestra alguna información a lo largo del tiempo para ver si las búsquedas en blogs se usan más o menos.

- **HowSociable:** una herramienta *freemium* que está reduciendo el alcance de su versión gratuita, pero que nos da una referencia del impacto que estamos consiguiendo en las redes sociales más importantes. Twitter y Facebook están ya en la versión de pago. Tienes una alternativa parecida con mejores resultados en la parte gratuita en la herramienta http://keyhole.co/ .

- **Klout:** no es tanto una herramienta de monitorización como un índice que nos da información sobre qué perfiles son más influyentes en redes sociales en una escala de 0 a 100. Puede resultarnos útil medir a varios usuarios a través de una misma herramienta para dilucidar quién está obteniendo mejores resultados de su actuación en redes sociales. Podremos ver también qué publicaciones en qué redes sociales les han aportado más puntuación en Klout.

- **Kred**: parecida a Klout, ofrece más información acerca del impacto de las últimas publicaciones de un usuario en varias redes sociales.

- **Mention:** crea alertas que remiten por correo electrónico las menciones encontradas en el día anterior. Nunca está de más a nivel preventivo para nombres propios (por ejemplo, menciones de tu nombre o del directivo portavoz de tu empresa) pero no para grandes volúmenes.

- **Omgili:** monitoriza foros y blogs.

- **Socialmention:** esta herramienta está diseñada, sobre todo, para detectar comentarios en redes sociales. Es *freemium*.

- **Topsy:** buscador avanzado que se centra en Twitter pero que nos puede ayudar a separar los usuarios con más influencia del resto del menciones. Interesante su buscador avanzado.

- **TweetReach:** más que monitorizar, calcula de forma un tanto ampulosa cuál ha sido el impacto potencial de los últimos 50 *tweets* de un usuario. Lo interesante es que también nos dice qué usuarios han amplificado más los mensajes del usuario que buscábamos. *Freemium*.

Aunque no es propiamente una herramienta de monitorización, el buscador de Twitter ha mejorado mucho recientemente y su búsqueda avanzada puede ayudarnos a monitorizar conversaciones en el espacio donde se dan con más frecuencia. En los estudios que hemos hecho en Zinkdo, Twitter acumula más del 80% de las menciones en cualquier caso. Si vigilas Twitter, vigilas una buena parte de lo que ocurre también en medios de comunicación y blogs. Puedes usar el buscador avanzado en twitter.com/search-advanced. Recuerda que también puedes monitorizar palabras clave en Twitter usando Hootsuite o Tweetdeck.

12.6 10 HERRAMIENTAS PROFESIONALES

Aquí tienes algunas sugerencias ordenadas por orden alfabético. En las páginas web de cada una de ellas podrás encontrar más detalles acerca de sus funcionalidades y capturas de pantalla de sus gráficos.

- **Alianzo:** desarrollada en Euskadi, esta herramienta proporciona rankings gratuitos de usuarios influyentes en cada red social y ofrece bajo pago una herramienta de monitorización bastante potente para analizar qué estamos consiguiendo en cada red social.
- **Attentio:** completa herramienta que trabaja las comparativas entre marcas con cierto rigor, aunque resulta lenta ante cambios en los diccionarios o en las correcciones de sentimiento.
- **Augure:** muy centrada en nuestra propia presencia, permite identificar usuarios influyentes con los que interactuar y medir nuestro impacto en las redes sociales.
- **Brandchats:** desarrollada en Barcelona, diferencia bien entre catalán y castellano. Puede realizar comparativas entre varias marcas y distribuir la información a lo largo del tiempo para ver las tendencias. Nos permite, además, "geolocalizar" desde dónde se están emitiendo los contenidos siempre y cuando el usuario que los ha hecho tenga en sus perfiles de redes sociales esa información.
- **Brandrain**: igualmente desarrollada en Barcelona y similar a las anteriores presume de trabajar de forma especialmente intensa las menciones de marca en medios de comunicación online.
- **Brandwatch**: buen nivel de gráficos a partir de los datos, esta herramienta adquirió recientemente Peerindex, un sistema de medición de influencia parecido a Klout o a Kred.

- **Pirendo**: anuncia buenas capacidades en la comparativa de marcas y analiza conversaciones en las redes sociales más importantes.

- **Radian6**: una de las más conocidas y prestigiosas, muy eficiente en inglés pero necesita mejorar en idiomas minoritarios. Buen tratamiento de datos, ágil en su uso pero poco flexible. Si necesitas cualquier aclaración, su servicio se atención al cliente no es el más eficiente. Su gran ventaja, el histórico que permite detectar *tweets* anteriores a la fecha de inicio de monitorización, más extenso que en otras herramientas. También es recomendable si necesitas usar filtros complejos.

- **Sysomos**: utilizada para medir nuestros esfuerzos en social media y detectar menciones en las redes sociales más importantes.

- **Websays**: desarrollada en Barcelona, es la herramienta que elegimos en Zinkdo para hacer el estudio de reputación en ciudades españolas. Muy ágil en cuento a las correcciones y muy fácil a la hora de aplicar filtros y diccionarios. Una herramienta muy completa en cuanto al tratamiento gráfico de los datos. Mi favorita por ahora.

12.7 10 CONSEJOS CLAVES PARA MONITORIZAR CORRECTAMENTE

1. Enfoca siempre en los objetivos que te planteas conseguir o te perderás en un mar de datos, gráficas, menciones y números que te distraerán de lo importante, tomar decisiones de negocio a partir de los resultados de tu monitorización.

2. Las herramientas gratuitas te pueden ayudar a nivel preventivo o para periodos muy cortos de tiempo (por ejemplo, impactos generados por una aparición en prensa o en televisión), pero intentar hacer un proyecto de monitorización consistente a medio y largo plazo con herramientas gratuitas es un suicidio en términos de horas de trabajo necesarias.

3. **Las tendencias son siempre más importantes que los números**: monitorizar es detectar menciones y estudiar los cambios para tomar decisiones. Sólo las tendencias te van a decir si mejoras, empeoras o si las decisiones que estás tomando tienen el resultado que esperabas.

4. **No confíes en el sentimiento que marcan las herramientas**: siempre vas a tener que validar a mano una muestra de las menciones para comprobar si son positivas, negativas o neutras.

5. Cuanto más tiempo dediques a los diccionarios y los filtros que deciden qué palabras son útiles y cuáles no, más tiempo ahorrarás en eliminar ruido y más certero será el análisis de los datos que puedas hacer después. Improvisar sale caro.

6. Las gráficas que genera la herramienta pueden serte muy útiles, pero asegúrate de que los datos son correctos antes de extraer las gráficas.

7. **Empieza siempre ordenando las menciones por impacto:** más vale ver antes aquellas que han llegado más lejos que perder horas revisando menciones que apenas se han visto. Si ordenas por impacto primero las menciones negativas podrás corregir sentimiento y alertar a quien tenga que dar respuesta.

8. Si vas a hacer un **plan de monitorización** a largo plazo (más de seis meses), es muy buena idea reunirte con los desarrolladores de la herramienta si es posible. Cuánto más sepas acerca de cómo funciona el software, mejor podrás aplicar filtros e interpretar datos. El servicio de atención al cliente de una herramienta de monitorización es más importante de lo que parece.

9. En un informe de monitorización cada gráfica debe ir acompañada de una explicación. Si el informe lo van a ver otras personas de tu empresa o un cliente de tu agencia, los datos crudos y las líneas que suben y bajan no significan nada si no añades una nota sobre su significado y, sobre todo, la conclusión de lo que el dato indica que debería hacerse.

10. Elegir la herramienta adecuada es clave, porque aunque todas son similares, todas miden de forma ligeramente diferente. Si te planteas monitorizar a lo largo de un periodo largo, un cambio de herramienta a medio periodo hará que seguramente los datos del principio y los del final no sean consistentes. Elige sin prisas y cerciórate de que tanto el presupuesto como las capacidades de la herramienta son acordes a lo que necesitas.

13

BLOGUEROS Y REDES SOCIALES

Como hemos visto al hablar de Gestión de la Reputación Online, a menudo es más eficiente y más creíble que un mensaje sobre la calidad de un producto o un servicio sea emitido por un tercero, no por la marca. Si bien un consumidor puede desconfiar de un mensaje publicitario, es muy posible que deposite su confianza en el relato de otro consumidor que ya haya probado el producto. Si ese consumidor además difunde su buena experiencia online, tenemos a un **prescriptor** a nuestro favor. Lo que resulta imprescindible es que ese prescriptor tenga un criterio válido: es decir, que sea alguien a quien conocemos –por eso las prescripciones en Facebook funcionan bien, porque los mensajes que allí nos llegan suelen proceder de personas a las que conocemos– o bien que tenga esa aureola de experto con público.

Antes de la aparición de las redes sociales, había anuncios que fingían esa prescripción del usuario y cuando las marcas necesitaban un prescriptor serio con aspecto de experto recurrían a la prensa ¿Qué mejor prescripción que un reportaje o una entrevista? ¿Qué voz podía ser más creíble que la del medio de comunicación de referencia? La técnica pasaba por las notas de prensa y las acciones de relaciones públicas.

Siendo del todo válidas esas dos tácticas, hoy tenemos a nuestro alcance una tercera. El prescriptor ya no es el avezado periodista o el vecino que consumió el producto. El prescriptor ahora es el **bloguero** que suele escribir bien y con criterio de un tema afín a nuestra oferta y a quien solicitamos que pruebe lo que le ofrecemos y tenga a bien dar en público su opinión. Si además de hacerlo en su blog lo hace en sus redes sociales, mejor que mejor.

De la misma manera que no basta con enviar una nota de prensa a un periódico para que refleje nuestra noticia, no basta con enviar un correo al email de contacto de un blog para conseguir una reseña favorable. ¿Cómo podemos poner en marcha este tipo de acciones que consigan la prescripción de blogs influyentes y de usuarios de redes sociales relevantes? Aquí tienes una propuesta en cinco pasos.

13.1 UNA METODOLOGÍA PARA RELACIONARTE CON *INFLUENCERS*

1. Planifica: antes de hacer nada, lo que tenemos que tener muy claro es el objetivo a conseguir. Pensemos cuál es el mensaje que queremos transmitir a través de esta acción de comunicación a blogs, a qué público objetivo debería llegar ese mensaje y cuál será la dinámica que usaremos.

Cuando hablo de dinámica me refiero a la ejecución concreta de lo que vamos a proponer al bloguero que haga. Tenemos muchas opciones, aquí te sugiero algunas:

- Enviaremos un producto por mensajería o correo postal para que lo pruebe y explique su opinión.
- Le invitamos a nuestras instalaciones para mostrárselas, explicarle un proceso concreto, por ejemplo, una bodega explica cómo trabaja el vino, una fábrica cómo elabora un producto, o un hotel recibe al bloguero como un huésped más y le da detalles acerca de los servicios del hotel.
- Le pedimos que participe en un concurso y que nos ayude a publicitarlo, o que forme parte del jurado que elegirá a los ganadores.
- Le invitamos a un viaje, un *blogtrip*, donde un grupo de *blogueros* descubrirá la oferta de ocio de una zona concreta.
- Le invitamos a un evento que pueda resultarle interesante o incluso le damos un espacio en el programa de conferencias, le pedimos que publique su opinión sobre ese tema en su blog o en el nuestro.
- Le sugerimos un debate para que exprese su opinión, quizás le proponemos escribir en un libro colaborativo, ser testigo de una investigación o que pruebe una nueva metodología, etc. Son posibles vías en las que puede lucir su conocimiento, sentirse valorado y al mismo tiempo alinear sus ideas con las nuestras.

- Directamente, indagaremos si está dispuesto a escribir un artículo sobre nosotros a cambio de una remuneración económica. No es la opción más transparente y puede ir en detrimento de la percepción de calidad del blog si abusa de los artículos pagados o si se muestra excesivamente generoso en sus halagos, pero es una táctica más común de lo que parece.

2. Selecciona: si tenemos claro qué es lo que queremos conseguir y a qué público nos dirigimos, se trata ahora de seleccionar el grupo de blogs que nos gustaría incluir en nuestra acción. Asumamos que no todos ellos van a participar, puede haber muchos motivos por los que rechacen el ofrecimiento (por saturación de trabajo, por ser reacios a la colaboración con marcas, por tener pretensiones económicas que excedan nuestro presupuesto, etc.) por lo que en la selección inicial deberíamos contar con blogs de reserva y ordenarlos por prioridades, para contactar primero a los que puedan parecernos más interesantes. En función de lo que queramos conseguir podemos intentar agrupar a muchos blogs en una misma acción o bien ser muy precisos y contar con unos pocos de una calidad realmente buena. Algunas pistas a la hora de seleccionar:

- **Localización geográfica:** sobre todo si invitaremos al bloguero a desplazarse o si nuestro público objetivo está geográficamente circunscrito a un territorio concreto. De poco nos servirá un blog centrado en un país latinoamericano si nuestro público está en la península ibérica o viceversa.

- **Líneas editoriales:** temas principales de los que suele hablar el blog. Aquí podemos ser muy restrictivos (por ejemplo, blogs de motor si queremos comunicar las ventajas de un producto especializado) o podemos ser amplios (blogs de motor, de viajes y de estilo de vida o actividades en familia, si vamos a hablar de un producto relacionado con el *caravanning*).

- **Calidad:** por supuesto, un criterio fundamental será que nuestra percepción de la validez de los contenidos y diseño del blog sea coherente con los soportes donde queremos ubicar nuestro mensaje.

- **Tráfico aproximado:** entrar a bocajarro en un blog a preguntar su tráfico será una maniobra contraproducente, pero no está de más indagar sutilmente ese dato en los primeros intercambios de mensajes, sobre todo, si lo que vamos a ofrecer al autor tiene una percepción de coste interesante. Para dinámicas que puedan traducirse en experiencias que nos supondrán un coste grande, es habitual solicitar no sólo datos de tráfico, sino un cierto compromiso de promoción por parte del autor.

- **Potencial de difusión en redes sociales:** este puede ser un factor importante a la hora de seleccionar blogs. Hay quien dispone de un blog magnífico pero no sabe moverlo en las redes y viceversa. Hay *blogueros* a los que disculparemos ciertas carencias en su blog si percibimos que tienen una gran masa de seguidores en Twitter y que son muy buenos en Facebook, por ejemplo.

3. Redacción de comunicaciones: ya tenemos claro lo que queremos proponer y a quién, ¿sabremos expresarlo en un email? El primer mensaje que enviemos al bloguero es importante, ya que en un par de párrafos hemos de captar su atención, convencerle de que valore o acepte nuestra propuesta y ser bastante claro en lo que le ofrecemos y lo que le pedimos. A menudo es buena opción cerrar la conversación telefónicamente una vez captado su interés para cerrar los detalles y establecer un marco de confianza mayor.

El esfuerzo que debemos hacer en esta comunicación es casi siempre inversamente proporcional a lo que vamos a ofrecer. A casi todo el mundo le apetece una invitación a un evento interesante, pero que alguien acceda a expresar su opinión sobre un tema que nos interesa más a nosotros que a él ya no es tan fácil, y el tacto con el que deberemos plantear la propuesta será mayor.

Es muy importante que el asunto del email sea claro y atractivo. Si el *bloguero* no nos conoce, estamos compitiendo con los muchos emails que recibirá. Es igualmente importante en el primer contacto poder explicar por qué creemos que nuestra propuesta encaja en su blog. Los blogs interesantes reciben propuestas muy a menudo. Tómate la molestia de conocer bien el blog y tendrás mucho ganado a la hora de escribirle. No hay nada peor que recibir un email que empiece con "Querido *bloguero/a*" si en el blog figura tu nombre de pila. Se trata de un pacto explícito. A mí me interesa mucho tu blog y te lo demuestro. Apuesto a que a ti te interesa lo que te voy a proponer y que querrás que colaboremos.

4. Envío y seguimiento de comunicaciones: enviar ese primer mensaje es solo el principio de una relación que hay que cultivar. Lo habitual es que de ese primer mensaje se derive una cadena de preguntas, respuestas, resolución de dudas; de confirmaciones agradecidas o de rechazos que sería bueno comprender y suavizar llegado el caso. El tacto es importantísimo para no convertir en detractor a un bloguero influyente a quien no le hemos sabido explicar bien una propuesta.

Vale la pena en este apartado poder proporcionar material adicional al bloguero (fotos, vídeos, documentación si se trata de un tema complejo), o incluso acceso directo a la persona de nuestra empresa que pueda satisfacer su curiosidad. A menudo algún autor de blogs querrá darle a su artículo un toque exclusivo. Proporcionarle una información distintiva casi nos garantiza una buena crítica positiva.

5. Medición de resultados: después de un tiempo prudencial para que los autores tengan tiempo de reflejar su opinión en sus blogs, mediremos los resultados de nuestra acción de comunicación a blogs. Vale la pena mantener un archivo de seguimiento para anotar con cuántos hemos contactado, cuántos han contestado positivamente, qué han acabado publicando y cómo lo han divulgado en cada una de sus redes sociales. Si en el apartado de Selección hemos tomado nota de su nivel de tráfico y del potencial de sus perfiles en redes sociales, podremos hacer un balance de coste por impacto y analizar cuál es la valoración que podemos hacer de nuestro esfuerzo.

Consideremos también cuál es la opinión de esos blogs, qué aspecto de lo que les hemos comunicado ha sido mejor recogido qué ha sido ignorado, ¿han detectado mejoras que podamos implementar? Vayamos más allá de los números para considerar también el aspecto cualitativo de nuestra acción. La suma de los factores cuantitativos y cualitativos ha de llevarnos no sólo a ganar una presencia positiva en Internet que no teníamos antes en la voz de prescriptores creíbles. Lo que también querremos conseguir son aprendizajes acerca de lo que podemos mejorar ahora que tenemos la visión de quien nos mira desde fuera, y de buenas prácticas a repetir en las siguientes acciones de comunicación a blogueros influyentes.

14

TU ESTRATEGIA EN REDES SOCIALES

Hasta ahora hemos visto diversos usos de las diferentes redes sociales y algunas de las posibles aplicaciones para empresas. Pero para definir con cierto fundamento cuál ha de ser el papel de una empresa en este entorno necesitamos no perdernos en los detalles y tener una visión más amplia. Al fin y al cabo, aunque el uso de muchas de estas redes sea gratuito, las horas de trabajo que necesitaremos dedicar no lo son. Tampoco lo son los presupuestos que deberemos destinar a promocionar nuestras redes sociales o a usarlas como plataforma para captar *leads* y ventas. Toda inversión de esfuerzo requiere obtener contrapartidas. Veamos los pasos a considerar a la hora de trazar un plan estratégico en las redes sociales.

Para definir nuestra estrategia en redes sociales deberemos responder a una serie de preguntas, que tienen más que ver con tu negocio que con las redes sociales. Las respuestas nos marcarán el camino a seguir:

- **¿Qué quiero conseguir?** Nos llevará a definir nuestros objetivos.
- **¿A quién quiero impactar?** Lógicamente, querremos estar en las redes en las que está nuestro público objetivo y no será lo mismo una estrategia que va dirigida al gran público como comprador final (B2C) que intentar captar la atención de otras empresas a las que queremos vender (B2B).
- **¿Con qué recursos cuento?** Seamos pragmáticos y hagamos lo que pueda darnos la máxima respuesta con los mínimos recursos. En este apartado, deberemos contar con qué sabemos hacer (o que *know-how* tenemos en la casa) y con qué presupuesto contamos para comprar talento o para conseguir volumen.

- **¿Qué hace mi entorno?** Estudiar a nuestra competencia nos dará pistas del terreno de juego (en qué redes están), de las oportunidades (en qué redes no están), de las buenas prácticas que nos pueden ayudar a avanzar más deprisa y de las malas prácticas a evitar.

- **¿Qué debo comunicar?** En función de a quién nos dirijimos, con qué recursos dispongamos y de qué manera nos queramos diferenciar de nuestra competencia, definiremos cuál es nuestro relato y qué líneas editoriales usaremos.

- **¿Dónde lo voy a comunicar?** Seleccionaremos las redes sociales más afines a nuestro proyecto en función de los puntos anteriores. Estableceremos roles para cada red basándonos en la función que cumplan en nuestro abanico de canales sociales.

- **¿Qué camino he de seguir en cada red social?** No es lo mismo empezar un perfil desde cero –necesitaremos crecer antes de poder exigirle gran cosa– que aprovechar una gran masa de contactos para una función concreta, por ejemplo, una campaña de Facebook Ads para comunicar una oferta concreta. En ese punto definiremos las acciones específicas a ejecutar.

- **¿Cuándo y en qué orden he de hacer cada cosa?** Debemos establecer un calendario tanto para las líneas editoriales como para las acciones, y así saber qué punto es más pertinente y efectivo cada mensaje y cada táctica.

- **¿Cómo sé si estoy en el camino correcto?** Sólo midiendo y ajustando las hipótesis iniciales sabremos si nuestra estrategia nos lleva a buen puerto o si debemos corregir el rumbo. En este libro tienes un capítulo entero dedicado a las Métricas donde veremos los puntos esenciales.

Veamos estas fases en detalle, siguiendo este guión podremos trazar nuestra estrategia en redes sociales.

14.1 ¿QUÉ QUIERO CONSEGUIR?

La primera pregunta a responder será por qué queremos estar en redes sociales y qué queremos conseguir. La respuesta más obvia puede ser que queremos estar porque es allí donde están los usuarios a los que queremos comunicar algo; de entrada, nuestra existencia. Bien, entonces nuestro primer objetivo de negocio será conseguir **presencia de marca**. Podríamos plantearnos objetivos como mejorar la imagen de la marca, captar información sobre nuestro mercado, ofrecer una imagen más cercana al usuario, posicionarnos como expertos en un campo determinado, influir a un tipo de usuarios concretos o directamente incrementar ventas. Recuerda que este sería un objetivo planteado a medias. Como describimos en el capítulo dedicado a Métricas, los objetivos han de ser concretos y medibles.

Lo importante en esta fase es poder concretar tus objetivos de negocio tanto como puedas y, si hace falta, desgranarlos en objetivos tácticos. Por ejemplo, definimos que nuestro objetivo de negocio es incrementar las ventas. Concretamente, queremos conseguir en los doce meses siguientes un incremento de la facturación del 25% respecto a los doce meses anteriores; ahora sí estamos siendo concretos. ¿Cómo pueden ayudarme las redes sociales a conseguirlo? A priori y generalizando, de dos maneras, dando a conocer mi producto al público al que me dirijo y dirigiendo a este público a los puntos de venta online u offline. Por lo tanto, el objetivo de negocio de incrementar ventas se divide en las redes sociales en dos objetivos tácticos, dar a conocer la marca y derivar tráfico a la web y a las tiendas.

¿Me vale esto? No, debo ser más concreto, esos objetivos tácticos han de poder medirse. ¿Cómo defino en indicadores de redes sociales que tengan sentido esto tan bonito de "dar a conocer la marca"? Pues puedo jugar sumando varios indicadores: incrementar el alcance orgánico de Facebook un 30%, incrementar el alcance de mis publicaciones en Twitter un 35% o incrementar 15% las visualizaciones de los vídeos donde explico quién soy en mi canal de Youtube, todo ello midiendo los próximos 12 meses contra los 12 meses anteriores. Ahora sí estoy siendo realmente concreto.

¿Y el incremento de tráfico a mi web? Aquí puedo ser genérico –número de usuarios únicos que me llegan a la web a través de las redes sociales, un dato que me da Google Analytics o puedo medir los clics en los enlaces que he publicado y que dirigen a mi web– o puedo ser muy específico ¿Cuántos de los usuarios que llegan desde mis redes sociales acaban comprando en mi web? En el capítulo de Métricas y en el de Facebook lo hemos visto en detalle. ¿Y si las tiendas son offline? Entonces puedo jugar con cupones descargables desde las redes, con códigos QR, con promociones para captar los datos de contacto de mis potenciales clientes, etc. Cada una de estas acciones tendrá sus objetivos tácticos, siempre concretos y medibles, relacionados con mi objetivo de negocio de incrementar ventas.

14.2 ¿A QUIÉN QUIERO IMPACTAR?

A la hora de definir a quién quiero impactar, puedo tener diferentes públicos objetivo en tres ejes diferentes.

El primer eje es "personas" o "empresas": no será la misma estrategia ni las mismas redes sociales si voy a un grupo concreto de profesionales que han de decidir si me compran o no (B2B o sea, *Business To Business*), que si voy a un público generalista (B2C, *Business To Consumer*). Por ejemplo, la manera más pragmática de usar las redes en un modelo B2B es contactar con esos profesionales en Linkedin. Puedo añadir presentaciones y catálogos en Slideshare o considerar un canal en Twitter enfocado al profesional.

Pero si voy al gran consumidor no puedo dejar de lado Facebook, por poner un ejemplo evidente.

Puedo combinar las dos cosas si vendo mi producto al detalle en una web y al por mayor a otras empresas distribuidoras, por ejemplo. En ese caso, querremos usar estos dos ejes, pero los trataremos de forma muy distinta.

El segundo eje es el perfil demográfico: cómo son las personas a las que me dirijo en cuanto a edad, género y mercado. Por ejemplo, quedan jóvenes en España que usan Tuenti, cada vez menos, y seguramente me costará impactar a mayores de 50 años en Youtube. Ya hemos visto que a ellas les encanta Pinterest y que son más activas en Facebook. Si tienes dudas acerca del perfil del usuario típico de cada red, consulta, por ejemplo, el informe del uso de redes sociales en España de la IAB (ver referencia en la bibliografía).

Así como en nuestro país suele separarse el uso familiar-particular en Facebook del uso profesional de Twitter o Linkedin, en países como Portugal y de la órbita de influencia anglosajona es común usar también Facebook para los contactos profesionales. Facebook permite desde hace un tiempo aceptar "suscriptores" a un perfil personal. Esto significa que el perfil de un profesional puede ofrecer sus contenidos a los usuarios interesados, sin convertirles en "amigos". Esta es una alternativa a tener que crear una página, y no un perfil, para mantener contactos profesionales en Facebook.

El tercer eje es qué hace esa persona: sabemos que los usuarios más "modernitos" usan Instagram y que el uso de Twitter se está generalizando, pero aún sigue más vinculado a los profesionales y al entorno laboral que en otros países. Sabemos que podemos segmentar campañas en Facebook en función de las aficiones y los intereses de los usuarios. Este componente es más importante incluso que el demográfico. Segmentar por intereses nos da pistas acerca de las redes a usar pero, sobre todo, acerca de los contenidos y tonos de nuestras líneas editoriales. Nos ayudará a afilar nuestros mensajes.

14.3 ¿CON QUÉ RECURSOS CUENTO?

Lo fácil es decir que debemos estar en todas las redes sociales. Claro, como crece su uso y como cambian tanto, intentamos pescar en todos los caladeros. Pero eso es inviable porque consume un buen número de horas de trabajo y porque requiere también saber usar todas las redes. Así que en este apartado también tenemos tres ejes:

El eje de horas/hombre: a más redes a usar, más tiempo hay que dedicar, obviamente. Incluso canales que requieren atención muy puntual –por ejemplo, Youtube, a no ser que vayas a subir varios vídeos cada día, o Slideshare– van a requerir un mínimo de vigilancia –¿están haciendo los usuarios comentarios?– y, por supuesto, de medición. Si tenemos poco tiempo, usemos lo mejor posible las redes más directamente afines a nuestro objetivo de negocio y, en todo caso, reservemos nuestro nombre de perfil en las demás para evitar que acaben en manos de cualquiera.

Tampoco conviene obsesionarse con el cómputo de horas, ya que al principio serán muchas pero en el medio plazo, no. Además, en un inicio serán consideradas como un extra a cumplir además de la jornada del día a día que ya nos tiene atareados y notaremos ese esfuerzo. Pero la respuesta está en integrar en nuestra rutina laboral ese uso de las redes. Al fin y al cabo ¿Medimos cuánto tiempo dedicamos al teléfono o a leer y escribir emails? En un plazo razonable, seguro que el uso de las redes sociales se interioriza en la empresa al igual que se han interiorizado otras herramientas.

El eje de conocimiento de uso: la gestión profesional de redes sociales está en una espiral de complejidad creciente. Saber usar bien una red ya no es tan evidente, y mantenerse al día de los cambios en la red y de las mejores tácticas requiere atención y actitud. En el eje de conocimiento has de valorar no sólo si sabes hacer buenos vídeos, buenas presentaciones y buenos textos para manejarte con soltura en Youtube, en Slideshare y en Twitter. También has de ponderar si en tu organización hay un *know how* que pueda ejercer de *community management*. Si no lo hay, puedes plantearte invertir en formación y recurrir al tercer eje.

El eje del presupuesto: cada vez con más peso en la gestión de redes sociales. Si no sabes hacer buenos vídeos, puedes contar con una productora que te los haga y las hay muy buenas y con tarifas muy razonables. Si tu infografía es muy importante, considera contratar a un diseñador. Pero también estamos hablando del mismo funcionamiento de cada red social. Crear una página en Facebook desde cero y esperar que tenga algún resultado en menos de seis meses sin invertir en Facebook Ads era posible hace unos años, hoy es una fantasía en absoluto realista. No digo que con el alcance orgánico no se puedan hacer muchas cosas en las redes sociales, digo que ese alcance orgánico necesita una masa crítica importante y que si no tienes esa masa crítica te toca pasar por caja.

Un punto más a considerar en el capítulo de recursos es el valor que ya tienes en las redes sociales: si ya tienes esa masa crítica, si has dado con la clave de qué contenidos son los que mejor te funcionan o si has hecho acciones de captación o de ventas con buenos resultados que puedas replicar. Aspectos como estos son activos importantes que hay que poner en valor cuando hablamos de recursos.

14.4 ¿QUÉ HACE MI COMPETENCIA?

No me creo que no tengas competencia o que no haya alguien que esté haciendo algo parecido a lo tuyo. Considera competencia en un sentido amplio. La competencia de un cine no son sólo los otros cines, es también quedarse en casa y ver la televisión. Como tendrás competidores, tus contenidos en las redes sociales deberían ser mejores o diferentes en el tono y en la forma. Así que necesitas saber qué hacen los demás.

Elige un número de competidores manejable, entre 3 y 5, y cuanto más parecidos a ti sean, mejor. Se trata de medirte contra quienes deben tener una capacidad de actuación parecida a la tuya. Fíjate en puntos como por ejemplo:

- ¿Qué redes aparecen en sus páginas web y en qué otras redes sociales están?
- ¿Qué otras empresas aparecen cuando les buscas en Twitter, Facebook o Youtube? Podría pasar que quienes son tus competidores en el mercado no lo sean tanto en las redes sociales y viceversa, que alguien a quien no valoras lo suficiente lo esté haciendo realmente bien en redes.
- ¿Qué hacen en cada red social? Presta atención a los temas que usan en sus contenidos, al uso de imágenes o vídeos, al tono que utilizan. ¿qué rol crees que están asignando a cada canal?, ¿qué perfiles están bien construidos o qué errores cometen?
- ¿Qué tipo de acciones ejecutan en redes sociales?, ¿concursos, ofertas promociones?, ¿hay inversión publicitaria?
- ¿Cómo vinculan su presencia en redes sociales con su presencia offline?, ¿mencionan sus puntos de venta?, ¿cómo los anuncian?

- ¿Qué consiguen? Fíjate tanto en los indicadores cuantitativos –¿en qué redes tienen más seguidores?– como en los cualitativos –¿qué conversación generan, cómo responden a las críticas?–.

Con la observación de estos puntos, deberías poder contestar a preguntas como:

- ¿Dónde están ellos y dónde debería estar yo?
- ¿Dónde no están ellos y si ahí podría ganar una presencia interesante?
- ¿Qué hacen bien y si me podría funcionar a mí?
- ¿Qué hacen mal y si he de intentar evitar?
- ¿Qué no hacen que yo podría hacer? ¿Qué haré que sea diferente?
- ¿Con quién están en contacto y cómo consigo esos mismos contactos si son interesantes?

Dado que en el punto anterior has analizado de forma crítica tu presencia y tus recursos, y dado que en este punto has analizado a tu competencia, puede ser un buen ejercicio plasmar las conclusiones de cómo estás respecto a tu competencia en un DAFO (Debilidades, Amenazas, Fortalezas y Oportunidades) que resuma tu situación en las redes sociales. Pero no te quedes ahí, la conclusión debería ser dónde quieres llegar a estar.

14.5 ¿QUÉ DEBO COMUNICAR?

En los puntos anteriores ya habremos captado algunas pistas acerca de qué mensajes deberíamos utilizar. Se trata ahora de agruparlos en líneas editoriales, es decir, en los amplios temas de los que vamos a hablar en cada red social y, si se quiere, delimitemos también de qué temas NO hablaremos. Por ejemplo, quizás un tema que queramos mencionar son nuestras colaboraciones en proyectos de Responsabilidad Social Corporativa, pero decidamos omitir por puro pudor que hacemos aportaciones menores a algunas ONG que nos caen especialmente bien.

A la hora de elegir líneas editoriales considera incluir, por ejemplo, estos cuatro grandes bloques:

Qué ofreces: por supuesto, estamos hablando del uso de redes sociales en el ámbito empresarial, así que tu gama de productos y servicios han de formar parte de tus contenidos. Otra cosa es que los menciones de manera que puedan ser interesantes para el usuario, no quedándote en la pura publicidad. Explícanos qué problemas solucionas, a quién ayudan tus servicios, cómo podría usarlos yo. Cuéntanos metodologías, avances, nuevos desarrollos, ofertas o promociones.

No es fácil vender directamente en las redes sociales a no ser que seas un *e-commerce*, pero que las redes sociales sean un espacio de conversación no significa necesariamente que nuestra oferta tenga que esconderse: más bien ha de ser un tema más de la conversación. Las redes sociales no siempre son un canal de venta directa, pero pueden (y deberían) ayudarte a vender más. Como he dicho en algún *tweet* "las redes sociales no son para vender, pero pobre de ti si no vendes con las redes sociales".

Quién eres: de dónde sale tu empresa, quienes hay detrás, cómo has llegado hasta aquí. ¿Eres un emprendedor? Fantástico, aprovecha este momento de mitología emprendedora para dejarnos bien claro quién eres y por qué nos debería interesar lo que haces. Es posible que lo que haces todos los días te parezca de lo más común, pero para los demás puede ser un relato interesante si les dejas ver cuál es ese giro personal que le sabes dar tú, ese toque con el que trabaja tu empresa. Si tu empresa lleva décadas en marcha y se inicia ahora en este terreno social, partes con ventaja. Apóyate en esa experiencia, transmite la seguridad que aporta tu trayectoria en el mercado, déjanos ver la veteranía que atesoras. Explícanos cómo trabajas, qué has conseguido, qué has intentado, qué has probado. Los casos de éxito que puedas describir son una potente arma.

Recuerda que quien haya de tomar la decisión de compra de lo que tú ofreces es una persona y que las personas confiamos en quienes conocemos. Si no sé nada de ti, será más difícil que me relaje. Esto es especialmente importante si tú eres tu propia empresa. Los profesionales liberales necesitan construir su marca personal con estos elementos. En este contexto, en este apartado caben contenidos que nos dejen ver quién eres al margen de tu trabajo, qué espacios compartimos: aficiones, gustos, preferencias, lugares, etc. Es cuestión de mantener un saludable equilibrio entre lo que consideremos privado o íntimo y lo que podemos mostrar a los demás.

Cómo interpretas tú el mercado: explicar lo que sucede a nuestro alrededor es también mostrar nuestra posición al respecto. Los contenidos que tienen que ver con estudios, artículos, datos y referencias de tu sector son útiles, aunque no lo hayas hecho tú. Pero eso sí, no te limites a dar la referencia y ayúdanos también a interpretar qué significa esa información. Ahí es donde aportas valor. Señalar lo que ya han señalado otros te hará parecer uno más, y no de los primeros, pero añadir ese sesgo que marca tu opinión es lo que hará tus contenidos interesantes y diferentes. Si además resulta que ese estudio lo ha desarrollado tu empresa, mucho mejor. Demuéstranos que eres un experto en tu campo, que eres un referente. Por ejemplo, si has aparecido en prensa, si has participado en algún evento o si tu presentación ha funcionado bien.

Tu visión del mercado y tus aportaciones en el tema en el que se mueve tu empresa nos dejarán ver hasta qué punto sabes más o menos de lo que hablas. No demuestras mucho más, como decían en aquel programa televisivo "no es lo mismo contarlo que vivirlo", pero es un buen primer paso.

Por qué eres diferente: cuál es el enfoque al que te vas a ligar que no están usando tus competidores y que, a través de un relato coherente, nos va a mostrar los puntos anteriores. Llámale territorio, llámale campo semántico, como prefieras, pero se trata de unir tu marca, tu producto a una serie de valores y atributos a través de los contenidos, por ejemplo, que tu empresa que fabrica tornos industriales se una al territorio de la tecnología robótica, de los procesos de calidad, de la precisión en la medición. Ejemplos claros de territorios diferenciales serían el fútbol o la música en el caso de los productores de cerveza o las recetas para los que venden productos de cocina o comestibles. Este territorio te va a permitir varias ventajas: podrás incrementar tus contenidos sin hablar siempre de lo mismo, te vas a vincular a conceptos que van más allá del producto en sí y te va a abrir un campo de relaciones con otros usuarios interesados en el mismo tema, a los que quizás no hubieras llegado sólo con los campos referidos a lo que haces, quién eres y en qué mercado estás.

Una vez delimitadas las líneas editoriales que vas a utilizar, puedes ponderar si todas tienen el mismo peso o si hay algunas más importantes que otras. En este segundo caso, puedes establecer porcentajes diferentes. Si acabas tu planteamiento con cinco líneas editoriales, quizás una deba acaparar el 50% de los contenidos, otra un 20% y el resto tengan un 10% y sea suficiente.

14.6 ¿DÓNDE LO VOY A COMUNICAR?

Con la información que tenemos hasta ahora deberíamos estar en condiciones de concretar cuál va a ser el "mix" de redes sociales que vamos a utilizar y qué rol vamos a asignar a cada red o qué uso principal.

Digamos, por ejemplo, que nuestro objetivo es conseguir contactos comerciales potencialmente interesados en nuestros servicios B2B y posicionarnos como referentes en un campo de investigación concreto. Podemos utilizar Slideshare para difundir los avances conseguidos, describir los servicios que ofrecemos y las ventajas que supone usarlos. Podemos usar Twitter para estar atentos a desarrollos similares, contactar con potenciales clientes que buscan desarrollos parecidos y ofrecer breves datos relevantes que nos hagan ganar crédito entre quienes conocen nuestra especialidad. Los delegados comerciales tendrán perfiles en Linkedin, crearán la página en Linkedin de la empresa, incluirán en la cuenta las presentaciones de Slideshare y el enlace a la cuenta de Twitter e iniciarán la búsqueda y contacto de personas en empresas que puedan ser clientes, mientras actualizan el perfil con información relevante a medida que se obtiene. La anterior versión de la web tenía unos módulos en flash explicando nuestra metodología. Los convertiremos en vídeos y los subiremos a Youtube junto con las apariciones recientes en medios de comunicación que nos han entrevistado y con un reportaje de la última feria en la que tuvimos una conferencia.

Así pues, en este ejemplo nuestro "mix" para el uso de:

- **Twitter:** rol informativo y de escucha activa, así como de contacto con otros actores del sector y con potenciales clientes.
- **Slideshare**: repositorio de material promocional que refuerza la propuesta de valor de nuestra empresa.
- **Linkedin:** herramienta de contacto del equipo comercial y comunicación de nuestros avances en I+D a la comunidad profesional.
- **Youtube:** repositorio de contenido insertable en la web y apoyo a prensa.

El "mix" está enfocado tanto a la actividad comercial como al refuerzo de la Reputación Online de la empresa.

De la misma manera que hemos asignado roles concretos a cada red social, podemos también considerar la oportunidad de tener un perfil para cada rol. Si realmente lo que te apetece es usar una misma red social para dos cosas muy distintas, lo mejor es tener dos perfiles. Por ejemplo, el equipo de prensa puede usar Twitter para dar a conocer novedades a los periodistas mientras que el equipo de marketing mantiene un perfil distinto para las actividades que hemos descrito en el ejemplo anterior. No pasa nada, siempre y cuando estemos seguros de que ambos equipos saben gestionar su perfil y de que disponen de contenidos suficientes.

En todo caso, una vez tengas claro tu "mix" de redes, debes hacer el esfuerzo de adaptar el contenido a difundir las características de cada red social y evitar acabar repitiendo todos los mensajes en todas las redes, lo que terminará acabando con la paciencia de los usuarios que nos sigan en más de una red. Una misma pieza de contenido, una idea a transmitir, puede explicarse de forma diferente en cada red, de la misma manera que una única noticia se escribe y trabaja de forma diferente si va a aparecer en un periódico, una radio o un canal televisivo.

Hay otra consideración interesante a añadir cuando se trata de combinar nuestra presencia en más de una red social, ganar también presencia en los **motores**

de búsqueda. Disponer de perfiles actualizados regularmente y con los contenidos adecuados conseguirá que cuando alguien nos busque o busque nuestros productos o servicios, tengamos más posibilidades de aparecer en las páginas de resultados de búsqueda, no sólo con nuestra web o blog, sino también con estos perfiles.

Una buena manera de hacerlo es obviamente incluir fotos y vídeos en nuestra web y otro camino complementario e interesante es difundir tales contenidos en las redes sociales especializadas en ello. Recordemos que Google es el actual propietario de Youtube y que los *ratios* de clics sobre imágenes, sean fotos o vídeos, en las páginas de resultados de búsqueda son muy interesantes.

Aquellas empresas que dispongan de material gráfico que pueda hacerse público querrán aprovechar redes como Flickr. Si tenemos vídeos o podemos producirlos regularmente, podemos plantearnos el uso de Youtube y quizás también el de otras plataformas de distribución de vídeo como Vimeo. Contar con un catálogo de productos en un *e-commerce* nos hará pensar en lo oportuno de usar Pinterest y si esa oferta además es gráficamente atractiva, usar Instagram podría ser también interesante.

Obviamente, para que nuestros contenidos en redes sociales nos aporten esa visibilidad en los buscadores hemos de considerar las palabras clave que vamos a utilizar con más frecuencia. A las técnicas relacionadas con el uso de redes sociales para el posicionamiento en buscadores se les llama *Social Media Optimization*.

14.7 ¿QUÉ CAMINO HE DE SEGUIR EN CADA RED SOCIAL?

Como ya hemos decidido qué redes usaremos, qué rol tiene cada red y qué líneas editoriales alimentarán los contenidos que usaré en cada espacio, toca ahora ver qué acciones concretas necesitaremos en nuestros canales sociales.

Acciones puede haber tantas como tu imaginación y tu presupuesto te permitan realizar, pero para orientarte un poco, las agruparemos en tres tipos: las acciones de crecimiento, las acciones de volumen y las acciones de dirección hacia los objetivos de negocio. Cualquier acción de estos tres grupos puede alimentar a las de los otros dos, de hecho, no se contradicen entre sí, más bien se refuerzan. El orden se refiere, sobre todo, al camino de un perfil en una red partiendo desde cero.

Las acciones de crecimiento son las destinadas a dar velocidad a un perfil que acaba de nacer. Son los primeros pasos a dar en cuanto hemos decidido que necesitamos usar una red y ya hemos creado el perfil o página correspondiente. Necesitaremos que esos perfiles inicien con paso firme su andadura hacia un crecimiento que podamos aprovechar después, así que primero toca utilizar tus canales actuales para promocionar los sociales. Ya llegará el momento de hacer el camino inverso y de que todos los canales saquen partido de los demás. Así, hemos creado un perfil nuevo siguiendo los consejos que tienes en el capítulo correspondiente de este libro y estamos seguros de que el perfil está perfecto, pero ¿qué hacemos a continuación? Pues darle impulso con acciones como:

- **Promoción cruzada entre redes**: comunica tu nuevo perfil a través de las redes que ya tienes. Anuncia tu perfil de Instagram en Twitter, incluye una pestaña de Youtube en tu Facebook o haz un vídeo en Youtube explicando los archivos que nos ofreces en Slideshare. Aprovecha la masa de las redes asistentes para hacer crecer las redes recién nacidas.

- **Promoción offline**: no olvides incluir referencias a tus redes sociales en cualquier punto de contacto con el cliente que se produzca offline. Anuncia tus perfiles en tus folletos, en tus establecimientos, en tus envíos por correo electrónico o por correo postal. Anima a tus clientes actuales a seguirte en las redes, incluye tus nombres de usuario en tus tarjetas de visita. ¿Vas a participar en un congreso, apareces en prensa, asistes a una feria? Piensa cómo puedes utilizar esa presencia para promocionar tus perfiles, siempre que sea oportuno.

- **Promoción online**: por supuesto, tu web y tu blog han de tener *links* a tus perfiles en las redes sociales que animen a los usuarios a usarlas para contactarte. Piensa en las redes sociales como Twitter y Facebook como pensabas en los canales RSS (*Really Simple Sindication*) que quizás ofrezcas en la sección de noticias de tu web o en tu blog. Incluye enlaces en tu sección de Contacto –claro que sí, ¿no son las redes sociales una forma estupenda de mantenerte en contacto con tus clientes?– y en tu sección de Noticias o Prensa.

- **Inserción online de contenidos**: un paso más allá del punto anterior es reflejar en tus espacios web los contenidos de tus redes sociales, lo que constituye al mismo tiempo una alimentación de contenidos para la web y una excelente promoción para tus redes. Inserta tus vídeos de Youtube y tus presentaciones de Slideshare en tu blog o en tu web. Puedes añadir a tus espacios web *widgets* que muestren los últimos contenidos de tus redes sociales, tus últimos *tweets* o tus últimas fotos en Instagram, por ejemplo. Inserta también la caja promocional de Facebook que dice a tus visitantes que otros amigos suyos ya hicieron un "Me gusta" de tu página en esa red.

- **Socializa**: la mejor manera de crecer en las redes sociales es relacionarte con los demás. Hacer *follows*, menciones, seguimientos, citas, etc. Pero con cabeza y con sentido común.

  A la hora de socializar para crecer hay una precaución básica a tener en cuenta, los números de seguidores y seguidos conllevan un mensaje de calidad implícito. Los perfiles con poco seguidores van a dar una primera impresión de poca calidad, de la misma manera que a los perfiles con grandes números se les supone ese poder de atracción. Somos gregarios, si en un lugar hay mucha gente pensamos que será por algún buen motivo. Así que si necesitamos crecer y la mejor manera es socializar, sigamos a un montón de gente rápidamente, ¿no?

  Pues no, efectivamente. Porque en aquellas redes donde el número de seguidores y seguidos es visible (Twitter, Instagram, Pinterest, Slideshare, etc.) seguir a muchos y ser seguido por pocos refuerza el mensaje de "poca calidad". Por lo tanto, crecer a través de seguir a los demás necesita un ritmo más bien lento, seguir a unos pocos y esperar a recibir algunos seguidores para luego seguir a otros más. En el capítulo dedicado a Twitter profundizamos en esta sugerencia.

- **Invierte:** cada vez para más casos diferentes acaba siendo una buena idea recurrir a la inversión publicitaria en redes sociales para alcanzar lo antes posible una masa crítica de seguidores que den sentido a nuestro perfil. Lanzar una nueva página en Facebook conlleva en el 99% de los casos iniciar una campaña de Facebook Ads destinada a captar "Me gusta", ya que esperar a captar una audiencia considerable implemente con alcance orgánico y empezando desde cero es una misión colosal. En Twitter ocurre prácticamente lo mismo, aunque con un perfil en Twitter es más fácil captar seguidores que con una página en Facebook, porque Twitter nos permite hacer seguimiento a otros usuarios. En función del crecimiento que necesitemos en esa red es posible que debamos invertir en promocionar nuestra cuenta.

Las acciones de volumen son aquellas que funcionarán mejor cuando ya hemos alcanzado un cierto nivel de seguidores en nuestras redes sociales pero queremos ir más allá y acelerar el crecimiento de la cuenta, de cara tener una masa crítica importante para las acciones que han de venir después. Se trata pues de continuar acelerando el perfil que ya hemos "vitaminado" con las acciones de crecimiento del punto anterior.

- **Concursos para potenciar el canal:** una vez alcanzada una cierta cota de seguidores, puedes plantearte acciones que les lleven a participar con tus contenidos. Este tipo de dinámicas deben estar enfocadas a hacer tu canal visible para otros usuarios similares a los que ya tienes. Por ejemplo, en Facebook funcionan bien los concursos en los que haces una pregunta –no puedes obligar al usuario a que comparta nada en su muro–, y en redes como Twitter o Instagram puedes proponer dinámicas en las que los usuarios publiquen su propio contenido con el *hashtag* de tu concurso. Se trata así de motivar a los seguidores que ya tienes para que hagan visible tu canal social a sus contactos.

- **Encuestas:** llamamos encuestas al tipo de acciones en las que primero pides opiniones a tus usuarios y luego haces públicos los resultados. Nuevamente, para que funcionen necesitas tener ya un buen número de seguidores, pues no todos van a responder a tus preguntas. Puedes recurrir a mensajes privados a tus seguidores más influyentes para que se animen a participar, sugiriendo que aparecerán sus opiniones en el resultado final. Tú les vas a dar visibilidad, seguramente ellos te la den a ti cuando publiques los resultados. Por ejemplo, puedes plantear una pregunta interesante para tu sector o divertida para tus seguidores y realizar una infografía con los resultados –los mensajes que incluyen porcentajes llamativos constituyen un tipo de contenido muy "viralizable" en redes como Twitter– y con las opiniones más interesantes o divertidas según el caso. La captación de opiniones es solo una fase de la acción, la fase interesante es la publicación de resultados. Los que hayan participado en la primera fase, dinamizarán la segunda en sus canales.

- **Menciones de terceros**: este tipo de acciones rozan la parte de la socialización, pero las he incluido aquí por un motivo, el equilibrio a la hora de realizarlas. Con menciones de terceros me refiero a potenciar en nuestras redes aquellos contenidos interesantes que sobre nosotros han publicado otros. Con equilibrio me refiero a no caer en el tópico de *retuitear* a quien nos promociona sin más o de dar las gracias en público a quien nos ha hecho un *follow*. Ese agradecimiento tiene más de exhibicionismo de un trofeo que de gesto amable. Evítalo. Me refiero a provocar de forma elegante esas menciones de terceros y a reflejarlas en nuestras redes aportando valor. Por ejemplo, podemos redactar un informe sobre las opiniones de un grupo de expertos en un tema concreto y hacer con ello un *post* en nuestro blog, un vídeo en Youtube, una presentación en Slideshare o las tres cosas, si se tercia. Obviamente, cuando publiquemos el resultado (en Twitter, en Facebook, etc.), será fácil que los interpelados lo publiquen también en sus redes sociales. Esas "menciones de terceros" son las que buscamos y cuando "republiquemos" sus mensajes en nuestras redes deberíamos hacerlo de forma que la mención que hagamos nosotros sea un agradecimiento y un resumen de la aportación de ese experto al mismo tiempo. Lo que estamos haciendo así es generar un contenido de valor que difundirán aquellos que han participado en él, estaremos estrechando lazos entre nuestros perfiles y los suyos. Estaremos aprovechando sus menciones para promover tanto nuestros perfiles como nuestros contenidos.

- **Invierte:** de nuevo, sí. Aprovecha una parte de tu presupuesto para que tus contenidos lleguen más lejos. Si en el primer grupo de acciones buscábamos inversiones para captar usuarios para nuestros perfiles, ahora dedicaremos ese esfuerzo a que nuestros contenidos lleguen más allá de los usuarios captados, con la doble intención de que nuestros mensajes lleguen más lejos y de que nuevos usuarios quieran seguirnos. Estamos hablando aquí de invertir en Promoted Post en Facebook o en *tweets* promocionados en Twitter para darle un empujón a esas piezas de contenidos que nos hagan pensar que podrían ayudarnos a captar nuevos fans y seguidores.

Las acciones de dirección hacia objetivos son aquellas que han de servirnos para aprovechar la masa crítica de usuarios que hemos conseguido con la suma de nuestros contenidos en alcance orgánico y las acciones de los dos grupos anteriores para dirigir a esos usuarios hacia lo que nos hemos marcado como objetivo de negocio.

- **Promociones de venta online:** podemos, por no decir que debemos, ser capaces de combinar líneas editoriales que aporten valor al usuario a partir de nuestros contenidos, con acciones que den a conocer a estos usuarios cuáles son nuestros servicios o nuestros productos. Se trata aquí de dirigir ese tráfico a nuestra web para vender y ya hemos visto que podemos medir esas ventas con cierta exactitud. Son promociones de venta online por ejemplo:

  - **Lanzamientos exclusivos** para nuestros seguidores, dándoles una ventana de tiempo en la que ellos obtienen ventaja sobre el consumidor que no nos sigue o un producto personalizable a partir de lo que sabemos de ellos en las redes sociales.

  - **Cupones de descuento o códigos promocionales** que les den una ventaja en precio como premio a su fidelidad.

- **Ventajas exclusivas** para seguidores y fans en nuestro *e-commerce* (envíos gratis, dos por uno, regalos vinculados a una compra mínima, etc.).

La comunicación de este tipo de acciones confiere dos ventajas. La más evidente es llevar a la conversión del seguidor en cliente y la más sutil es la demostración al que aún no es seguidor de que serlo le va a proporcionar beneficios.

- **Promociones para dirigir público al punto de venta offline**: si nuestra vía de comercialización es offline, quizás en un establecimiento o una cadena de ellos y si la venta no la podemos cerrar en el circuito online, podemos aprovechar las redes sociales para dirigir al público a esos puntos de venta. Algunas son del todo coherentes con las que hemos mencionado en el punto anterior: cupones canjeables por descuentos en las tiendas, o algún tipo de ventaja exclusiva para nuestro seguidor que le facilite la compra en la tienda física (por ejemplo, horas de parking gratuitas) pero hay otras, por ejemplo:

  - **Webrooming**: llamamos *webrooming* al fenómeno que consiste en descubrir un producto online para irlo a comprar a una tienda offline. El *webrooming* está evidentemente muy vinculado a las técnicas de posicionamiento en buscadores de webs y blogs, pero podemos y debemos usar las redes sociales para insistir en las características, ventajas y cualidades de nuestros productos. Interesante en este sentido contar con un buen catálogo de imágenes atractivas o con el uso de infografías y vídeos que muestren cómo se usa el producto. Se trata de crear contenidos específicos para la venta.

  - **Shows y demostraciones**: podemos usar nuestros establecimientos para invitar a grupos de nuestros seguidores a que vengan a probar nuestros productos o a que un experto les muestre lo que podrían llegar a hacer con ellos. Si dotamos a este tipo de acciones de ventajas con un valor evidente –un test de producto que realmente aporte valor o un gadget o complemento gratuito como obsequio a los asistentes, o el gancho de un famoso que participará en la demostración– conseguiremos que nuestros fans perciban como un valor lo que *de facto* es una promoción comercial. Si los incentivos son muy interesante, podemos incluso combinar esta acción con un concurso donde el premio para nuestros seguidores sea la asistencia a ese acto.

- **Apoyo a las acciones offline**: ahora que ya tenemos volumen en nuestros canales sociales, incluyamos en nuestros contenidos referencias a aquellas acciones que se estén realizando fuera de Internet. Recordemos que todos los puntos de contacto entre marca y usuario deben ser coherente, la dicotomía entre marketing online y offline ha de diluirse en un mismo concepto. Por lo tanto, a la hora de plantear cualquier acción off line consideremos cómo vamos a comunicarla en las redes sociales.

- **Acciones con usuarios influyentes**: sean *blogueros*, *youtubers* o *instagramers*, captar la participación de usuarios relevantes que puedan prescribir tu producto o servicio entre sus seguidores te aportará de nuevo una doble ventaja: la prescripción de venta y la promoción de tus canales por parte de quien tiene canales seguramente mayores. Por eso, hemos dedicado un capítulo de este libro a la metodología de acciones con blogs.

- **Invierte** una vez más. En este tercer caso, las inversiones ya pueden ir directamente dirigidas a vender desde tus espacios sociales. Facebook ya incorpora un tipo de campaña de sus Ads directamente enfocada a la conversión en tu web y Twitter dispone de una *card* que es en sí misma una promoción de venta de un producto concreto. Así que prueba, haz un test con un presupuesto ajustado, y en función de los resultados corrige la campaña o dedica un presupuesto mayor.

Recuerda, en todo caso, que a lo largo de cualquiera de estas acciones de cualquiera de las tres fases debes seguir manteniendo las líneas editoriales y la calidad en los contenidos que siempre son inherentes a un buen canal social. Dedicar mucho esfuerzo a las acciones de crecimiento para descuidar los contenidos del canal es como invertir en un buen abono y tirarlo en la arena de la playa. Difícil que allí crezca gran cosa. El substrato de los contenidos es siempre el alimento del que tirará tu canal, cuídalo bien.

14.8 ¿CUÁNDO Y EN QUÉ ORDEN HE DE HACER CADA COSA?

Hasta aquí ya tenemos tres grandes bloques que hay que organizar de forma conjunta para llevar a cabo tu estrategia. Tenemos las líneas editoriales, tenemos el “mix” de redes sociales y tenemos las acciones que ejecutaremos en esas redes. Lo que tenemos que elaborar a continuación es un calendario que nos marque cuándo toca cada cosa.

De la misma manera que en el cuadro de mando intentaremos integrar diferentes datos de diferentes canales para tener una visión global de nuestro camino a los objetivos, este calendario también debería ser integral, es decir, debería reflejar tanto los contenidos como las acciones y el despliegue de los perfiles nuevos que hayamos decidido crear. Agregar toda esta información en un solo documento nos permitirá ver enseguida en qué momentos del año vamos a tener una carga mayor de trabajo o una necesidad de presupuesto mayor o menor y seguramente decidiremos alargar, acortar o cambiar de mes las acciones o los contenidos en función de cómo interactúan. Si tu empresa es grande y la complejidad de multitud de canales y acciones hace que este calendario único no sea práctico, puedes dividirlo en dos: un calendario editorial para los contenidos y un calendario de acciones. Pero lo que sería aconsejable mantener en todo caso es una referencia en tu calendario editorial a cuándo empieza y acaba cada acción. Para realizar un calendario integrado mi herramienta favorita es un sencillo Excel. Si decides separar el calendario editorial del de acciones, quizás quieras usar una hoja de Excel igualmente para el calendario editorial y una herramienta que te genere **diagramas de Gantt** para las acciones: Puedes usar Excel también para generar estos diagramas.

Para organizar este calendario te recomiendo las siguientes pautas:

- Usa filas para los temas y columnas para las fechas. Puedes ser tan concreto o generalista en las columnas como complejo sea tu proyecto. Mi recomendación, al principio, es que cada columna sea un día concreto y especifiques qué línea editorial de qué red social va en cada día. Cuando hayas probado los resultados podrás pasar si lo deseas a que cada columna sea una semana, por ejemplo.

- Usa una fila para cada red social o cada acción. Así, por ahora tenemos el cruce entre las columnas (fechas) y las filas (redes sociales y acciones).

- Usa un color diferente de una misma gama para cada línea editorial. Si vas a usar, por ejemplo, cuatro líneas editoriales, escoge cuatro colores distintos, pero al mismo tiempo, cuatro azules, o dos azules y dos verdes, por ejemplo, para que de un solo vistazo puedas ver en qué fechas hablarás de cada tema. Si has ponderado un peso en porcentaje de contenidos para cada red social, puedes ahora reflejarlo aquí. En el ejemplo decíamos que dedicaríamos el 50% de los contenidos a una misma línea editorial. Asegúrate ahora de que el 50% de las columnas contienen ese color.

- Esta afirmación puede ser muy discutible en función del caso concreto pero, como norma general, intenta usar líneas editoriales diferentes en cada red social en un mismo día. Así evitas que quien te sigue en más de una red tenga la sensación de que le cuentas lo mismo en todas ellas. Ya ves como el calendario se va haciendo un poco más complejo, pero su función es facilitarte mucho la decisión de qué vas a publicar en cada momento. Vale la pena el esfuerzo.

- Ahora crea líneas para cada acción que hayas decidido hacer en el calendario para un periodo concreto. Y esta vez marca con colores cálidos las diferentes acciones para diferenciarlas claramente de los contenidos, para los que te sugería usar colores fríos. Puedes hacerlo al revés si te apetece, es lo de menos: lo interesante es que de un vistazo al calendario sea muy evidente distinguir los contenidos de las acciones.

- Marca en el calendario aquellas fechas que sean hitos importante para ti, por ejemplo, aniversarios de eventos relevantes, lanzamientos de campañas importantes o productos nuevos, participación en actos offline, apertura de nuevos puntos de venta, etc.

- Con el código de colores establecido y con las fechas clave marcadas en tu calendario, ya puedes ir distribuyendo en cada celda qué color necesita en función de cuál sea la línea editorial a reflejar en esa red social ese día concreto o cuando empieza, acaba o permanece activa una acción concreta. Usa texto para añadir detalles en cada celda cuando sea necesario.

- Hacer un calendario de este tipo es un trabajo interesante, porque verás que rara vez lo completas a la primera. En la medida en la que se agrupan fechas y acciones, deberás seguramente cambiar las líneas editoriales que en principio tenías ideadas para esos momentos. Pero se trata de esto, de trabajar a fondo el calendario para que luego todo fluya fácilmente. Este esfuerzo en planificación te va a permitir facilitarte y mucho las tareas de *community management*. Puede redactar los contenidos y seleccionar los materiales gráficos con antelación y programar las publicaciones de una o dos semanas en un mismo día, lo que te dejará tiempo para prestar atención a las interacciones y a la medición.

- Como todos los documentos relacionados con el entorno online, el calendario ha de permitir una cierta flexibilidad. La realidad es tozuda en imponernos imprevistos y giros que harán que algunas de tus columnas cambien sus colores. Se trata de mantenerse flexible cuando sea necesario y de mantenerse firme con la planificación si los cambios son menores.

	Lunes	Martes	Miércoles	Jueves	Viernes	
	11	12	13	14	15	
Facebook	Receta	Noticias Aumento catálogo, suscríbete	Medio ambiente Concurso Wiki	Recetas Batidos	Promoción J	Mañana
			Consejos de salud	Sorteo Visita tienda	Frases motivadoras	Tarde
Twitter	Medio ambiente Ruta	Noticias Aumento catálogo, suscríbete		Medio ambiente	**Novedades**	Mañana
	Consejos Energéticos	Infografía 5 a día	Investigación Enfemero app	Consejos de salud	Consejos extractos	Mediodia
	Novedades		Promoción	Sorteo Visita tienda	Frases motivadoras	Tarde
Instagram	Zoom producto	Noticias Aumento catálogo		Consejos de salud	Promoción	

Línias editoriales

- Corporativo
- Productos
- Vida saludable
- Notícias

14.9 ¿CÓMO SÉ SI ESTOY EN EL CAMINO CORRECTO?

Hiciste tu plan estratégico de redes sociales y hace un tiempo que lo tienes en marcha. Será la consecución de resultados lo que te indicará si la ruta que has trazado en el mapa te lleva a donde querías llegar sobre el terreno. Es importante que midas esos resultados, que mantengas un cuadro de mando donde se reflejen tanto tus objetivos de negocio como los objetivos tácticos de las acciones que hayas decidido poner en marcha. En el capítulo dedicado a las Métricas tienes todos los detalles que necesitas para tener tu cuadro de mando en marcha.

Nada es inmutable y, mucho menos, en un entorno donde los cambios suceden tan rápido como es el entorno online en general y las redes sociales en particular. Siempre y cuando lo que hagas esté imbuido de sentido común, no debería caducar, pero hay que permanecer atento a estos cambios. Ten curiosidad por este entorno, que es apasionante. Infórmate de las nuevas tendencias –en la bibliografía encontrarás referencias que podrán ayudarte en este sentido– y no pierdas de vista a tus competidores. Ampliar ese estudio del sector que hiciste en su momento, el que tienes reflejado en el apartado "¿Qué hace mi entorno?", y actualizarlo cada pocos meses también te va a dar pistas acerca de qué está cambiando. Recuerda que en este juego, como en tantos otros, le va mejor al que mejor se adapta.

Llegados a este punto, si has definido bien cómo vas a usar cada red social, podrías visualizar tu estrategia en el entorno social como un cubo tridimensional formado por tres ejes. Un eje define públicos objetivo –¿con quién vas a hablar?–, otro eje define roles –informar, vender, relacionar y divulgar– y en un tercer eje figuran las voces de tu organización marketing o *community management*, prensa, dirección, portavoces, etc.

Si ese cubo estuviera hecho con cajas, las celdas que forman las intersecciones de los tres ejes, podrías ubicar un perfil de una red social en cada caja, y ese canal social quedaría así definido por su público objetivo, su voz y su rol. Obviamente, puedes tener varias cajas para cada público o en cada rol.

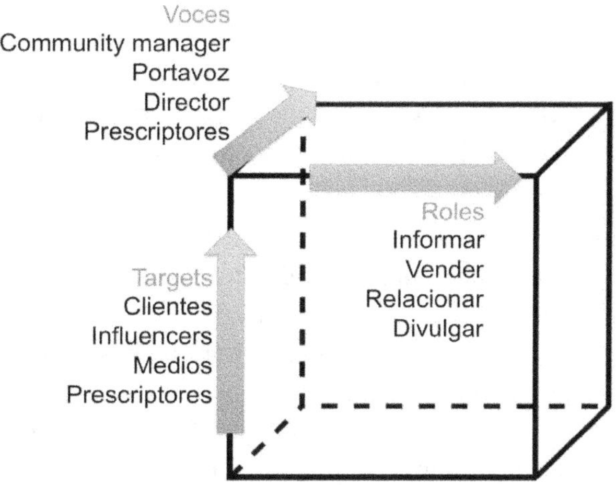

Por ejemplo, una presencia completa en redes sociales de una empresa cualquiera podría resumirse en:

- Un perfil de Twitter para la voz Prensa, que tiene el rol de informar al público objetivo de periodistas, *blogueros* especializados y público profesional que quiera saber más de nuestra empresa.

- Un perfil en Twitter para la voz Director General, que tiene el rol de relacionarse con el público objetivo formado por los empresarios del sector, los directores de los medios de comunicación y los potenciales inversores de nuestra empresa.

- Una página en Facebook para la voz Marketing, que tiene el rol de informar y conversar con el público objetivo que forman nuestros potenciales compradores finales.

- Un perfil en Slideshare para la voz Comercial que tiene el rol de divulgar las características de nuestros productos como apoyo a la venta, y que se dirige al público objetivo formado por nuestros potenciales clientes del canal B2B, básicamente distribuidores en otros mercados.

- Un perfil en Instagram para la voz Marketing que tiene el rol de divulgar nuestro producto y las acciones promocionales sobre el terreno que se realizarán en este año y se dirige al público objetivo de *influencers* y clientes finales de la gama más alta de nuestros productos.

- Un canal de Youtube para la voz Marketing y para la voz Prensa, que tiene el rol de posicionar contenido multimedia divulgativo sobre nuestra empresa y productos en el primer caso y tiene el rol de defender la reputación online de la empresa mostrando nuestras exitosas apariciones en medios de comunicación en el segundo caso. Este canal tiene varios públicos objetivos: desde el motor de búsqueda de Google pasando por los periodistas, las inversiones, los potenciales clientes locales y los distribuidores internacionales.

¿Cuál sería tu cubo? ¿Qué voces, roles y públicos objetivo tendrán cada uno de tus canales sociales?

14.10 20 CONSEJOS CLAVE EN TU ESTRATEGIA EN REDES SOCIALES

1. Estar en las redes sociales no es sólo publicar contenido de vez en cuando. Como ya hemos explicado al principio de este tema, se requiere una gestión más proactiva. Hay que escuchar lo que dicen los demás, buscar a quienes puedan ser interesantes, atender dudas y preguntas que podamos recibir, estar atentos a nuevos desarrollos en las redes que abran más posibilidades, indagar que blogs podrían ser interesantes. Pero todo ello lleva tiempo y requiere ciertas habilidades.

2. **Acerca de la compra de fans, rotundamente no**. Comprar fans no sirve de nada y en redes como Facebook además nos penaliza. El daño a la credibilidad de la empresa puede erosionarnos más de lo que parece. Si notas un incremento súbito de seguidores en un perfil y sin motivo aparente, comprueba sus perfiles para ver qué tipo de usuarios son. Para ganar volumen recurre a buenos contenidos, una socialización eficaz y una inversión en los formatos publicitarios de cada red social.

3. Una buena manera de saber en qué redes queremos estar en función del público objetivo al que nos dirigimos es intentar localizar en cada red social hasta qué punto existen conversaciones acerca de nuestro mercado (nuestra empresa, nuestro gama de productos, nuestros competidores) y considerar si estamos en un entorno B2B o B2C.

4. A menudo, las pymes eligen en qué red quieren estar a partir de ver en qué red se sienten más cómodos como usuarios. Si uno está tranquilo en Facebook pero no conoce los entresijos de Linkedin, prefiere usar Facebook aunque su negocio sea un B2B de un nicho muy concreto. Este es un error frecuente. Decidir en qué redes sociales se ha de estar no depende de lo que fácil que sea para nosotros, sino de la coherencia con nuestro modelo de negocio y con nuestra capacidad de generar contenido.

5. Es una buena práctica reservar los espacios que tienen que ver con nuestra marca, aunque no vayamos a usarlos a corto plazo. Por ejemplo, que el nombre de usuario que mejor le va en Twitter a nuestra pyme esté libre hoy no quiere decir que lo vaya a estar mañana... Vale la pena "ocupar" los espacios relativos a nuestra marca, dejar una biografía en el perfil anunciando que en breve los usaremos y así evitar problemas futuros si alguna vez nos decidimos a ponerlos en marcha. Siempre será mejor tenerlos nosotros que dejar que los ocupe un competidor, un cliente descontento o alguien cuyas intenciones quizás no sean las mejores.

Herramientas como https://namechk.com/ pueden ayudarte a comprobar qué nombres de usuario están libres en qué redes sociales.

6. Intenta mantener una cierta coherencia formal entre todos tus perfiles en diferentes redes sociales. Algunos aspectos como el avatar y la imagen de cabecera podrían ser los mismos, adaptados al tamaño de cada red. Los textos de las diferentes biografías deberían ser similares e insistir en los mismos conceptos.

7. Si vas a usar varios perfiles diferentes en una misma red social puedes buscar elementos comunes. Por ejemplo, el periódico The Guardian usa diferentes colores en su logo para las cuentas en Twitter de sus diferentes secciones y suplementos. Se trata, en todo caso, de que el usuario pueda identificar rápidamente que ese es otro de nuestros perfiles y no una marca que se llama como la nuestra. Si tú eres tu propia empresa, podrías usar la misma foto como avatar en todas tus redes sociales.

8. Un buen planteamiento de estrategia en redes sociales se puede ir al traste si no cuidamos los perfiles adecuadamente: perfiles de Twitter sin biografía o con una bio mal escrita, logos imposibles de distinguir al tamaño de un avatar en el muro de Facebook empresas actuando como si fueran usuarios particulares en Linkedin, etc. Hay unas pautas mínimas de calidad que necesitan nuestros perfiles en las redes sociales, de la misma manera que exigimos a nuestra web un mínimo de coherencia con nuestra marca. En los capítulos dedicados a cada una de las redes sociales encontrarás pautas para evitar estos errores, más frecuentes de lo que podría pensarse.

9. Cada día es más difícil hacer una buena estrategia en redes sociales sin presupuesto, y esta dificultad será creciente en el futuro por la propia naturaleza de las redes sociales, que no dejan de ser el producto de una empresa con ánimo de lucro. Con horas de trabajo, esfuerzo, cariño en los detalles e imaginación se pueden hacer cosas muy dignas en las redes sociales sin invertir un euro en publicidad: sostener una reputación personal, dar a conocer una empresa local, comunicar con gracia una acción para una ONG... Pero si hablamos de estrategia de redes sociales para empresas estamos hablando de conseguir objetivos en un tiempo concreto. Y para ello, es mucho más eficiente conseguir un presupuesto que pueda impulsar nuestros perfiles y nuestros mensajes. La cuantía de ese presupuesto ya dependerá de nuestra situación de partida y de los objetivos a alcanzar.

10. Intentar hacer un concurso en redes sociales sin una masa crítica de seguidores suficiente es un sacrificio inútil de tiempo y de energía. Además podría penalizarte en la credibilidad de tu siguiente concurso; no lo hagas. Los concursos son el tipo de acciones que más rápidamente vienen a la mente de quien quiere "hacer cosas" en las redes sociales, pero no funcionan si no hay participantes, ¿verdad? Primero haz crecer bien el perfil y luego intenta con un concurso. La levadura de un concurso funciona cuando la pones sobre la harina del volumen de usuarios que ya tienes, pero no puedes hacer un pan sólo con levadura.

11. Pese a que hacer un concurso en redes sociales no es complejo, hacer un concurso que tenga éxito no es evidente. Piensa bien la mecánica del concurso y mantenla lo más simple posible. Aquellas promociones que exigen al usuario que haga un montón de cosas (descarga algo, genera un contenido, publícalo de una determinada manera, etc.) suelen funcionar mal, porque necesitan una motivación enorme por parte del concursante y no siempre la motivación la va a dar un gran premio. A veces, los concursos con dinámicas divertidas y espontáneas funcionan mejor que con las mecánicas complicadas aunque tengan grandes premios.

12. Piensa bien en el plazo de participación que le vas a dar a los usuarios en tus concursos y considera que cuanto más compleja sea la dinámica, más laxo ha de ser el plazo para participar. No es lo mismo hacer un comentario en un *post* de Facebook que grabar un vídeo y subirlo a Youtube. No es lo mismo publicar un *tweet* con un *hashtag* concreto que redactar un *post* en un blog. Si la mecánica que propone tu concurso implica que el participante ha de generar contenidos con cierta complejidad, dale al menos dos o tres semanas para ello. Ten en cuenta que en esas semanas serán varias las veces que se va a plantear hacer cualquier otra cosa y dejar el concurso. Las mecánicas complejas requieren un premio especialmente ilusionante y, si es posible, captar el dato de contacto del concursante en la fase inicial para luego poder enviarle mensajes que le motiven a seguir con la promoción.

13. Tener unas bases legales bien redactadas que describan perfectamente la mecánica de un concurso en redes sociales y, sobre todo, el criterio por el cual se elegirán a los ganadores, es una condición básica para sobrevivir a un concurso. Una vez esté en marcha el concurso, ni se te ocurra cambiar las bases, aunque sea para alargar el plazo de participación. Las bases han de ser intocables. Puedes tenerlas en tu web, en tu blog o en una pestaña de texto de tu página de Facebook, por ejemplo. Necesitarás

que estén accesibles online y enlazables desde tus contenidos por si has de hacer referencia a ellas en cualquier momento.

14. Si deseas utilizar diagramas de Gantt para organizar mejor tu calendario de acciones puedes recurrir a herramientas gratuitas como http://sourceforge.net/projects/openproj/, http://www.projectlibre.org/ , https://wiki.gnome.org/Apps/Planner.

15. Si quieres usar un diagrama de Gantt pero prefieres hacerlo con Excel, tienes un manual perfectamente explicado paso a paso en https://exceltotal.com/diagrama-de-gantt-en-excel/.

16. No siempre podrás usar un mismo contenido de una misma manera en varias redes sociales diferentes. De hecho, las propias redes sociales ponen trabas destinadas a que el contenido que vuelcas en ellas sea genuino. Ya no puedes replicar tus *tweets* en Linkedin, y funcionan mejor los vídeos que se suben directamente a Facebook que los vídeos que se suben a Youtube y luego se enlazan en Facebook. El texto que funciona bien en Twitter seguramente no sea el adecuado en Facebook. Adapta el mensaje a cada canal buscando las ventajas de esa red concreta.

17. A la hora de hacer un *benchmark* con tus competidores, la regla de oro es "métete con los de tu tamaño". Compararte con grandes corporaciones de mercados más potentes es un camino destinado a la frustración y compararte con quienes sean mucho más pequeños que tu dirige a una complacencia poco constructiva. Las comparaciones son útiles con los que tienen una capacidad de actuación parecida a la tuya, quizás un poco mayor si tú eres el aspirante a desbancarlos.

18. De la misma manera que cuando hablamos de líneas editoriales hemos mencionado la posibilidad de ponderarlas para darles más volumen de contenidos a unas que a otras, cuando hablamos de acciones deberíamos asignarles prioridades: alta, media, baja, en función de su relación con nuestros objetivos de negocio. Si por cualquier motivo debieras prescindir de una acción (un ajuste de presupuesto, un cambio en la decisión de qué canales usar, etc.) será más sencillo identificar enseguida cuáles son más prescindibles.

19. El calendario editorial y de acciones y el cuadro de mando son dos documentos básicos que han de permitirte evaluar si tu estrategia tiene sentido vista globalmente. Y te han de permitir saber en cada momento qué publicaciones van en qué red y medir los resultados de tus esfuerzos.

Cada minuto invertido en la realización de estos dos documentos son horas de trabajo que ahorrarás en el medio plazo. A estos dos documentos puedes añadir el Protocolo de Gestión de la Reputación Online y tendrás una batería de herramientas potentes.

20. Mantén los pies en el suelo y una actitud pragmática y realista cuando estés trabajando en la definición de tu estrategia en redes sociales. Es fácil dejarse llevar por el entusiasmo de crear muchos más perfiles de los que necesitas, ante las posibilidades que te ofrecen las redes, ya que puedo publicar vídeos, he de hacer vídeos. Es hasta divertido imaginarte las promociones que harás y lo mucho que vas a crecer hasta que haces números de horas de trabajo, gracias a tu calendario editorial, y de presupuestos y ves que quizás no llegues a todo. Hacer estrategia es poner prioridades, elegir las opciones más rentables y descartar, por ahora, las que no tengan un camino directo a tus objetivos de negocio.

15

LA IMPORTANCIA DE MEDIR RESULTADOS

En este capítulo revisaremos cómo podemos medir los resultados que estamos obteniendo de las diferentes herramientas online de nuestro proyecto. Veremos cómo seleccionar objetivos, cómo traducirlos en indicadores y cuáles son los más interesantes en cuanto a la analítica web, las redes sociales o la conversación en Internet. Veremos cómo reunir esos indicadores en un cuadro de mando integral que nos permita tomar decisiones de negocio, que es al fin y al cabo el objeto que debe guiar la medición.

Tenemos que ser conscientes de que en cualquier proyecto siempre hay un equilibrio costes–beneficios que debemos mantener. Incluso en aquellos proyectos del todo altruistas, querremos conseguir unos resultados a cambio de un esfuerzo. De alguna manera hemos de poder cuantificar qué conseguimos (ventas, clientes y atención de un público al que queremos llegar) y qué invertimos (dinero, esfuerzo y horas de trabajo) para poder ponderar no sólo si el proyecto funciona, sino también para desmigar qué estamos haciendo bien y qué tenemos que mejorar.

Así pues, lo primero que tenemos que decidir es cuáles son los **objetivos de negocio** que queremos alcanzar y ver qué elementos de toda nuestra presencia online se refieren a esos objetivos.

15.1 QUÉ ES UN OBJETIVO: LA REGLA SMART

Una de las decisiones en apariencia más triviales pero en realidad más complicadas es decidir qué es un objetivo para nosotros.

Para tomar la decisión acertada, hemos de focalizar en nuestro **modelo de negocio**. Si tenemos un *e-commerce*, nuestro objetivo esencial es la facturación por ventas. Podríamos añadir objetivos como el número de ítems por cada venta o el número de ventas por usuario. Pero en ningún caso un objetivo será tener más seguidores en Twitter o más fans en Facebook. Estas cifras podrían en algún momento acabar suponiendo más usuarios que acaben comprando, pero estarán más relacionados con la captación de usuarios que con las ventas.

Otra norma básica es que un objetivo ha de ser medible de una forma concreta. Por ejemplo, "tener mejor imagen" no es un objetivo, es más bien una buena intención. Para definirlo mejor debería detallarse con elementos cuantificables y asignando un momento en el tiempo para conseguirlo. Por ejemplo, "incrementar las menciones positivas de la marca en las redes sociales un 25% en 12 meses" es un planteamiento válido para un objetivo.

Para no olvidar cómo definir adecuadamente nuestros objetivos, podemos recurrir a la **regla SMART** que reúne cinco elementos que debe cumplir un objetivo:

- Específico (*Specific*).
- Medible (*Mesurable*).
- Alcanzable (*Achievable*).
- Realista o Relevante (*Relevant*).
- En un margen de Tiempo (*Time-Based*).

Veamos estas características con un poco de detalle:

a. **Específico**: seamos concretos. Decir "mucho" o "buena" no es específico, decir un número o un porcentaje de crecimiento sí lo es. "Muchas ventas" no es específico, "cien ventas" sí lo es. "Mejorar nuestra sociedad aportando soluciones de software" no es para nada un objetivo específico. No confundamos la medición de objetivos con nuestra misión, valores y visión.

b. **Medible**: necesitamos convertir el objetivo en un número o una serie de números. Como decíamos, "tener buena imagen" no es un objetivo medible, pero sí lo es contar el número de comentarios positivos y negativos sobre nosotros que podamos rastrear en Internet.

c. **Alcanzable**: seamos realistas planteando objetivos que con los pies en el suelo tengan sentido. No olvidemos que se trata de buscar ese equilibrio entre el beneficio que esperamos y la inversión que podemos acometer. Plantear objetivos muy ambiciosos con un presupuesto casi nulo sólo provocará frustración y, seguramente, acabará quemando los pocos recursos disponibles en fogonazos desesperados.

d. **Relevante**: de la regla SMART la letra que más cambia de unos autores a otros es la R, que se interpreta a veces como "realista", que tiene mucho que ver con alcanzable. y otras con "relevante", que es la acepción que se refiere a que el objetivo esté realmente alineado con el modelo de negocio, para no ser una distracción innecesaria. Por ejemplo, las ventas son relevantes para un *e-commerce*, pero el número de personas que ha hecho comentarios en nuestras presentaciones en Slideshare no es relevante.

e. **Tiempo**: para que un objetivo nos motive debemos marcar un horizonte temporal, que coincidirá con el **calendario** que nos hemos marcado en nuestra estrategia. Puede ser un año natural, un año fiscal o un periodo de tiempo concreto para un objetivo relacionado con una campaña. Por ejemplo, el número de ventas total de 2016 o el número de ventas de la campaña de navidad, marcando cuándo empieza y cuándo acaba esa campaña.

Una vez tengamos definidos nuestros objetivos y una vez ajustados para que cumplan la regla SMART, podemos ver qué indicadores nos resultan útiles para medir esos objetivos. Casi siempre tendremos varios indicadores que nos ayudan a medir cada objetivo: lo importante es elegir cuáles son importantes; esos son los KPI.

15.2 QUÉ ES UN KPI

Las siglas KPI corresponden a **Key Perfomance Indicator** o Indicador Clave de Desempeño. Se trata de una medida que está directamente vinculada al nivel de éxito alcanzado en un proceso que nos lleve a un objetivo. Hemos dicho que los objetivos han de ser cuantificables, pero podemos encontrarnos con que para medir adecuadamente un objetivo necesitemos medir más de una cosa.

Por ejemplo, podemos definir que nuestro objetivo es incrementar un 25% las ventas de productos de nuestra web conseguidas en un año. Evidentemente, la única métrica que necesitamos es la del número de unidades vendidas.

Pero hay varias maneras de vender más:

- Podemos aumentar el número de usuarios que lleguen a nuestra web, una métrica que nos da Google Analytics, la de usuarios únicos.

- Podemos incrementar el porcentaje de usuarios que acaban comprando. Esa métrica se llama **ratio de conversión**. Es el porcentaje de cuántos de los usuarios que llegan a nuestra web –métrica de usuarios– realiza una compra –métrica de ventas conseguidas–. En este caso, el número de usuarios únicos es un KPI y el *ratio* de conversión es otro KPI. Ambos KPI están relacionados con el objetivo de ventas. Que suban o que bajen tiene un impacto directo en el objetivo.

- Sin embargo, el tráfico recibido por la página de Ayuda o el formulario de contacto es una métrica que no es relevante para el objetivo de ventas. Nos puede ayudar a determinar si nuestra página web se entiende o cuáles son las dudas más frecuentes de los usuarios, pero no tienen nada que ver con el objetivo de ventas.

Si nuestro modelo de negocio está basado en la publicidad, el objetivo será incrementar la facturación por este concepto. Para conseguirlo, hay varios factores que nos pueden ayudar:

- El número de impresiones de espacios publicitarios conseguidos.

- El número de usuarios de la web ya que habrá campañas publicitarias que no se muestren más de X veces a cada usuario. Por mucho inventario que tengamos, necesitaremos usuarios únicos a los que mostrarles los anuncios.

- El número de páginas vistas por usuario.

- El número de veces que los usuarios hacen clic sobre los anuncios.

Todos estos KPI estarán relacionados directamente con la facturación por publicidad y nos dan pistas acerca de cómo nuestros contenidos pueden mejorar para conseguir más ingresos pero, por ejemplo, el número de *followers* en Twitter no es un indicador relevante en este sentido.

15.3 RELACIÓN KPI – OBJETIVOS

Nuestro proyecto puede verse reflejado en más de un objetivo. Por ejemplo, podemos querer dar a conocer una marca nueva en un segmento de público concreto para que nos acaben comprando un producto. Hay un **objetivo de comunicación** y **uno de ventas** que habría que cuantificar. Ya hemos visto que en ocasiones los objetivos necesitan más de un KPI. Por ejemplo, incrementar un 30% la "notoriedad de marca" podría simplificarse como la suma de usuarios únicos de la web más la de la interacción en Facebook más las de los *followers* de Twitter y la de los comentarios monitorizados en Internet. Algunos KPI necesitan más de una métrica. La interacción en Facebook podría cuantificarse como la suma de *likes*, compartidos y de los comentarios de los contenidos publicados en esta red social en un periodo.

Siguiendo con esta dinámica, podríamos acabar midiendo muchísimas cosas que nos darían una falsa apariencia de control y mucho trabajo ¿Todas son realmente relevantes? ¿Nos llevan a poder tomar decisiones sobre nuestros siguientes pasos que podamos realmente implementar?

- Para la mayoría de los proyectos, basta con marcar un único objetivo o un máximo de tres y deberíamos ser capaces de plasmar cada objetivo con un máximo de cuatro o cinco KPI.

- Incrementar mucho más la lista de objetivos y los KPI subsiguientes seguramente indica que no hemos sido lo suficientemente precisos en lo que queremos medir.

El paso siguiente será reunir todas esas métricas en un solo documento que podamos interpretar. A ese documento le llamamos Cuadro de Mando, que describiremos enseguida. Pero antes, veamos cuáles son los indicadores más interesantes en tres entornos online: nuestra web, las redes sociales y la monitorización de la conversación.

15.4 MÉTRICAS WEB

Dado que nos estamos centrando en cómo manejarnos con la vertiente online de tu proyecto, es casi seguro que vas a necesitar un espacio web en el que desarrollarlo. Puede pasar, muy raramente, que alguien decida tener presencia online y no tener un espacio web, por ejemplo, utilizando únicamente una página en Facebook. El riesgo en ese caso es estar plenamente en manos de esa red social.

Asumamos pues que lo habitual es tener un espacio web, que puede ser una página web, un blog, un conjunto de "*minisites*" o cualquier combinación de estos elementos. Los KPI más comunes a tener en mente podemos obtenerlos utilizando la herramienta gratuita de analítica web más utilizada en el mundo: Google Analytics. A través de Google Analytics podemos:

a. Analizar datos para tomar decisiones que nos lleven a conocer mejor a los usuarios que visitan nuestra web ¿Qué temas les interesan más, cómo llegan hasta nosotros, cómo recorren la web?

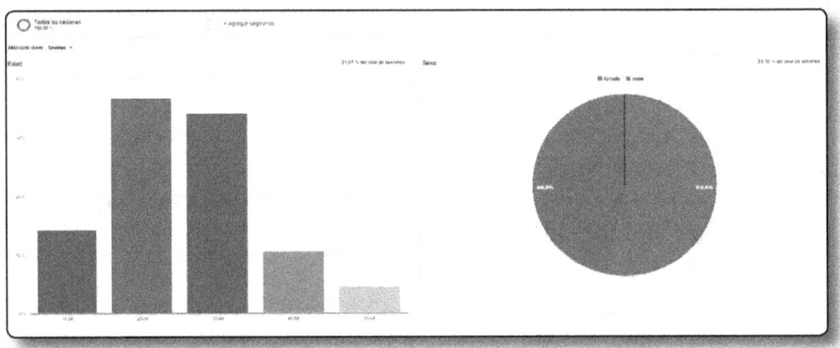

b. Analizar qué rendimiento estamos obteniendo de nuestra inversión online (¿cómo están funcionando las campañas que hacemos para conseguir usuarios, qué acciones me están funcionando mejor, qué ingresos me reportan?

c. Saber también qué canales nos derivan más tráfico ¿Me llegan más usuarios por los buscadores y a través de qué palabras de búsqueda o por las redes sociales? ¿Cuáles me dan más tráfico?

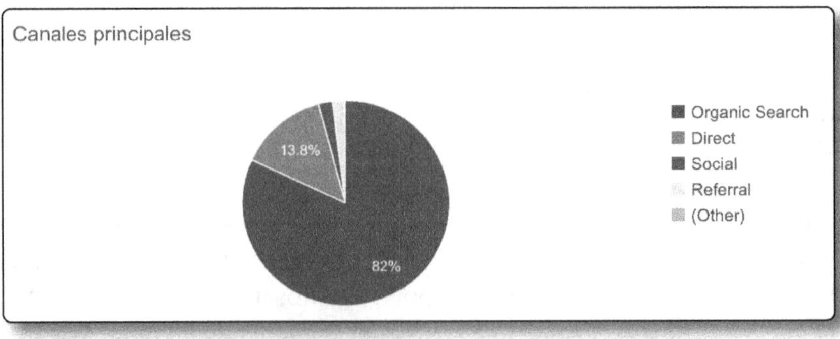

Para cada una de estas preguntas hay uno o más indicadores en Google Analytics. Los indicadores básicos son:

a. **Usuarios únicos**: el número de direcciones IP diferentes que han visitado nuestra web en un periodo de tiempo.

b. **Visitas**: el número de veces que los usuarios han llegado a nuestra web. Un usuario único puede hacer más de una visita durante un periodo de tiempo.

c. **Páginas vistas**: el número de documentos HTML que ha servido nuestra web durante un periodo. Un usuario puede haber venido a una web tres veces, y en cada una de ellas ver cinco secciones de nuestra web. Es un usuario único que ha generado tres visitas y quince páginas vistas.

d. **Fuentes de tráfico**: podemos ver el porcentaje de visitas que llegan a través de los buscadores y con qué palabras clave han llegado, aunque este es un dato cada vez más escaso en Analytics, el tráfico directo el usuario conoce la URL de nuestra página y la escribe directamente en el navegador, por referencias, que llegan a través de enlaces en otras páginas y que también podemos saber desde cuáles o desde las redes sociales pudiendo saber desde qué redes. También podemos saber qué porcentaje de tráfico llega, por ejemplo, de nuestra *newsletter* o de una campaña concreta, por ejemplo, si hemos hecho una campaña de *banners* o de anuncios y la hemos incluido en nuestra cuenta de Google Analytics.

e. **Tasa de rebote**: porcentaje de usuarios que llegan a nuestra web, están menos de 30 segundos y no interactúan con la página, no navegan en ella. La tasa de rebote sube cuando los usuarios llegan a nuestra web y comprueban que no somos lo que estaban buscando y se van a otras web al cabo de unos pocos segundos.

f. **Páginas vistas por visita**: es el número de páginas vistas dividida por el número de visitas y nos indica el grado de interés que tiene nuestro *site* para los usuarios. Si un usuario visita varias páginas nos está indicando que tiene interés en nuestros contenidos.

g. **Promedio de tiempo en el sitio**: es la duración media de las visitas o sesiones que se han realizado en el sitio web durante el periodo que hayamos seleccionado.

Estas son las métricas comunes, pero el KPI más interesante es el *ratio* de conversión, es decir, qué porcentaje de los usuarios que llegan a nuestra web acaban haciendo aquello que queremos que hagan y que coincide con nuestros objetivos. Qué porcentaje compra, rellena un formulario, descarga un archivo o *clica* en la publicidad según sea nuestro modelo de negocio.

Google Analytics nos permite definir un objetivo de la web y medirlo directamente. Por ejemplo, podemos marcar como objetivo la URL de la "Página de gracias" que aparece cuando un usuario se descarga un formulario, dado que esa página sólo aparece en caso de descarga. El número de veces que se haya visto esa página equivale al número de veces que se ha descargado el formulario.

Google nos permite crear lo que llamamos un "embudo de conversión". El embudo define el camino que ha de seguir el usuario para llegar a la página de gracias. El usuario llega a la *home*, hace clic en la "Página de ofertas", hace clic en "Ver el cupón", y hace clic en el "Botón de descarga". Son cuatro pasos. Como en cada paso habrá un porcentaje de usuarios que no seguirá con el proceso, tendremos un embudo, donde en la boca ancha estará el total de usuarios que han llegado a la *home* de nuestra web y en la boca estrecha estará el número de usuarios que se descargó el cupón. Viendo en qué paso perdemos más gente podemos ver cómo mejorar nuestra web para incrementar la tasa de conversión. Al embudo de conversión se le llama también por el anglicismo "*funnel*" de conversión.

Aquí tienes algunos ejemplos de qué métricas web (KPI) suelen ser las más comunes en varios modelos de empresa diferentes:

a. **Para un *e-commerce***:

- Ratios de conversión de compradores nuevos y *ratio* de conversión para compradores repetidores ¿Nos compran más quienes ya han comprado antes?
- Conversiones por campañas, si hemos invertido en una campaña de Google Adwords ¿Los usuarios que han llegado por esa campaña compran? ¿Gastan más o menos que los usuarios que han llegado por otros medios?
- Fuentes de tráfico que generan más ventas ¿compran más quienes vienen de Twitter que quienes vienen de Facebook?

b. **Para turismo**:

- Promedio de visitantes que realizan reservas.
- Porcentaje de visitas que solicitaron más información.

- Promedio de usuarios que se dan de alta en un boletín de noticias.
- Porcentaje de ingresos provenientes de ofertas.
- Número de búsquedas por visita.
- Número de descargas (de un folleto, de un mapa, de una ruta gastronómica, de un bono de descuento, etc.).

c. **Para publicaciones (por ejemplo para nuestro blog)**:

- Frecuencia de las visitas ¿Cada cuánto tiempo suele volver un usuario?
- Tasa de rebote, definida anteriormente.
- Promedio de tiempo en el sitio ¿Se van enseguida o están durante minutos? Nos dará una pista sobre si están leyendo nuestro contenido.
- *Ratio* de visitantes nuevos frente a repetidores ¿Conseguimos fidelizar lectores?

15.5 MÉTRICAS SOCIALES

Como ocurre en el entorno web, son muchos los indicadores basados en redes sociales que puedes llegar a manejar. Cada red social te permite trabajar con un número determinado de métricas –un solo número– o de indicadores que a veces combinan varias métricas. Hay un KPI muy interesante que es común a todas las redes sociales, el ***engagement rate*** o ratio de interacción. Si *engagement* puede definirse como la motivación para participar, el *engagement rate* es el porcentaje que relaciona el número de publicaciones que hemos emitido con el número de interacciones que estas publicaciones han generado.

Por ejemplo, si hemos emitido 100 *tweets*, ¿cuántos RT, Favoritos y respuestas han acumulado esos 100 *tweets*? ¿Cuál es el porcentaje de respuestas por cada 100 *tweets*? En *engagement rate* es un indicador relevante porque nos dice si nuestras aportaciones a las redes sociales están siendo escuchadas, valoradas y compartidas por nuestra comunidad.

Veamos cuáles son las métricas más comunes en las redes sociales más importantes:

15.5.1 Facebook

a. **Número de "Me gusta"**: de una página y su evolución a lo largo del tiempo ¿cuántos usuarios han clicado en el botón "Me gusta" de nuestra página? Este indicador es visible para todos, por lo que hay que cuidarlo, pero lo importante es el alcance.

b. **Alcance de la publicación**: ¿a cuántos usuarios de Facebook hemos llegado con nuestras publicaciones? El alcance puede ser:

- Orgánico: El que hemos conseguido a través de nuestros contenidos.
- Pagado: El que hemos conseguido a través de los anuncios de Facebook Ads.

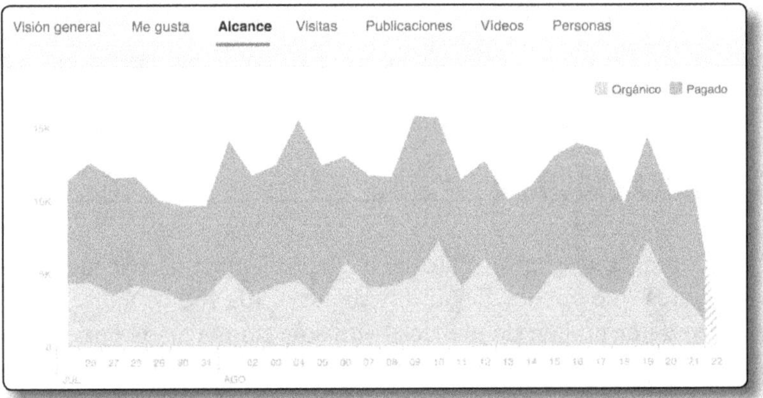

c. **Participación**: personas que han interactuado con nuestra página. Esta interacción puede ser de varios tipos, según lo que hayan hecho los usuarios en cada pieza de contenido que hayamos publicado: "Me gusta", compartido, comentado o *clicado* en la imagen o enlace.

d. **Perfil demográfico de los usuarios a los que gusta la página, de los usuarios a los que hemos alcanzado o de los usuarios que han interactuado**: de cada uno de estos tres grupos podemos saber sexo, franja de edad, país y ciudad. Por ejemplo, podría pasar que en nuestra página de Facebook tengamos fans que sean principalmente mujeres (58%) de entre 35 y 44 años (25%) mayoritariamente españolas pero, sin embargo, que la proporción entre quienes han interactuado sea mucho más femenina (72%) y más joven (resulta que el 30% tienen entre 25 y 34 años). Tener claro cuál es el perfil demográfico de tus usuarios más comunes en cada red social puede ayudarte a mejorar los contenidos. No es el mismo tono el que usarás para adolescentes que para "maduritos", ni el mismo vocabulario para ellas que para ellos.

e. **Publicaciones**: resulta muy interesante en las estadísticas de Facebook ver el apartado "Publicaciones", que nos permite ver el resultado obtenido por cada una de las últimas piezas de contenido que hemos publicado. Podemos ordenarlas por alcance o por interacciones y así ver si nuestra estrategia de contenidos está siendo bien o mal recibida por los usuarios, podemos ver qué tipo de contenidos funcionan mejor y qué contenidos no están resultando como nos gustaría.

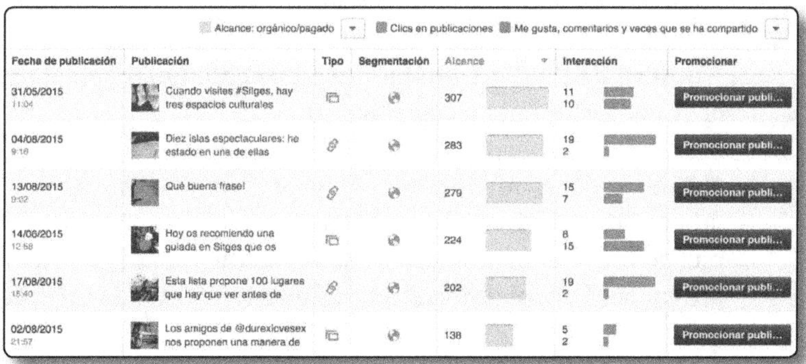

Alcance: orgánico/pagado · Clics en publicaciones · Me gusta, comentarios y veces que se ha compartido

Fecha de publicación	Publicación	Tipo	Segmentación	Alcance	Interacción	Promocionar
31/05/2015 11:04	Cuando visites #Sitges, hay tres espacios culturales			307	11 10	Promocionar publi...
04/08/2015 9:18	Diez islas espectaculares: he estado en una de ellas			283	19 2	Promocionar publi...
13/08/2015 9:02	Qué buena frase!			279	15 7	Promocionar publi...
14/06/2015 12:58	Hoy os recomiendo una guiada en Sitges que os			224	8 15	Promocionar publi...
17/08/2015 15:40	Esta lista propone 100 lugares que hay que ver antes de			202	19 2	Promocionar publi...
02/08/2015 21:57	Los amigos de @durexicvesex nos proponen una manera de			138	5 2	Promocionar publi...

f. **Campañas de Facebook Ads**: si las realizamos, tendremos acceso a métricas directamente vinculadas a la campaña o al anuncio concreto: interacciones con la publicación, alcance –número de usuarios a los que hemos llegado–, frecuencia –cuántas veces nos ha visto cada usuario–, inversión total en euros de la campaña, coste medio por interacción en la publicación, etc.

15.5.2 Youtube

a. **Número de Suscriptores**: son los usuarios que se han suscrito a nuestro canal y que recibirán notificaciones cuando subamos un nuevo vídeo.

b. **Número de Visualizaciones**: la suma de todas las veces en las que se ha visto cualquiera de nuestros vídeos.

c. **Número de vídeos subidos**: cuántas piezas de contenido figuran en nuestro canal.

d. **Media de visualizaciones**: corresponde al *ratio* número de visualizaciones dividido entre número de vídeos y nos da una referencia del potencial de nuestros contenidos.

Indicadores con respecto a un vídeo concreto:

a. **Número de visualizaciones**: es la métrica más importante en este caso ¿Cuántas veces se ha visto el vídeo?

b. **Número de "Me gusta"**: el usuario puede pulsar en el símbolo del pulgar arriba para expresar que le ha gustado el vídeo, y Youtube cuenta estas interacciones y las hace visibles.

c. **Número de "No me gusta"**: exactamente igual que el anterior, pero con el símbolo del pulgar hacia abajo.

d. **Número de comentarios**: aunque Youtube no suele ser un espacio de conversación, si al subir un vídeo a esta plataforma permitimos la recepción de comentarios será recomendable observar cuántos se producen. Especialmente interesante si se trata de un vídeo polémico.

Al igual que Facebook, Youtube también te da unas pistas demográficas para que puedas saber qué tipo de usuarios está viendo tus vídeos en cuanto a género, edad y ubicación geográfica.

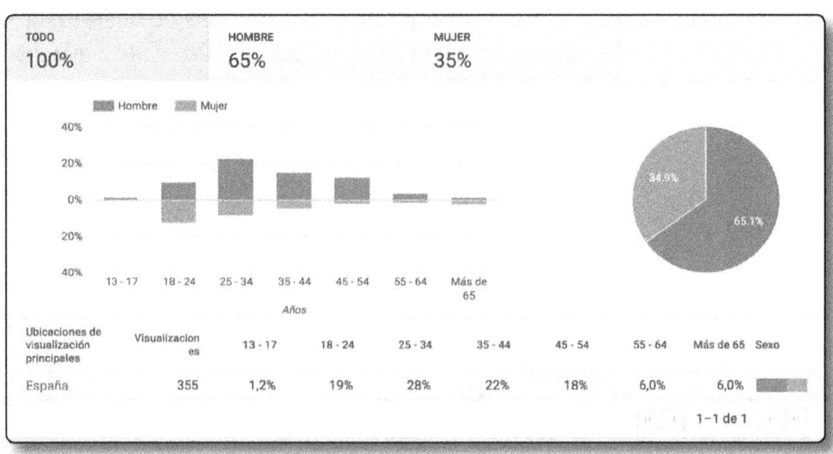

15.5.3 Twitter

Indicadores con respecto a nuestro perfil:

a. **Número de Seguidores**: son los usuarios que se han suscrito a nuestro perfil.

b. **Número de Seguidos**: son aquellos usuarios a los que nosotros nos hemos suscrito.

c. **Número de *tweets***: enviados por nuestro perfil.

En la nueva sección de Twitter Analytics puedes ver detalles muy interesantes acerca de qué tal está funcionando tu perfil. Algunas métricas útiles aquí son:

a. **Impresiones de tus tweets**: cuántas veces se han visto tus contenidos en esta red social.

b. **Visitas al perfil**: cuántas veces han clicado en tu nombre de usuario para ver tu perfil completo

c. **Menciones:** cuántas veces tu nombre de usuario ha aparecido en *tweets* ajenos.

Además, puedes ver estos datos agrupados por mes, y Twitter te muestra qué contenidos de los que has publicado son los que han conseguido mejores resultados.

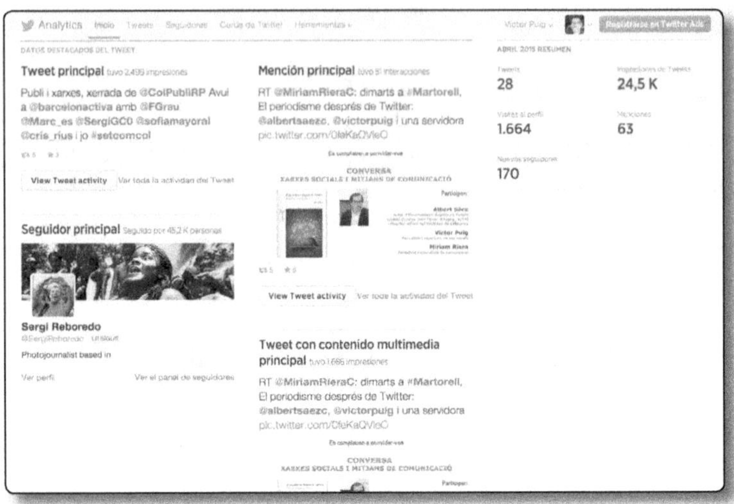

También podemos ver los indicadores con respecto a un *tweet* concreto o un grupo de *tweets*. Podemos medir el impacto generado por un mensaje o incluso agregar los datos de los mensajes lanzados sobre un mismo tema.

a. **Número de RT**: cuántas veces nuestro mensaje ha sido publicado nuevamente por algún seguidor de nuestro perfil para que llegue a sus seguidores.

b. **Número de Favoritos**: cuántas veces nuestro mensaje ha sido marcado como favorito por otros usuarios.

c. **Número de Respuestas**: cuántas veces se ha dado que un usuario conteste a nuestro mensaje con otro mensaje.

En el capítulo acerca de Twitter mencionábamos herramientas que pueden simplificarnos el trabajo, aunque sus métricas no sean del todo precisas. Por ejemplo, Tweetreach mide el impacto potencial de nuestros últimos 50 *tweets*.

15.5.4 Linkedin

Indicadores con respecto a un **perfil personal**:

- **Número de Contactos**: aunque de un perfil ajeno sólo puedas ver el número de contactos si es inferior a 500 o si tiene más de 500, tú sí puedes ver los contactos que tienes en un perfil personal entrando en el apartado

Red. Si el uso de tu perfil personal es importante para tu proyecto puedes plantearte incrementar el número de contactos que tienes en un periodo concreto. Incluso, puedes concentrar tu actividad haciendo nuevos contactos en un sector concreto o en un grupo de empresas previamente definidas.

- **Cuántas veces se ha visto tu perfil**: este indicador puede ser significativo de hasta qué punto tus contactos y tus contenidos te están dando visibilidad, pero también es un gancho para que te pases a la cuenta Pro de Linkedin.

Indicadores con respecto a nuestra página:

a. **Número de Seguidores**: son los usuarios que se han suscrito a nuestra página y siguen sus publicaciones.

b. **Características demográficas de nuestros seguidores**: en el apartado de Análisis de nuestra página de empresa podemos ver qué porcentaje de nuestros seguidores Linkedin considera que son "Con experiencia", "Gerentes", "Principiantes", "Directores" o "Socios".

c. **Comparación**: también en el apartado de Análisis podemos ver cuántos seguidores tienen empresas que Linkedin considera similares a la nuestra.

Indicadores con respecto a una publicación en nuestra página de empresa. Estas estadísticas están en el apartado Análisis de una página de empresa. Allí puedes ver para cada una de las últimas actualizaciones que hayas publicado en esa página datos como:

a. **Impresiones**: el número de veces que tu publicación ha aparecido en el muro de otros usuarios.

b. **Clics**: si tu publicación incluía un enlace, cuántas veces se ha *clicado* en el mismo.

c. **Interacciones**: suma de clics, recomendaciones y comentarios de tu publicación.

d. **Participación**: expresa el porcentaje que relaciona las impresiones con las interacciones.

15.5.5 Instagram

Indicadores con respecto a nuestro perfil:

a. **Número de Seguidores**: son los usuarios que se han suscrito a nuestro perfil.

b. **Número de Seguidos**: son aquellos usuarios a los que nosotros nos hemos suscrito.

c. **Número de Publicaciones**: cuántas fotos hemos publicado.

Indicadores con respecto a una **foto o vídeo publicado**:

a. **Número de "*Likes*" o "Me gusta"**: número de usuarios que han marcado un "Me gusta" sobre la foto.

b. **Número de Comentarios**: cuántas veces nuestro mensaje ha generado una respuesta por parte de otro usuario y la ha expresado en la foto, lo que las hace visibles a otros usuarios.

En el capítulo dedicado a esta red recomendaba el uso de **iconosquare.com**, que nos calcula el total de "*Likes*" y comentarios que han recibido nuestras publicaciones (Instagram no nos da ese dato, deberíamos ir foto por foto contando "*likes*" y comentarios), así como en el ratio de "*likes*", el *ratio* de conversión e incluso el *ratio* de los "*likes*" que nos llegan desde fuera de nuestra comunidad de seguidores ya sea porque hayan visto nuestras fotos a través del buscador o viendo los "*likes*" que hayan hecho nuestros fans.

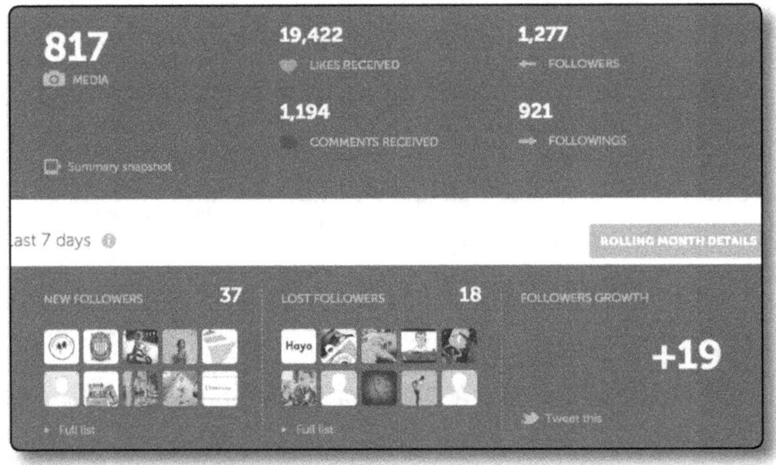

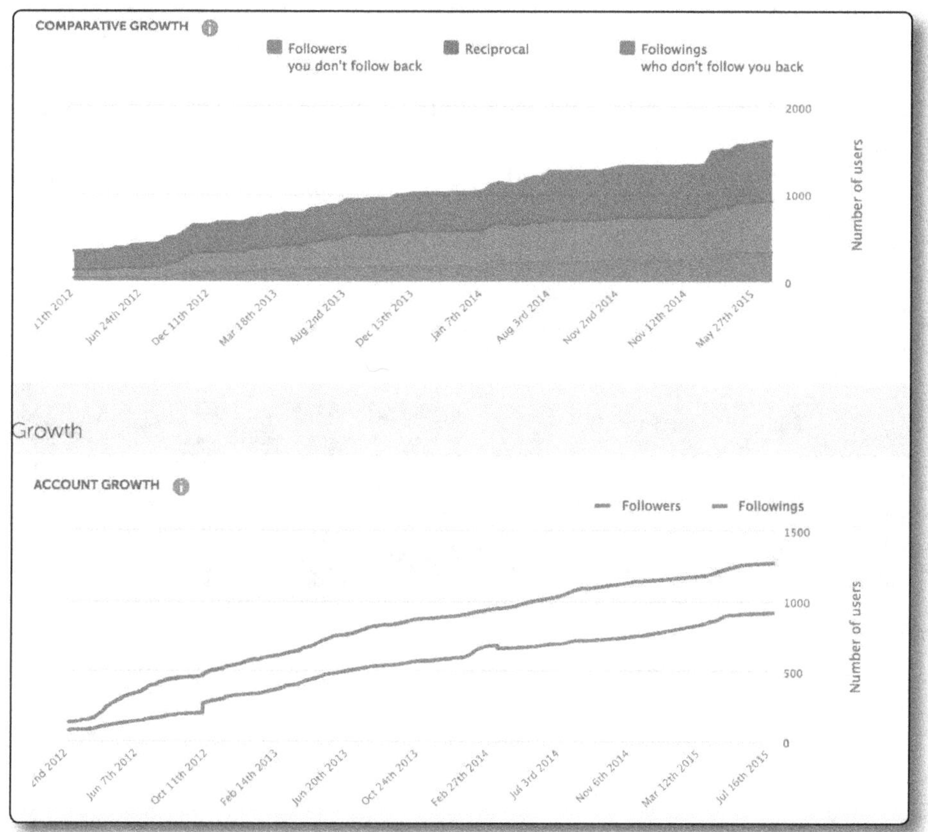

15.5.6 Pinterest

Indicadores con respecto a nuestro perfil:

a. **Número de Seguidores**: son los usuarios que se han suscrito a nuestro perfil.

b. **Número de Seguidos**: son aquellos usuarios a los que nosotros nos hemos suscrito.

c. **Número de Tableros**: en los que hemos organizado nuestros *pins*.

d. **Número de *Pins***: cuántas fotos tenemos en el total de nuestros tableros.

Entrando en el apartado de **Analytics**, podrás ver también datos interesantes como la media de impresiones al día y la media de usuarios al día, así como si estas tendencias suben o bajan. En ese mismo apartado tienes indicadores con respecto a nuestro público. Puedes ver la media de visitantes al mes y la de participantes al mes e, igualmente, el porcentaje de subida o bajada respecto al mes anterior. Además, podrás ver qué *pins* están funcionando mejor en cuanto a impresiones, *repins*, clics y "Me gusta".

15.6 INDICADORES QUE MIDEN VARIAS REDES

Hay indicadores que pueden sernos útiles para aportarnos una idea general de cómo evolucionamos en redes sociales y que agregan diferentes indicadores de varias redes. Son los índices que miden la "influencia" online y que mezclan para ello en sus algoritmos métricas de alcance –a cuánta gente llegas– y de *engagement* –cuanta gente te hace caso–. Dos de los indicadores de este tipo más conocidos son Klout y Kred.

Klout mide nuestra relevancia en varias redes sociales, agrupando sus métricas en un solo número. Pese a lo dudoso de su algoritmo, se está convirtiendo en un estándar para definir la influencia de los usuarios en la esfera social. Podemos agregar nuestras cuentas de Twitter, Facebook, Linkedin, Instagram, Foursquare, Google+, etc. Klout nos devolverá un número del 1 al 100. Cualquier empresa debería estar por encima de los 40 puntos. Los usuarios más activos se mueven entre los 50 y los 70 puntos, mientras que estar por encima de los 80 ya muestra un muy buen nivel de actuación en redes sociales.

Kred es un índice parecido que nos muestra además cuáles de nuestras publicaciones han funcionado mejor para incrementar ese nivel de influencia en nuestras redes sociales.

En todo caso, lo interesante de estas métricas no es tanto la cifra en sí misma, como la evolución que conseguimos con ella. No importa si hoy tienes un Klout de 50 o de 52, importa compararlo con qué Klout tenías hace un mes y ver qué has cambiado durante ese mes. Interesa entonces corregir si vamos a la baja, mejorando los contenidos que publicamos o esforzándonos más en interactuar y comprobar en unas semanas si hemos mejorado. La tendencia nos deja ver lo que tenemos hacer, el número no. Klout es útil para tener una referencia orientativa que te permita comparar, por ejemplo, a un grupo de empresas del mismo sector en redes sociales. Si un grupo de competidores tiene un Klout parecido y uno se destaca muy por encima, será bueno estudiar qué está haciendo para conseguir resaltar.

Klout apareció en 2008 para medir la influencia en Twitter de una cuenta concreta y en ese contexto fue uno de los primeros algoritmos que se atrevió a combinar seguidores, seguidos, menciones y *retweets* para llegar a calcular el grado de influencia de un usuario concreto. No fue hasta 2011 cuando Klout incluyó otras redes sociales en el mismo índice. Es el mismo usuario el que alimenta su perfil con las redes sociales que quiera. Y ese es uno de los problemas más graves ¿Y si eres muy influyente en una red pero no usas otras dos? Pues Klout baja tu puntuación. ¿Y si eres relevante en dos redes diferentes que usas para cosas distintas? Si publicas mucho tu puntuación sube, si dejas de publicar unos días, bajará.

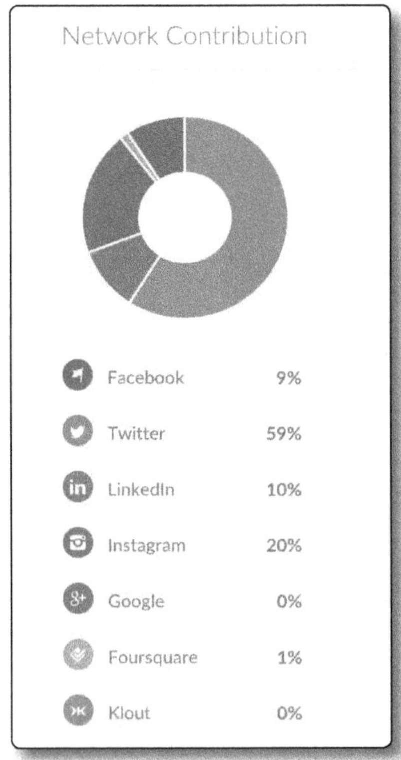

Hemos visto al hablar de métricas web algunas, de las más importantes en función de algunos modelos de negocio concretos. Podríamos hacer algo similar en redes sociales, pero por tipo de objetivos. Por ejemplo:

a. **Para objetivos relacionados con la visibilidad de marca o producto**:

- Alcance de nuestras publicaciones en Facebook, más interesante que sencillamente el número de "Me gusta" de una página.
- Número de visualizaciones de nuestro canal de Youtube. Si en nuestro canal tenemos varias listas de reproducción y sólo una tiene relación con la marca, podríamos considerar que es más interesante medir sólo las visualizaciones de los vídeos que componen esa lista.
- Alcance de nuestras publicaciones en Twitter.
- Número total de "Me gusta" de nuestras fotos en Instagram en un periodo de tiempo.

b. **Para objetivos relacionados con ventas en un *e-commerce***:

- Número de comentarios positivos en Facebook que prescriben nuestro producto.
- Número de visualizaciones de vídeos concretos, por ejemplo, la demostración de un producto o sus instrucciones de uso.
- Número de RT de nuestros *tweets* con ofertas o bonos de descuento.
- Número de *pins* de nuestro tablero de catálogo de producto en Pinterest.

15.7 MÉTRICAS DE MONITORIZACIÓN

Hasta ahora, hemos comentado cómo medir lo que nosotros controlamos, sea nuestra página web o nuestras redes sociales. Pero ¿cómo podemos medir lo que se dice de nosotros en espacios que no nos pertenecen? Las opiniones que se vierten en Internet sobre nuestra marca, nuestros productos o incluso nuestros profesionales pueden marcar la diferencia en nuestra cuenta de resultados final. Saber quién nos recomienda, quién nos critica y cuáles de estos comentarios tienen más impacto es a menudo muy interesante, sobre todo para marcas ya establecidas. Ya lo hemos explicado en los capítulos dedicados a la Gestión de la Reputación online y a la Monitorización.

Una de las industrias donde es más evidente el impacto de las críticas y las recomendaciones es la hostelería. Webs como Tripadvisor o Booking hacen de las valoraciones que publican los clientes de hoteles y restaurantes una enorme base de datos de opiniones que influye, y mucho, en la decisión de compra de futuros clientes. Para un hotel, estar o no en Tripadvisor con buenas o malas recomendaciones es cada día más importante.

Siempre en función de tus objetivos y también en función de la herramienta que elijas, tendrás que contemplar unos indicadores u otros. Estos son algunos de los más comunes e interesantes que figuran en la mayoría de las herramientas de monitorización de pago:

- Volumen de menciones total detectado.
- Volumen de menciones por espacio, si se han detectado en páginas web, blogs, redes sociales y medios de comunicación.
- Volumen de menciones por red social.
- Número y porcentaje de menciones positivas, negativas y neutras. Medir las neutras es también importante, para tener una idea de si se nos menciona o no cuando se habla del tema en el que trabajamos. Nos permite ver si somos relevantes en este espacio temático.
- Número de menciones de cada uno de los temas que nos interesan.
- Número de menciones por segmentación geográfica o porcentaje de las menciones según el país desde donde se hayan emitido.
- *Top 10* de las voces que más hablan de nosotros.

Una de las funcionalidades más interesantes de las herramientas avanzadas es que a menudo permiten cruzar estos datos de manera que podamos verlos con mucho más grado de detalle.

Por ejemplo, podemos ver sólo los comentarios negativos y sólo en un país o una red social concreta. O podemos ordenar los resultados por impacto y sentimiento para ver cuáles son las menciones negativas que más daño pudieran hacernos. O incluso podemos usar tres filtros y saber qué usuarios hablan mejor de nosotros en Twitter en nuestro mercado.

15.8 CUADRO DE MANDO

Tras haber revisado las métricas más comunes en la analítica web, en los espacios sociales y en la monitorización, es muy posible que pese a tus esfuerzos por centrarte en medir lo relacionado con tus objetivos tengas ya un buen puñado de métricas con las que trabajar.

El siguiente paso para completar la metodología de medición de tu proyecto sería integrar esas métricas en un solo documento que te permita visualizarlas lo más fácilmente posible. Así podrás estudiar cómo se relacionan las métricas entre ellas y detectar cambios significativos en los valores cuando los vayas recogiendo periódicamente a lo largo del tiempo. A ese documento que reúne todas las métricas que selecciones y que actualizarás periódicamente se le llama **Cuadro de mando**.

Un Cuadro de mando suele ser un archivo en formato Excel en el que las filas serán las métricas que has decidido medir ordenadas en cajas –una caja por objetivo, por ejemplo– y donde las columnas son los valores de cada métrica para un momento concreto, por ejemplo, una columna para los valores de enero, otra para febrero, etc.

Puedes incluso relacionar métricas con fórmulas. Dado que las tienes todas en la misma hoja de cálculo, puedes simplificar aún más los números para elaborar tus propios indicadores. Por ejemplo, si has decidido que vas a medir los usuarios de Twitter, los fans de Facebook y los seguidores en Youtube, puedes sumar las tres cifras y asumir que ese número total representa a las personas a las que potencialmente llegas. Ya hemos comentado anteriormente que medir es pactar una convención. Es muy posible que ese sumatorio no sea del todo exacto porque un mismo usuario que te siga en Twitter y en Facebook sumará dos veces y no una, pero estamos hablando de poder ver en el cuadro de mando si el número cambia a lo largo del tiempo para poder evaluar si nuestros esfuerzos en redes sociales nos llevan más o menos lejos.

Gracias a tener todos los números en un mismo documento, puedes incluso ponderarlos usando fórmulas. ¿Vale lo mismo un fan en Facebook que un *follower* en Twitter? Quizás tenga más mérito tener fans que *followers*. Seguramente, el suscriptor en Youtube sea más difícil de conseguir. Entonces, ¿los sumamos todos o creamos una fórmula que de tres puntos por cada suscriptor de Youtube, dos por cada fan de Facebook y sólo uno por cada *follower* en Twitter? Esto es fácil de hacer en una tabla Excel.

También podrás ver, por ejemplo, si tu web registra más ventas cuando suben los fans de una red social o cuando aparecen más comentarios positivos en la monitorización de la red. O si las ventas se mantienen aunque bajen los *likes* en

Facebook. O de qué manera una mayor actividad en Instagram acaba generando más ventas. Recuerda que al final lo que medimos son objetivos de negocio.

Por ejemplo, puede ser una mera coincidencia que la subida de un indicador genere un ascenso en otro. Que la subida de *likes* en Instagram genere más ventas será complicado de demostrar. Pero, ¿y si esa tendencia se repite un par de veces? ¿Y si entonces decidimos hacer más esfuerzos en Instagram y, como resultado, se repite nuevamente y de forma más evidente la subida de ventas? Quizás hayamos demostrado que estamos impactando en los prescriptores clave de una red social que va a un nicho muy concreto, nicho que acaba conociendo y adquiriendo nuestros productos por haberlos visto en esta red.

El Cuadro de mando ideal es aquel que recoge las métricas de la web, las redes sociales y la monitorización si has decidido usarla, y las plasma de manera que de un vistazo puedes ver como evoluciona tu proyecto, que es lo que está funcionando mejor, que es lo que debes mejorar y, por lo tanto, te permite tomar decisiones de negocio.

¿Y si tu modelo de negocio no es 100% online? ¿Y si en realidad las ventas se producen en tiendas físicas? Ningún problema, lo que necesitas entonces es un **cuadro de mando integral** que reúna datos online y off line. Deberás añadir filas a tu Excel para recoger los datos que se están produciendo en las tiendas, por ejemplo, número de unidades vendidas o facturación total por periodo. Haces cualquier otro tipo de promoción offline, intégrala también en el cuadro de mando, por ejemplo, la inversión en publicidad en el periódico local o el buzoneo. Recuerda siempre que se trata de evaluar la relación costes/ingresos. Puede ocurrir que estas métricas se muevan sin relación aparente, por ejemplo, que una campaña de publicidad en prensa te reporte más ventas sin que se muevan los indicadores digitales, o puede suceder perfectamente que se crucen y que ante una campaña de publicidad en prensa se incrementen los fans de tu página de Facebook, suba el alcance de tus publicaciones en esta red y, días más tarde, la cifra de ventas suba. El usuario ha visto el anuncio, ha buscado más información en Internet y lo que ha visto en tu página de Facebook le ha acabado de convencer. Al mes siguiente, pruebas la misma fórmula y añades una ligera inversión en Facebook Ads. Si los resultados de ventas siguen sumando, vas bien.

Estas relaciones no son automáticas ni evidentes en la mayoría de los casos. Pero con un poco de experiencia y un poco de análisis llegarás a ver qué prácticas te aportan más negocio cuando las haces, qué prácticas inciden negativamente en tu negocio cuando dejas de hacerlas y, por lo tanto, irás mejorando a cada paso de este ciclo de mejora continua que supone gestionar un negocio.

Ejemplo Cuadro de mando

Canal	KPIs	31-agosto 6 septiembre	7-13 septiembre	14-20 septiembre	21-27 septiembre	28 septiembre - 4 octubre
Web site	*Cambios (describelos)*		*nuevo producto*		*landing de campaña*	
	Usuarios únicos	*100*	*2475*	2589	3259	2458
	Tiempo/visita	*2:10*	*1:33*	2:03	1:39	2:18
	Tráfico desde blog	*19*	*359*	458	256	589
	Rebote	*N/A*	*23,08%*	63,64%	82,10%	79,07%
	Inician conversión		*20*	28	91	72
	Convierten		*2*	4	9	14
	Se registran		***256***	373	252	651
Facebook	Cambios (describelos)	iniciamos línea editorial nueva			Prueba llamada a la acción	
	Alcance	12500	12602	12705	12807	12582
	Engagement					
	Tráfico al web	200	400	460	238	181
	Tráfico al blog	591	269	651	177	166
Twitter	*Cambios (describelos)*					
	Alcance	35000	36000	37500	36782	37954
	Engagement					
	Tráfico al web	589	789	897	987	782
	Tráfico al blog	368	458	586	358	478
Youtube	Cambios (describelos)					
	Visualizaciones	82000	89000	161000	177000	184600
	Engagement	1,896	1.250	1.961	6.794	6914
	% positivos	0	0	98%	97,55%	0,9743
	Tráfico al blog	87	103	146	189	89
Monitorización	Cambios (describelos)					
	% positivos	89%	90%	94%	95,46%	93%
	% negativos	11%	10%	6%	4,24%	7%

Figura 15.1. Un simple archivo de Excel puede ser un fácil cuadro de mando con el que empezar

15.9 25 CONSEJOS CLAVE PARA MEDIR CON CABEZA

1. Medir y analizar resultados ha de llevarnos a poder tomar decisiones de negocio, a definir qué haremos a continuación. Medir por medir es un ejercicio estéril y no medir es manejarnos a ciegas.

2. Elige objetivos de negocio que sean SMART y tradúcelos a indicadores realmente importantes. Si lo que vas a medir no te sirve para decidir y si lo que estás haciendo en tu negocio te acerca o no a tus objetivos, no lo midas, sólo perderás tiempo.

3. El *ratio* de conversión de una web es seguramente el indicador más importante, pero no se refiere sólo a las ventas. Podemos marcar un objetivo web diferente, como el número de descargas de un catálogo o el

número de personas que rellenan un cuestionario. El ratio de conversión quiere medir el porcentaje de usuarios que acaba haciendo en la web alguna de las cosas que necesitamos que hagan.

4. Un criterio básico en medición y analítica es no hacer lo que no pueda medirse. Como todo esfuerzo implica una inversión en tiempo y/o en presupuesto, si no vamos a poder demostrar que existe un retorno a ese esfuerzo es mejor dedicar nuestras energías a otro tipo de acciones. Si usas una red social, mídela.

5. Medir es aceptar una convención. Dado que tú elijes los objetivos y tú eliges qué indicadores y métricas relacionarás con cada objetivo, la medición que apliques a tus redes sociales no tiene por qué coincidir con la que se haga en otro negocio. Lo importante es que el equipo que trabaja en un proyecto tenga claro qué medir y por qué.

6. A la hora de analizar los datos, basta con una dosis de sentido común para que las conclusiones no sean disparatadas. La atención a las tendencias es aquí muy importante. Rellenar las celdas de un cuadro de mando es monótono, pero también será inútil si no dedicas un tiempo a analizar esos datos.

7. En redes sociales es mucho más interesante ver las métricas de alcance que el número de fans o de *followers*. Ya hemos visto en el capítulo dedicado a Facebook que tener mil "Me gusta" no significa que te vean mil personas, ni mucho menos.

8. A la hora de medir conversiones en tu web, conseguidas a través de **Facebook**, recuerda usar el truco del pixel de seguimiento que hemos descrito en el capítulo dedicado a esta red social.

9. Si tienes dudas acerca de si tus vídeos en Youtube están funcionando bien, una métrica interesante es ver la duración media de las visualizaciones de cada vídeo. Tienes el dato en la sección Analytics de tu canal, apartado Retención de la audiencia. Viendo la duración media de cada vídeo sabrás si se está viendo el vídeo entero o a partir de qué segundo lo abandonan los usuarios.

Minutos de visualización estimados ↓	Duración media de las visualizaciones	Porcentaje medio reproducido
194	1:29	81%
68	4:00	24%
62	1:15	25%
56	0:41	30%
56	1:14	31%
55	1:22	63%
41	1:25	28%
41	1:41	31%
38	1:14	41%
18	1:31	30%
15	2:12	80%

10. Si tienes mucho interés en comparar el rendimiento en Youtube de dos vídeos, puedes hacerlo en el apartado Analytics/visualizaciones, eligiendo, por ejemplo, dos demostraciones de producto diferentes lanzadas en momentos parecidos. Podrás saber qué vídeo se está viendo más y en qué países. Todas las métricas de vídeos concretos aparecerán comparadas entre los que hayas elegido.

11. La nueva sección de Analytics que te proporciona Twitter te permite ver el comportamiento de tu cuenta en un resumen general mes a mes, podrás ver la tasa de interacción de cada *tweet*, un dato cada vez más interesante, y el promedio de clics en los *links*, *retweets*, favoritos y respuestas tanto en los últimos 28 días como día por día.

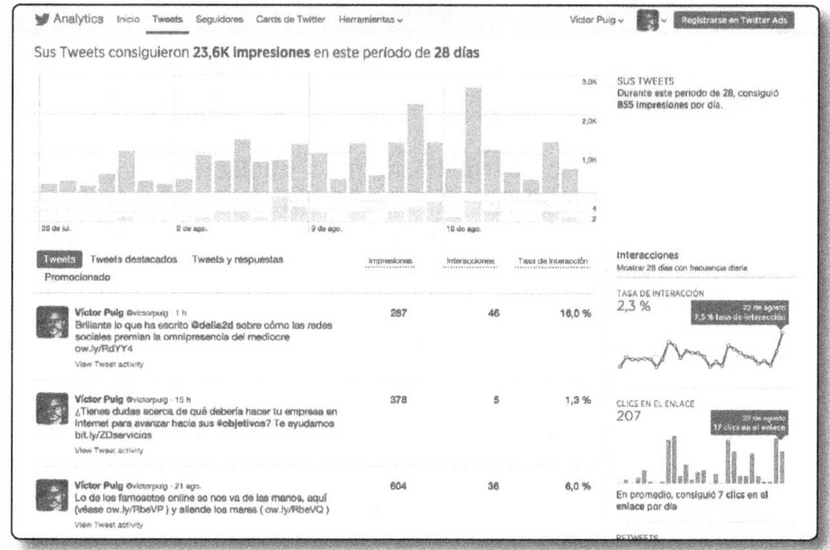

12. ¿Son iguales los usuarios que te siguen en Twitter, en Facebook o que ven tu web? Utilizando los perfiles demográficos que te proporciona cada una de estas tres herramientas podrás hacerte una idea de hasta qué punto estás impactando a comunidades diferentes o si son muy similares. Las conclusiones te pueden ayudar a definir mejor tus contenidos en cada canal. En todo caso, recuerda que cada vez más tendemos a segmentar a los usuarios por lo que hacen y por lo que les gusta y no tanto por si tienen una edad u otra. Las pistas demográficas ayudan, pero la segmentación actitudinal es mucho más interesante en las redes sociales.

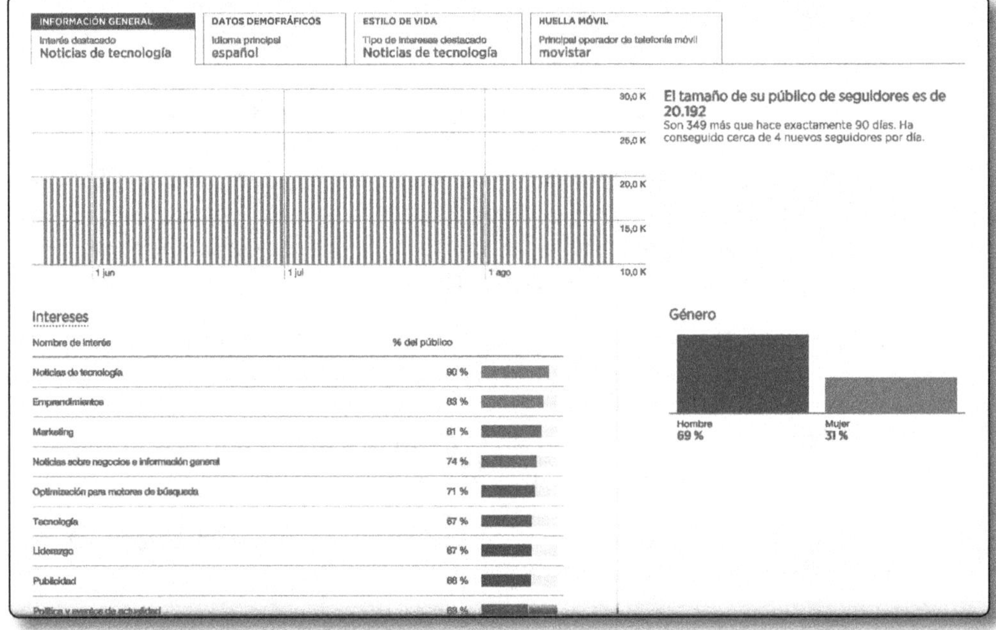

13. Recuerda que hay **métricas para analizarlas** y métricas qué otorgan **cierta credibilidad** a tus perfiles en redes sociales: descuidarlas sería un error. Por ejemplo, la métrica más interesante a analizar en Linkedin es el alcance de las publicaciones de tu página de empresa, pero que en tu perfil personal no luzca el "500 contactos" no será prudente (a no ser que puedas permitirte no tener 500 contactos y entonces no necesitas este libro).

14. Si tu página web contiene un catálogo y lo están publicando también en Pinterest o si tu blog tienen fotos interesantes y estás usando esta misma red, puedes tener más detalles de cuánta gente está "pineando" tus fotos si vinculas tu página a tu perfil de Pinterest. Para ello, tienes que añadir

una línea de código HTML en el archivo Index de tu website. Pinterest te proporciona esa línea de código en el apartado Anayltics.

15. Con herramientas como Likealyzer.com puedes analizar tu página en Facebook resumiendo todas sus métricas en un solo índice. Analiza el total de *likes*, el *engagement rate*, la frecuencia de publicación, el tipo de formato de tus contenidos ¿qué porcentaje de tus *posts* son textuales, de foto o de vídeo?, te compara con páginas parecidas. Muy completo.

16. La herramienta gratuita Smetrica.com es similar a la anterior, pero además nos da datos de otras páginas, aunque no las administremos nosotros, siempre y cuando sean datos públicos.

17. Si prefieres profundizar en tu cuenta de Twitter puedes recurrir a twitonomy.com. Analiza todo tipo de detalles sobre cómo está funcionando tu perfil y lo compara con algunos perfiles similares. Aporta datos históricos interesantes como, por ejemplo cuáles son los 10 usuarios a los que más has *retuiteado* más, con los que has conversado más o los que has mencionado, así como cuáles son los *hashtags* que más veces has utilizado.

18. La monitorización online es seguramente la herramienta que va a reportar métricas más interesantes, sobre todo, en cuanto a cómo ajustar tus líneas editoriales para obtener más repercusión y también a la hora de detectar líderes de opinión a través de cuya conversación podrás incrementar notablemente tus interacciones en las redes sociales.

19. Slideshare también ha mejorado mucho su apartado de estadísticas para que puedas ver cómo se comportan tus documentos en esta red social ¿Qué presentaciones son las más vistas y desde qué lugares, o qué páginas web están mostrando tus presentaciones? Puedes ver también desde qué redes sociales se están compartiendo más tus presentaciones ¿Twitter, Facebook o Linkedin?

20. Mide tus campañas de pago y compáralas en el Cuadro de mando. Los cuadros de mando pueden ser dinámicos, puedes añadir y quitar filas según lo que estés haciendo en cada momento. Una campaña de Google Adwords o de Facebook Ads puede tener una repercusión más allá de tu web o de tu página de Facebook. Observa si hay cambios significativos en tu cuadro de mando durante y después de cada campaña.

21. Puedes usar Cuadros de mando temporales para aspectos concretos y puntuales. Por ejemplo, con un cliente interesante realizamos un cuadro de mando complejo que relacionaba los resultados de más de 20 *landing*

pages, cada una con un tipo de oferta diferente para un público objetivo ligeramente distinto, con la conversión que obteníamos de campañas de Google Adwords y de Facebook Ads. No sólo conseguimos unas cifras récord de ventas, sino que averiguamos qué propuestas de valor eran más interesantes para cada tipo de usuarios, así como qué imágenes y qué frases provocaban más ventas.

22. Admitámoslo, a veces actualizar un Cuadro de mando a mano es tedioso. Hay algunas herramientas que pueden ayudarte a automatizar parte del proceso como, por ejemplo, cyfe.com, qlik.com odashthis.com. Pero te animo a crees tu propio Cuadro de mando para que compruebes si estás eligiendo bien los objetivos y los indicadores.

23. Si estás empezando tu camino en las redes sociales, al principio querrás medir más cosas de las que necesitas para poder evaluar no sólo tus objetivos, sino también qué tal te va en cada red social. En este caso, crea un Excel con una página para cada red social con las variables que le atañen y una de resumen que sea el verdadero cuadro de mando con lo realmente importante. Ese Cuadro de mando puede automatizarse solo si relacionas cada valor a la celda de la página de la red social al que pertenece. Lo importante es que el Cuadro de mando contenga lo esencial.

24. Cruzar datos es la mejor manera de aprender y sacar conclusiones. Tener más alcance en Facebook parece un buen dato, claro, pero ¿el contenido que te da más alcance es el que tiene un *link* a tu web? Tener más *followers* en Twitter es satisfactorio, pero ¿suben también tus interacciones en esta red, esos nuevos usuarios te están haciendo algún caso?

25. Que los árboles te dejen ver el bosque. Lo más importante a la hora de medir es no dejarte llevar por la gran cantidad de variables a tu alcance, sacrificar algunas que puedan parecer muy espectaculares pero no estar relacionadas con los objetivos de negocio y mantener el foco en lo que realmente importa.

16

UNA REFLEXIÓN FINAL ANTES DE QUE EMPIECES

Si has seguido el libro desde el principio hasta aquí, espero que hayas encontrado las respuestas a tus dudas, que hayas mejorado tus habilidades en las redes sociales que venías usando o que hayas decidido completar tu estrategia con nuevas redes. Espero también que tengas más claro tu camino en el marketing y en la comunicación en el entorno digital, tanto desde el punto de vista de la generación de negocio a través de estas potentes herramientas como en la creación y mejora de tu Reputación Online.

Hacer todo lo que relata este libro es mucho trabajo, me consta, y precisamente por ello me gustaría dedicar estas últimas páginas a recordarte que no hay que hacerlo todo, sino que debes elegir qué te conviene más hacer. Quisiera también animarte. En la punta de tus dedos tienes la posibilidad de acabar contactando con quien quieras en el mundo entero. Las redes sociales son quizás el invento de la humanidad que de forma más sencilla nos ha conectado a unos con otros en cualquier lugar del planeta. Tomarse el trabajo de contactar con quien nos interese, vale la pena. A veces, que sea más fácil hacerlo bien en las redes sociales no depende tanto de lo que sepas, sino de con qué actitud lo encares. En este sentido, ¿qué factores pueden ayudarte a hacerlo lo mejor posible? Aquí te dejo algunas sugerencias de lo que te vendrá bien:

- **Curiosidad**. La actitud más importante es asumir que sin testar las cosas no podrás tener la seguridad de que tus apriorismos funcionan. Se trata de querer investigar un poco más, de querer comprender cómo funciona la comunidad a la que te diriges. No tengas miedo de preguntar, de probar, de arriesgarte un poco. Si sale mal, aprenderás, y si sale bien además de aprender mejorarás tu comunicación online. No hay que dar nada por sentado. Desconfía de cualquier frase que empiece por "la gente quiere" o "la gente usa" porque no existe "la gente" como una gran masa anónima y simple. Todos somos gente, todos tenemos cosas en común y cosas que nos diferencian, y las redes pueden acercarte de forma distinta a cada segmento concreto de esa "gente" imaginaria y difusa. Prueba a dirigirte a cada grupo de forma distinta.

- **Mantente al día**. Las redes sociales son el producto de una empresa y, por lo tanto, están obligadas a la innovación, a la mejora continua y a competir entre ellas. Eso quiere decir que inevitablemente el uso de las redes cambiará, a veces de forma sutil y paulatina y a veces de forma abrupta. Nadie puede descartar que redes que hoy son populares desaparezcan mañana o queden relegadas a un uso residual. Acuérdate de SecondLife o de MySpace. De la misma manera, ninguna bola de cristal podrá decirnos qué redes sociales aparecerán mañana. En alguna recóndita universidad, en algún garaje o en cualquier *start-up* un grupo de mentes brillantes puede estar creando hoy el próximo exitazo en redes sociales que tú y miles como tú usarán mañana. La pretensión de este libro es proporcionarte una sólida base de conocimientos sobre la que ir colocando los cambios para que no te pillen con el pie cambiado. Pero debes permanecer al día. En la bibliografía que sigue a este último capítulo encontrarás fuentes de información valiosas para no perder el hilo pese a las novedades que, de una forma u otra, veremos inexorablemente en un futuro próximo.

- **Sumando la curiosidad a la necesidad de permanecer al día**. Mi sugerencia es que, al margen de lo que decidas hacer con las redes sociales de tu proyecto o de tu empresa, deberías trabajar tus propios perfiles personales para un uso profesional. Un uso regular y cotidiano de las redes sociales con un enfoque hacia tu profesión te permitirá probar esas novedades en tus perfiles antes de aplicarlos a los de tu empresa. Lo más importante es que así incrementarás tus contactos, lograrás más visibilidad en tu sector y, quién sabe, seguramente más posibilidades de negocio, más facilidades para tu próximo proyecto o quizás un nuevo puesto en otra empresa. Suma tu voz a la voz de tu proyecto, ponle cara, nombre y personalidad.

- **Facilita a tu equipo la formación y el espacio necesario para que ellos también cultiven sus redes sociales.** Entre todos, aprenderéis más rápido si compartís lo que vais descubriendo. Es una muy buena idea añadir a un repositorio común trucos, documentos y manuales de uso, *links* a artículos interesantes, eventos y cursos relacionados con este sector. Para ello puedes utilizar la intranet que ya tengas, crear una nueva o quizás baste con compartir estas referencias de uso práctico y de reflexión en un espacio compartido como Google Drive o Dropbox. Invita a los más avezados a compartir lo que saben con los más escépticos. Puedes utilizar las redes sociales como un punto de interés común para cohesionar a tu equipo y fortalecer tu cultura de empresa, un factor cada vez más importante para diferenciarte de tu competencia y cada vez más interesante para vivir con mayor plenitud en todas esas horas que dedicas a trabajar.

- **Aprende de los que van por delante.** Seguro que en tu sector conocerás a quien lo haga mejor en Twitter o a quien sepa aprovechar bien sus contactos en Linkedin o a quien sea especialmente bueno haciendo presentaciones y consiguiendo audiencia al compartirlas en Slideshare. Fíjate en cómo lo hacen, qué trucos usan y con quién se relacionan. No digo que los imites tal cual, sino que pienses cuáles de esas cosas puedes hacer tú, quizás hasta más y mejor. De la misma manera que hemos explicado cómo hacer una comparativa de la política de redes sociales de tu competencia, puedes hacer un análisis parecido de tus referentes para extraer conclusiones.

- **Mejora tus habilidades digitales, no sólo se trata de las redes sociales**. Familiarízate con las aplicaciones de tu móvil, juega con los filtros para fotografías, explora nuevas herramientas para Twitter, prueba con lectores de RSS, suscríbete a blogs y crea el tuyo. Manéjate con Dropbox, con Drive, con Wikis, etc. Verás enseguida que cuantas más herramientas conozcas más fácil es usar o adaptarse a las nuevas. Permíteme un ejemplo personal cuyo producto tienes en las manos. Para escribir este libro he usado un MacBook, un iMac, un iPhone y un iPad, lo que me ha permitido trabajar en este texto en casa, en el despacho de Zinkdo, en un avión de París a Santiago de Chile o en un AVE de Barcelona a Madrid. He anotado ideas y *links* en Evernote y en las Notas de texto y de audio de mi móvil. He mantenido diferentes versiones de cada capítulo accesibles en cualquier dispositivo y lugar gracias a Dropbox. Ni que decir tiene que sin el correo electrónico y el acceso web en cualquiera de esos dispositivos hubiera tardado mucho más en terminar el texto. Nunca he hecho ningún curso para aprender a usar ninguna de esas herramientas, aprendí usándolas. Cada minuto invertido, que en su momento me pareció quizás perdido, en aprender todos los detalles, luego lo he rentabilizado con creces en proyectos como este que estás leyendo. Entretenerse un poco más al principio con cada herramienta o cada red es normal, no dedicarle unos minutos nunca te lleva a no usar nunca estas posibilidades y, por lo tanto, a no obtener mejores rendimientos cuando de verdad los necesites. Toda profesión requiere sus herramientas y el profesional ha de conocerlas.

- **Asiste a eventos relacionados con el entorno digital.** Conocerás gente interesante, aprenderás de los ponentes, localizarás posibles respuestas a tus preguntas o mejor aún, preguntas más interesantes a resolver. El mejor *networking* es el que se sigue realizando cara a cara y en estos eventos, muy a menudo, lo más interesante es la posibilidad de conocer nuevos nombres y ponerte al día con los que ya conoces. Pero los eventos y las conversaciones en vivo no quieren decir que, al hilo del punto anterior, una charla en Skype o un *hangout* no sean maneras muy útiles de llegar a personas interesantes de las que aprender.

- **Mantente activo.** Lee, publica, comparte, pregunta. La actividad en las redes sociales no es sólo volcar contenido. Quedarte mirando sin hacer gran cosa es como el que va a una fiesta y se queda solito en un rincón. A ese le costará mucho más aprender a bailar. Seguro que conoces a alguien que está en Twitter para ver qué hacen los demás pero que no *tuitea* nunca. Bien, pues se equivoca al aprovechar un porcentaje muy pequeño del potencial de esa herramienta, no comprende que la imagen que nos deja ver de sí mismo es más pequeña e incompleta de lo que podría ser. No estar o estar sin decir nada, o nada relevante emite un mensaje claro de desinterés y de desconocimiento.

- **Busca fuentes y referencias locales.** A menudo en los blogs, en los libros y en la prensa verás comentarios interesantes sobre la última campaña en redes sociales de la corporación norteamericana de turno. Está muy bien ver qué hacen, pero te será más útil y menos frustrante observar qué dinámicas, campañas, concursos o buenos usos tienes en tu entorno o en empresas como la tuya que lo han hecho bien. Mira qué hacen otras empresas en mercados más pequeños. La creatividad de los países nórdicos, las ideas de países emergentes o la creatividad de quien trabaja en un ámbito similar al tuyo en otras comunidades autónomas seguramente te reportará más inspiración que lo que haga Coca Cola o la tan manida campaña de Obama. ¿Tienes un presupuesto como el de Coca Cola? ¿Vendes mucho en todo el mundo? Si la respuesta a ambas preguntas es sí, gracias por comprar este libro, pero tú no lo necesitas. Regálaselo a alguien que tenga más ganas que presupuesto.

- **Guarda las formas, cuida la *netiqueta*.** Parece que el ser humano está dotado instintivamente de habilidades para descubrir rápidamente las pautas de conversación y las jerarquías imperantes en un grupo de personas. Lo llevamos haciendo miles de años, es aquello de "allí donde fueres, haz lo que vieres". Bien, en las redes sociales también hay fórmulas de cortesía, buenos usos y gestos a evitar. Se gana mucho con una dosis de sentido común y siendo conscientes de que en un entorno muy textual y sin el contexto de la comunicación cara a cara los malentendidos son moneda común. Y se pierde mucho y muy rápidamente al irritar a tus seguidores, al mostrar una salida de tono, al dar una respuesta agresiva o al pedir de forma reiterativa y plomiza la atención de quien no está interesado en ti. Sabes cómo hacerlo bien, basta con observar cómo hacen los demás, lo llevas haciendo toda la vida. No metas la pata y cuida la *netiqueta*, esas normas no escritas de la cordialidad y la buena educación online.

- **Invierte un mínimo en hardware y software.** No se trata de la ansiedad por tener el último y más caro modelo de iPhone en cuanto sale, sino de comprender que al final las herramientas gratuitas son generalmente una cata para que te animes a pagar por el uso completo. Generalmente, vale la pena. Tener tu ordenador al día, con la suficiente capacidad de proceso y memoria como para poder funcionar con agilidad, tener las licencias de software actualizadas y, por supuesto, pagadas. Recurrir a la versión Pro o *premium* de ciertas herramientas al final supone un ahorro en, como mínimo, dos cosas: tiempo –tardas menos en conseguir lo que necesitas– y oportunidades –al poder hacer más cosas en más lugares más rápido no tienes que renunciar a proyectos, o puedes percibirlos y captarlos con más seguridad–. Por ejemplo, utilizo la versión Pro de Hootsuite, me paso al perfil Pro de Linkedin unos meses cada año o no me importa tener aplicaciones de pago en mi móvil para el tratamiento de imágenes que, en todo caso, valen unos pocos euros. Por supuesto, en Zinkdo monitorizamos los proyectos de nuestros clientes con herramientas profesionales, que cuestan lo que valen y que nos permiten facturar lo que facturamos. Si antes decíamos que todo profesional necesita herramientas, todas las herramientas tienen un coste. Recurrir siempre a herramientas gratuitas y a máquinas con poca capacidad limitará la calidad de tu trabajo y, por ende, tu facturación y tus oportunidades de captar más negocio.

- **En digital, haz ya lo que sabes que acabarás haciendo.** Perder treinta segundos en hacer un *follow* y clasificar en una lista a ese *tuitero* que has considerado interesante justo cuando lo descubres acaba siendo más eficiente que dedicar una hora a la semana a buscar *follows* y ordenar listas. Entre otras cosas, porque normalmente siempre tendrás algo más urgente o más importante que hacer en esa hora de trabajo, pero ¿no puedes dedicar treinta segundos de vez en cuando a mantener tu cuenta de Twitter en forma? Este no es un libro sobre productividad laboral, pero lo que he podido comprobar en estos años y en las conversaciones con quienes se mueven en el mismo ámbito que yo es que lo que puede esperar por no ser prioritario acaba no haciéndose. Así, la disciplina efectiva está más en esa diminuta distracción de 30 segundos que en esa hora que no llegará.

- **Relájate, disfrútalo.** Además del uso profesional y centrado en tus objetivos de negocio, las redes sociales te aportarán casi cada día distracciones positivas y estimulantes. No pasa nada por *clicar* en el enlace de ese *tweet* que te llama la atención o por echarle un vistazo a tu muro de Facebook de vez en cuando y ver qué se cuece. No es una pérdida de tiempo, sino algo enriquecedor. Localizar de tanto en tanto un artículo que poco o nada tenga que ver con tu trabajo a primera vista no quiere decir en absoluto que estés malgastando el tiempo. En este mundo tan interconectado siempre habrá espacio para que de una anécdota se derive un dato, una sugerencia, una chispa que encienda tu creatividad y que puedas aplicar profesionalmente. Basta con tener los ojos y la mente abiertos. Lo notarás en las reuniones cara a cara, donde cruzar una referencia común en un campo de interés a priori distinto al profesional deriva a veces en un grado un poco más grande de confianza que acaba reforzando un vínculo entre personas diferentes que representan a empresas distintas. Además, ver las redes como un factor de curiosidad personal acaba proporcionando aprendizajes que aplicarás en el uso profesional de estas mismas redes. La mejor manera de aprender a usar Twitter, por ejemplo, es usándolo tú y para ti. A veces, hasta las cosas más inocentes te permiten aprender y digitalizarte ¿Te has preguntado alguna vez por qué todas las versiones de Windows incluyen juegos como el Buscaminas o el Solitario? Esos juegos, peligrosamente adictivos a veces están ahí para aprender a *clicar* con ambos botones, en el caso del Buscaminas, o para aprender a arrastrar y soltar objetos con el ratón, en el caso del Solitario. Ya ves, aprender a usar herramientas como el ratón a través de jueguecillos inocentes que están ahí por un motivo.

Como habrás deducido, todo es cuestión de mantener un equilibrio. Entre lo profesional y lo privado, entre el ocio y el aprendizaje, entre el foco en los objetivos de negocio y la profundidad de campo para ver más allá de lo urgente y prioritario. Entre la sólida base de saber qué es lo que quieres y la actualización constante en el qué necesitas o en el cómo se obtiene. Entre lo que sabes y compartes y entre lo que necesitas saber y otros te aportan. Seguramente es ese equilibrio constante y fluido lo que hace de nuestro trabajo en las redes sociales algo tan interesante, lo que constituye un desafío continuo, divertido, rentable y enriquecedor. Te deseo suerte en este camino de aprendizaje, te agradezco la confianza de haber dedicado unos euros y unas horas a leer este libro y espero que te haya sido útil.

17

BIBLIOGRAFÍA RECOMENDADA

17.1 ANALÍTICA WEB Y MEDICIÓN

- ELOSEGUI, T. Y MUÑOZ, G. (2012): *Analítica Web en una semana*. Gestión 2000. Barcelona. Una referencia rápida sobre analítica web.
- ELOSEGUI, T. y MUÑOZ, G. (2011): *El arte de medir*. Profit editorial. Barcelona. Gema y Tristán consiguen un libro fácil de entender para sacar partido de la analítica web.
- KAUSHIK, A. (2007): *Web Analytics: An Hour a Day*. Sybex. Una referencia básica en analítica web.
- KAUSHIK, A. (2009): *Web Analytics 2.0: The Art of Online Accountability and Science of Customer Centricity*. Sybex. Para los que quieran profundizar tras el libro anterior.

17.2 CONTENIDOS Y POSICIONAMIENTO

- ÁLVAREZ, G. (2012): *El arte de presentar*. Gestión 2000, Grupo Planeta. Barcelona. Una extensa y completa guía acerca de la realización de presentaciones.
- DE ANDRÉS, S. (2012): *Quiero que mi empresa salga en Google*. Starbook. Madrid. Nunca el posicionamiento en buscadores fue tan fácil de entender y aplicar como con el libro de Sico.

- MACIÁ, F. (2011): *Técnicas avanzadas de posicionamiento en buscadores*. Anaya Multimedia. Madrid. Para ubicar tus contenidos en los buscadores te será muy útil cualquiera de los varios libros que Fernando ha escrito sobre SEO.

- REYNOLDS, G. (2010): *Presentación Zen Ideas sencillas para el diseño de presentaciones.* Pearson Prentice Hall. Presentationzen.com: http://www.presentationzen.com/. He insistido tanto en la calidad de las presentaciones en Slideshare que no puedo evitar recomendarte este libro.

17.3 ESTRATEGIA

- ROJAS, P. REDONDO M. (2013): *Cómo preparar un plan de social media marketing en un mundo que ya es 2.0* (Grupo Planeta). Barcelona.

- RUIZ, A. (2014): *El mapa de tu talento*. Be-Libris. Barcelona. Si buscas redirigir tu carrera profesional tienes en Arancha a un referente básico. Este libro no va de redes sociales, pero sí de cómo reinventarte.

- SANTAMBROSIO, M. (2013): *Todo lo que debes saber sobre marketing en una semana*. Gestión 2000, Grupo Planeta. Barcelona. Los que no vienen del campo del marketing agradecerán la calidad y claridad de los conceptos de Mau.

- TOMÉ, P. (2011): *Conecta! La empresa en la red social*. Pepe Tomé. Libros de Cabecera. Barcelona. Excelente referencia para quienes quieren digitalizar su modelo de negocio.

17.4 REDES SOCIALES

- BELTRÁN, G. (2012): *Geolocalización y redes sociales. Un mundo social, local y móvil.* (Bubok). Valencia. No he hablado de geolocalización en este libro, un buen referente en este aspecto es Gersón.

- GRAU, F. (2011): *Twitter en una semana*. (Gestión 2000, Grupo Planeta). Guía básica de Twitter de la mano de uno de los mayores expertos en Cataluña.

- GUEMBE, J. (2011): *Twitter para Dummies*. Centro Libros (Grupo Planeta). Barcelona. Una guía básica que contiene también trucos interesantes para manejarse en la red del pájaro azul.
- IAB – VIKO (2015): *VI Estudio Redes Sociales de IAB Spain*. Versión completa. (IAB). Madrid. Estudio anual del uso de las redes sociales en el mercado español.
- LÁZARO, M. (2014): *Linkedin para empresas*. Descargable en Hablandoencorto.com Licencia CC-BY-NC-SA
- MANZANEQUE, J (2014): *Youtube en una semana*. Autoeditado. Una guía básica para tus primeros pasos en la red de vídeo.
- ROJAS, P. (2011): *Community management en una semana*. Gestión 2000 (Grupo Planeta). Barcelona. Manual básico para iniciarse en la gestión de comunidades.

17.5 REPUTACIÓN ONLINE

- BEAL, A. y STRAUSS, J. (2008): *Radically Transparent. Monitoring and Managing Reputations Online*. Sybex. Indianapolis. Una guía básica sobre Reputación Online.
- DEZENHALL, E. y WEBER, J. (2011): *Damage Control*. Edición revisada. Prospecta Press. Dezenhall nos muestra el lado más crudo de las crisis de comunicación, aunque no se centra en el terreno online.
- FRESNO DEL, M. (2011): *Netnografía. Investigación, análisis e intervención social online*. Editorial UOC. Barcelona. Gustará a los más académicos que quieren saber cómo nos organizamos cuando estamos en redes.
- MEERMAN, D. (2007): *The New Rules of Marketing & PR. How to use news releases, blogs, podcasting, viral marketing & online media to reach buyers directly*. Wiley. New Jersey. El trabajo de Meerman es seguramente más pragmático que el de Beal, ambos inciden en cómo optimizar contenidos.

- PUIG, V. y TOME, P. (2014): *La gestión de la Reputación Online en las Ciudades*. Barcelona. Este informe descargable gratuitamente en http://bit.ly/zdciudad es una demostración del uso de herramientas de monitorización para la obtención de conclusiones de negocio en marcas complejas, como podrían ser seis ciudades diferentes.

17.6 BLOGS INTERESANTES PARA ESTAR AL DÍA

Si la bibliografía te dará una base de conocimientos sobre la que edificar, con estos blogs podrás mantenerte al día de técnicas y estrategias:

- https://www.linkedin.com/today/author/52555255 Álex López es un experto en Linkedin

- blogs.alianzo.com/redessociales/ Liderado por José Antonio del Moral, una referencia clave.

- www.analitica-web.com Buen blog de Overalia sobre analítica, *e-commerce* y reputación.

- calvoconbarba.com Disciplinado y metódico, el enfoque pragmático de Lucas te gustará.

- dondeestaavinashcuandoselenecesita.com Gema es una importante referencia en Analítica.

- fmlopez48.wordpress.com Fátima comenta el uso de redes sociales en marcas.

- blog.francescgrau.com Un referente en la comunicación en Twitter.

- historiasdecracks.com Blog de Arancha Ruiz sobre talento y su gestión en Internet.

- Ipaz.info/social-media-tools Agustín mantiene actualizada una útil lista de herramientas relacionadas con las redes sociales y el marketing online.

- juanmerodio.com Una referencia en *social media* con un blog trepidantemente actualizado.

- mandomando.com Interesante formador y mentor muy focalizado en el mundo online.
- maytevs.com Mayte Vañó esgrime uno de los blogs más prácticos y didácticos sobre redes sociales.
- misapisportuscookies.com Entretenido, divertido y útil blog sobre tecnología y redes.
- noelcarrion.com Redes sociales y blogs con un enfoque muy pragmático.
- oscarcarrion.com Si la gastronomía es tu modelo de negocio, Óscar es tu referencia online.
- patriciadeandres.es Disciplina, seriedad y buenas ideas en estrategia online.
- pepetome.com Tomé reflexiona sobre el marketing en este interesante blog.
- ricardotayar.com Importante referencia en analítica, SEO, conversión y *e-commerce*.
- seniorm.com Pedro Rojas, experto que comparte buenos usos en *community management*.
- trecebits.com Actualidad y consejos de la mano de Manuel Moreno.
- victorpuig.es Mi propio blog, donde comparto ideas sobre Reputación y Comunicación Online.
- vilmanunez.com Medición de entornos sociales con *e-books* y tutoriales.
- Zinkdo.com/blog Estrategia de comunicación y marketing online incluyendo redes sociales.

17.7 BLOGS OFICIALES DE REDES SOCIALES Y HERRAMIENTAS DE GESTIÓN DE REDES

- *http://newsroom.fb.com/*
- *http://blog.hootsuite.com*
- *https://business.instagram.com*
- *http://blog.linkedin.com/*
- *https://blog.pinterest.com*
- *https://plus.google.com/+google/posts*
- *http://blog.slideshare.net*
- *https://blog.twitter.com/tweetdeck*
- *https://blog.twitter.com/es/spain*
- *https://blog.twitter.com*
- *https://blog.twitter.com/advertising*
- *http://marketr.tumblr.com/*
- *http://blog.xing.com*
- *http://youtube-global.blogspot.com.es/*

ÍNDICE ALFABÉTICO

M

P

R

S

T

V

W

Y

www.ingramcontent.com/pod-product-compliance
Lightning Source LLC
LaVergne TN
LVHW061218100826
845148LV00004B/797

* 9 7 8 1 6 8 1 6 5 7 4 3 1 *